ORIGAMI MASTER CLASS
FLOWERS

世界のオリガミ・マスターズ
FLOWERS

作品制作
ジョン・ブラックマン
デルロサ・マーシャル
ヨースト・ランゲフェルド
デイヴィッド・シャル
デレク・マクガン
川崎敏和
アレクサンダー・オリヴェロス・アヴィラ
アルド・マルセル
ダニエル・ロビンソン
ロバート・J・ラング

イラスト
マルシオ・ノグチ

解説
シェリー・ガースタイン

駒草出版 株式会社ダンク 出版事業部
DANK GROUP

訳者プロフィール

小川 未来（おがわ みく）
実用書を中心に、幅広い分野の翻訳を
手掛けている。

世界のオリガミ・マスターズ

FLOWERS

初版発行　2015年10月21日

訳者　小川 未来
発行者　井上 弘治
発行所　**駒草出版** 株式会社ダンク出版事業部
〒110-0016
東京都台東区台東1-7-1邦洋秋葉原ビル2F
tel 03-3834-9087　fax 03-3834-4508
www.komakusa-pub.jp/
編集翻訳協力　株式会社ラパン

ISBN 978-4-905447-48-1
落丁・乱丁本はお取り換え致します。定価はカバーに表示してあります。

editor Sherry Gerstein
designer Tim Palin Creative
flower model photographer Andrew Werner Photography
Printed in China
Japanese translation rights through Dai Nippon Printing Co.,Ltd.,

“A flower blossoms for its own joy.”

–Oscar Wilde

花は、自らの喜びのために咲くのです。

——オスカー・ワイルド

目次

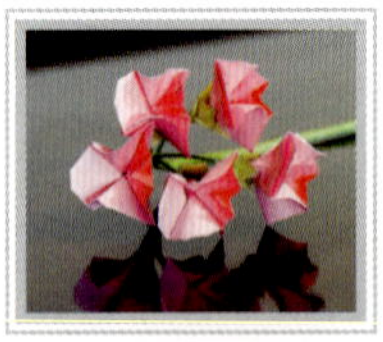

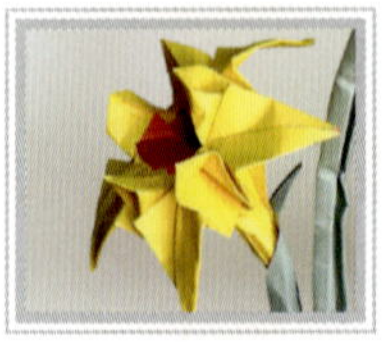

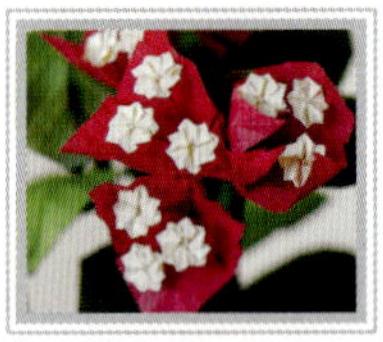

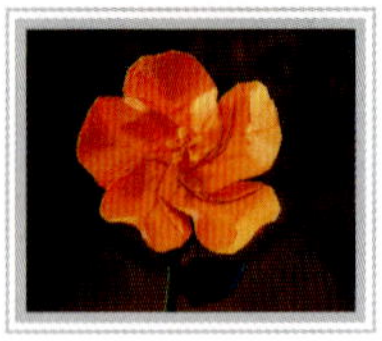

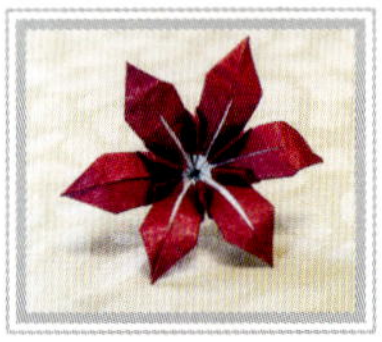

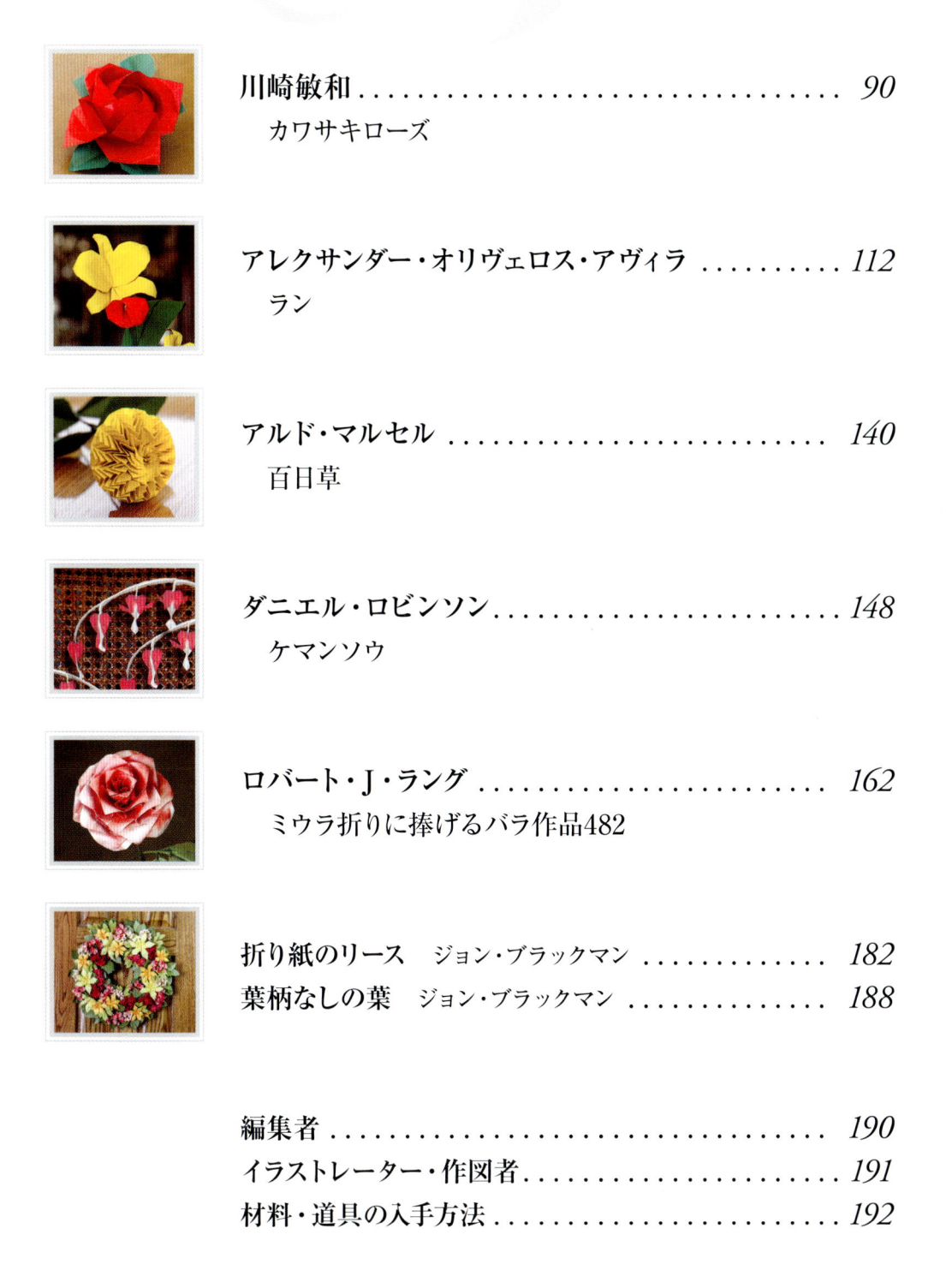

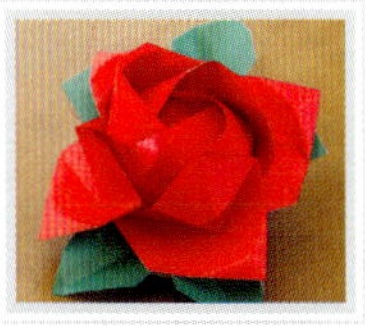

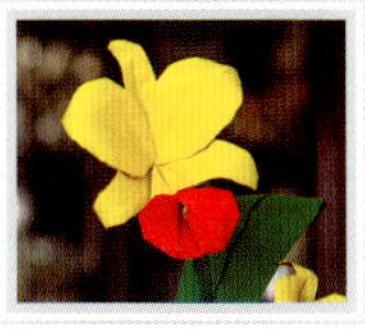

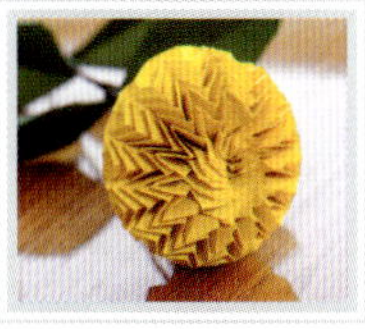

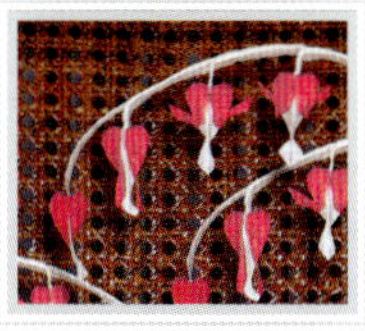

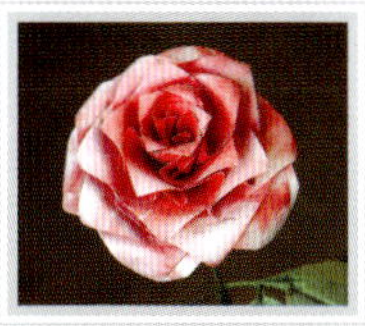

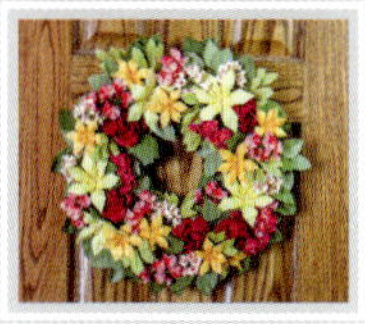

用語と記号

紙のフチ

ついている折り筋

谷折り

山折り

手前に折る

裏へ折る

折ってから開く
（折り筋をつける）

隠れている線

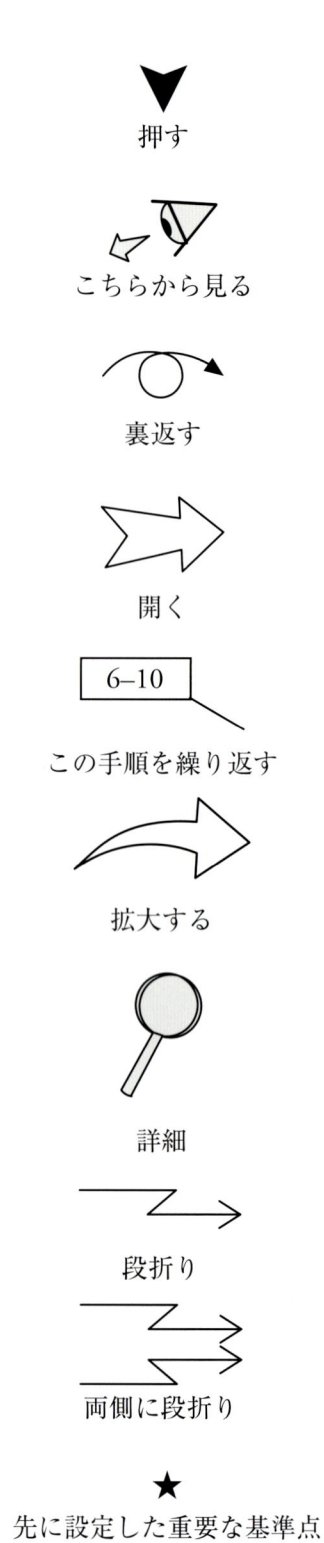

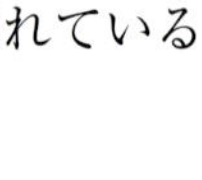

向きを変える

押す

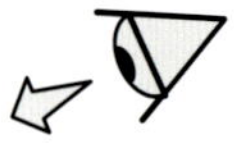

こちらから見る

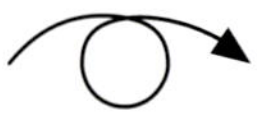

裏返す

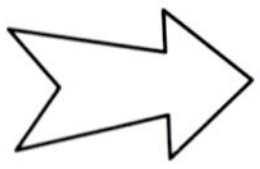

開く

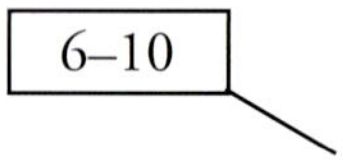

この手順を繰り返す

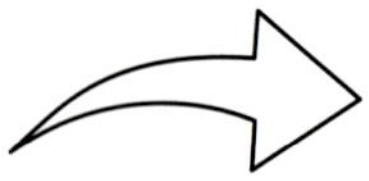

拡大する

詳細

段折り

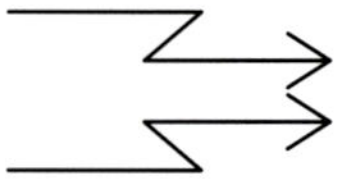

両側に段折り

★
先に設定した重要な基準点

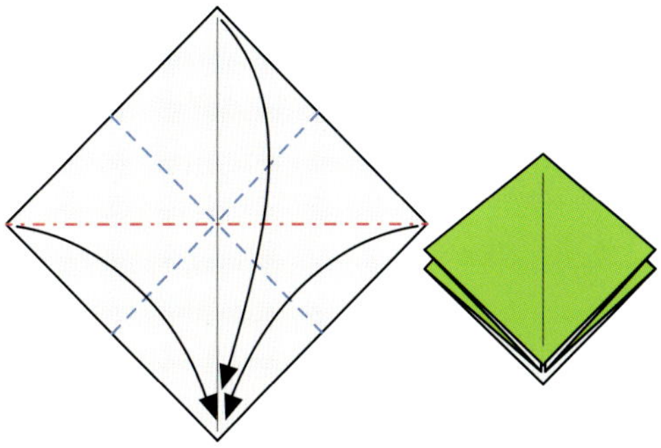

正方基本形

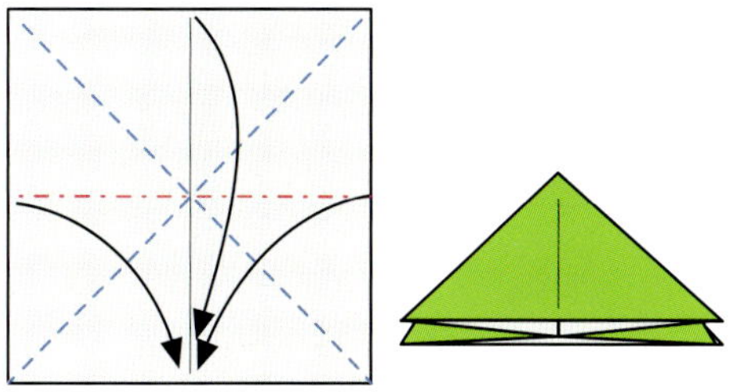

風船基本形

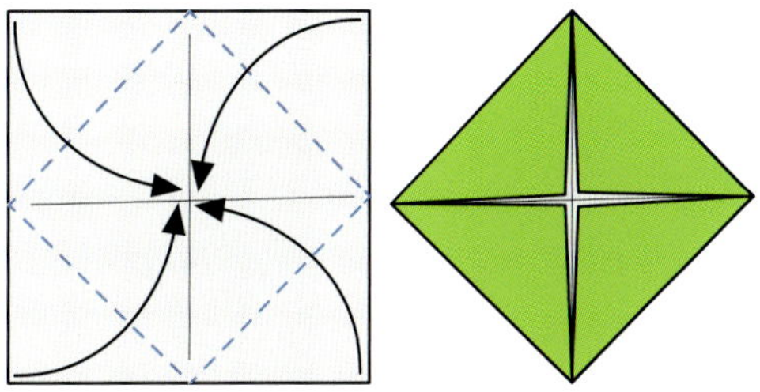

座布団基本形

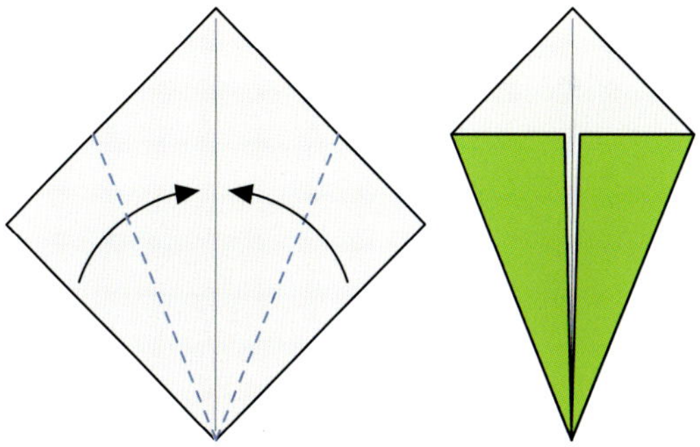

凧の基本形

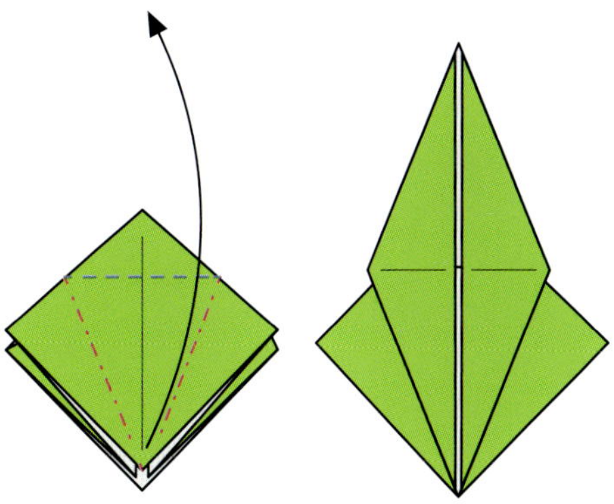

花弁折り

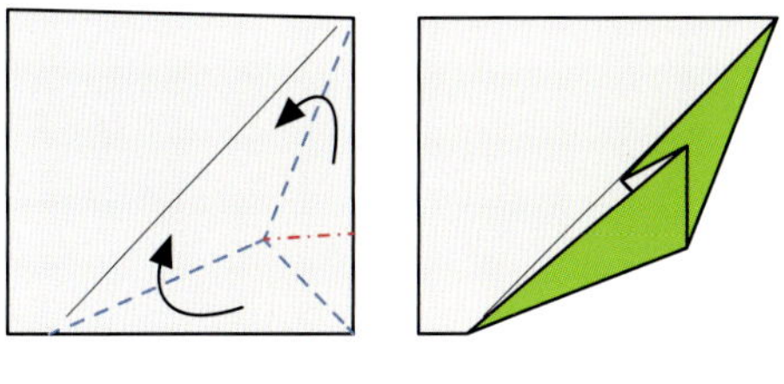

つまみ折り

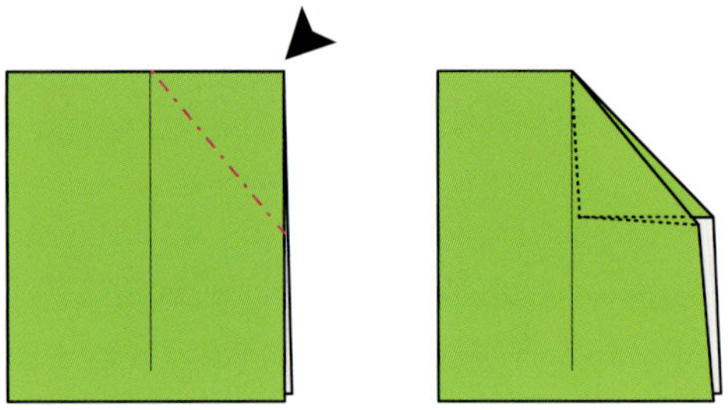

中わり折り

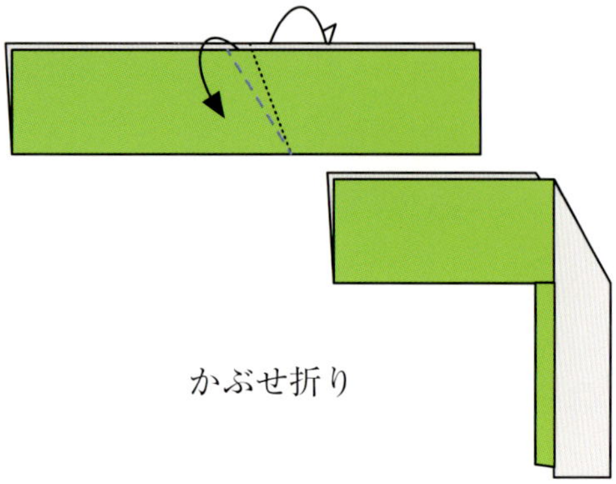

かぶせ折り

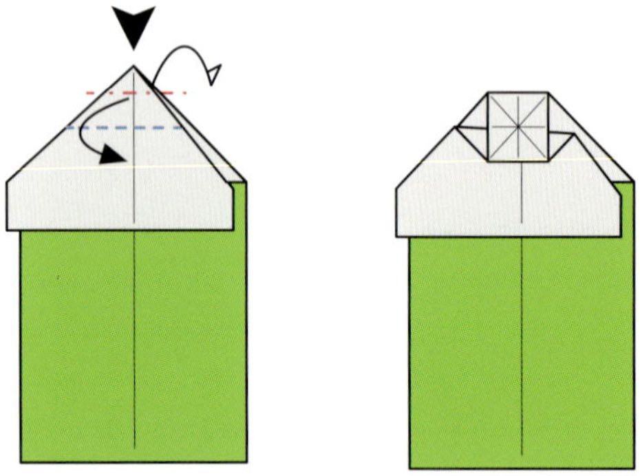

つぶし折り

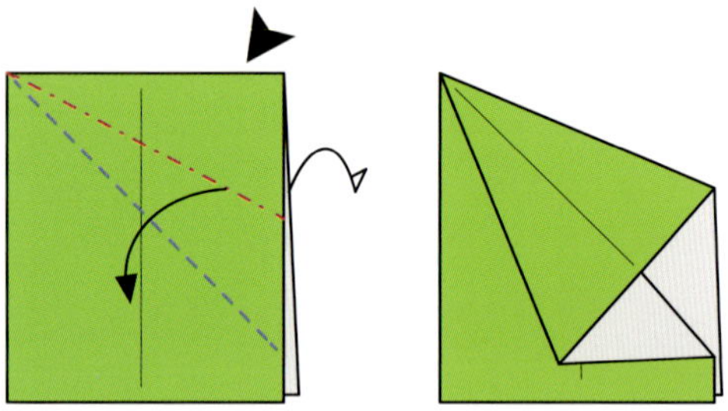

袋折り

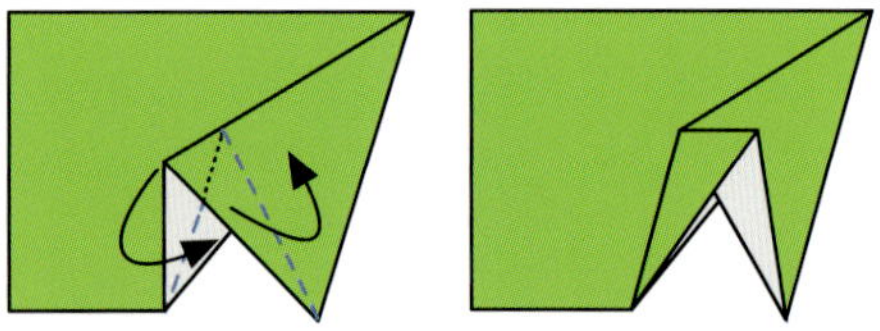

引き寄せ折り

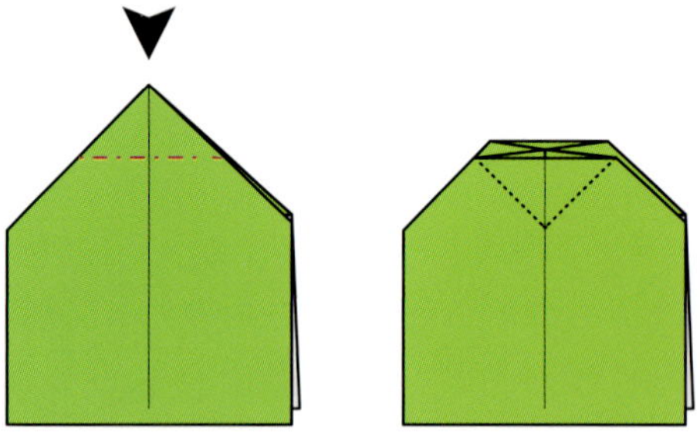

開く沈め折り

閉じた沈め折り

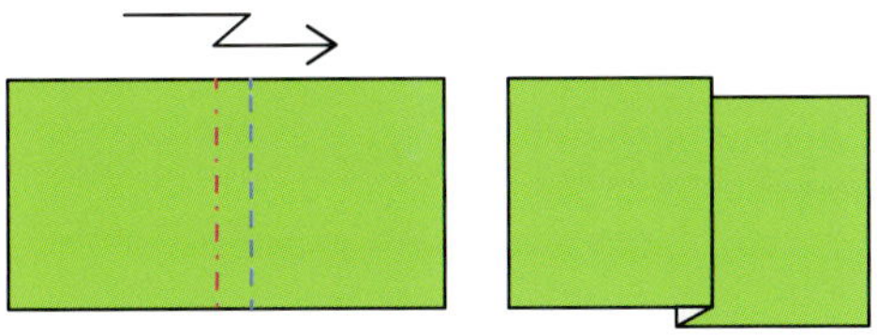

段折り

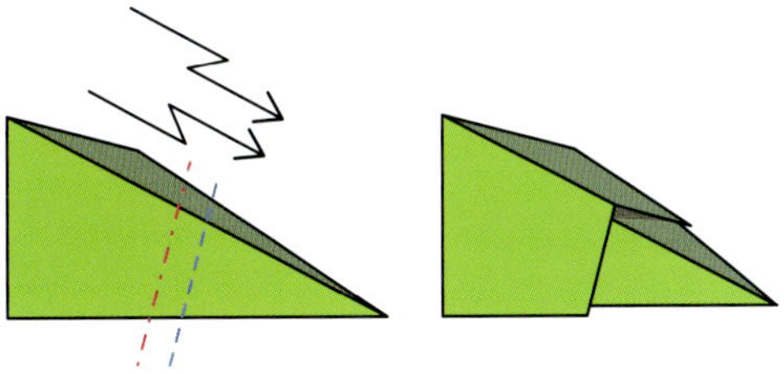

両側に段折り

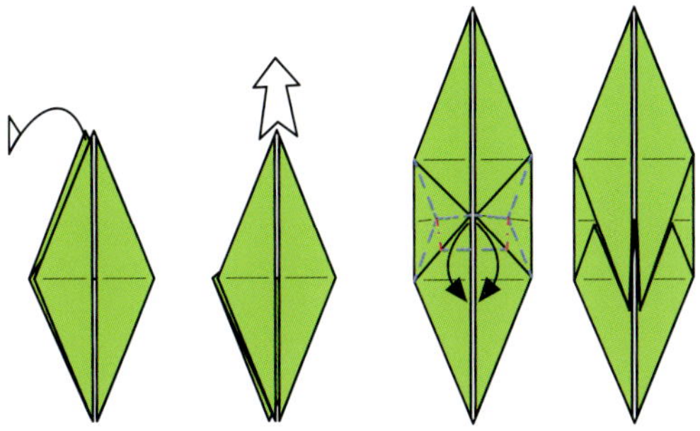

引き伸ばす

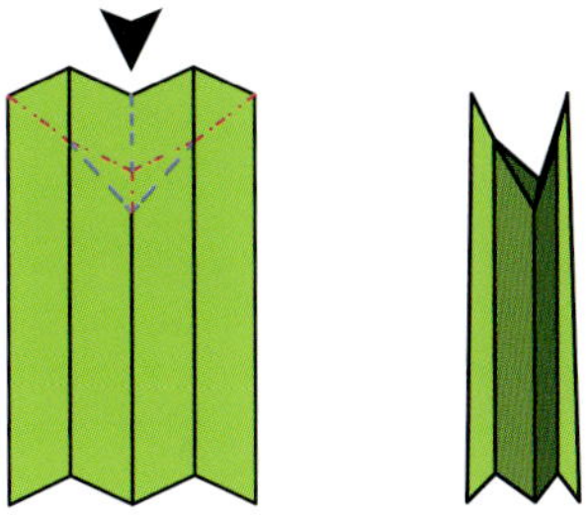

イライアスストレッチ

紙について

紙のあるところに折り紙あり。折り紙とは切っても切れない関係にある紙について、ここではご説明しましょう。紙にはたくさんの種類があり、樹皮、古布、竹、はたまた野菜など、さまざまな原料から作られます。どろどろの状態（パルプ）にして薄い板状に成型したとき、繊維が絡まって崩壊しなければ紙は出来るのです。では、その中で折り紙に向くのはどんな紙でしょう？　本書をご覧になればわかると思いますが、折り手によって好みは異なります。紙についていろいろと知っておけば、いずれ自分の目的に合ったものを選ぶときに役立ちます。

紙の歴史

英語で紙を意味する「ペーパー」という単語の語源はパピルスだと、学校で教わったことのある人もいるかもしれません。パピルスは地中海地方の湿原に自生している草で、エジプト人はこの草の茎を水に浸けて長い繊維をほぐし、叩いて平たくしたあと交差させるように2層に並べ、ふたたび叩いたあと乾燥させて筆記用のシートを作りました。パピルス紙は石版と比べて格段に軽く持ち運びに便利だったので、この地域では4000年ものあいだ主な筆記用具として使われ続けました。

筆記用のシートは他にもありました。古代ヘブライ人は旧約聖書の最初の5つの書であるモーセ五書を、羊皮紙の巻物に書き留めました。羊皮紙は動物の皮を消石灰液に浸けたあとピンと張って毛や余分な部分を削り取り、乾燥させたものです。

古来から人間は、手近な材料をさまざまに工夫して利用してきました。古代の中国では絹の巻物や竹を削いで平らにしたものが使われていましたが、他の植物繊維についても試行錯誤が重ねられていました。そして紀元105年に漢の廷臣である蔡倫《さいりん》が、数種の植物の樹皮をパルプ状にして簀《す》で漉き乾燥させるという工程を完成させました。これが最初の紙だと言われています。

パピルス草

パピルス草

紙を発明したのは蔡倫だと長いあいだ信じられていましたが、現在ではその2～300年前に紙はすでに作られており、蔡倫の功績は製造工程を改良、完成させたことにあると考えられています。

貴重な発明である紙の製法を、中国は長いあいだ秘密にしていました。けれども他の東アジア諸国に仏教が広まるとともに、技術は流出しました。僧たちは経典を携えて旅をしたからです。

日本には7世紀に伝わって、製法は改良され、多くの農民が紙を作るようになりました。農民は和紙の原料である楮《こうぞ》（のちにはみつまたや雁皮《がんぴ》も）を作物の1つとして育て、米を収穫したあと紙を作りました。実際の作業は農閑期の冬に行うので、効率的な副業だったのです。近くの川から冷たい水を豊富に引いてこられるというのも重要な要素で、これを使えばバクテリアが増殖せず、きれいな紙が作れました。こうして和紙作りは何世紀ものあいだ、農民たちの手で行われました。

楮

みつまた

雁皮

折り紙が生まれたのはいつか正確な年代はわかりませんが、紙は中国で発明されたので、紙を折る文化も中国で始まったと考えられます。紙が日本に伝わり、そこで折り紙が発展しました。しかし、紙はとても高価で貴重なものだったので、最初は上流階級にしか流通しませんでした。

仔牛の皮から作られたベラム。ベラムの語源は仔牛肉を指す「ヴィール」と同じ。

紙の製造技術は西洋にも伝わりました。紀元751年にタラス河畔の戦いで唐軍がイスラム軍に負けたとき、捕虜となってサマルカンドに連れていかれた兵士の中に紙職人がいたのです。やがて紙の製造の中心地として栄えるようになったこの都市を起点として、紙はイスラム世界に広まりました。さらには北アフリカから来たムーア人の侵略者たちによって13世紀にスペインとポルトガルに伝えられましたが、このあいだに紙の製法は変化していきました。地域によってさまざまな植物が原料として使われたため、適切な加工方法が異なったからです。

紙の普及を促進したのは、印刷技術の発達でした。グーテンベルク聖書の初版の3分の1は、上質の皮紙ベラムに印刷されました。当時はまだ、ベラムは紙と並んで一般的な書写材料だったのです。けれども印刷機に通すのは困難だったので、印刷技術と紙は不可分なものとして一気に広まりました。

けれども労力のかかる手作業である紙の製法は、そのあと何世紀も変わりませんでした。原料が主に樹皮や麻、竹などの植物繊維なのはずっと同じで、種類によって細かな工程は違っても、基本的な流れは昔からの製法通り。繊維を取る部分を分離して水に浸けるか煮るかしたのち、叩いて長い繊維をほぐします。これを冷たい水の中に入れて手作業できれいに洗い、残った繊維を竹などで作った大きなスクリーンの上にすくって天日で乾かします。にじみ止めのために表面に糊のようなものを塗ることもありました。手間のかかる、大量生産のできない工程だったのです。

竹の茎

竹紙

糊やゼラチンのような糊剤は、紙の性能を向上させるために表面に塗布するものです。インクが中に染み込み過ぎずに、表面で乾燥するようになります。ただし、これを塗布すると耐久性は落ちてしまいます。

やがて、西洋世界で起こった産業革命がこんな状況を変えました。カナダ人のチャールズ・フェナティが木材パルプから紙を作る方法を編み出したのです。これに他の人々が改良を加え特許を取り、機械化された紙の生産が始まりました。こうして本や新聞が大量に印刷され始めます。当時日本では10万家族以上が手漉きの紙作りを行っていましたが、150年後にはその数は200～300にまで減ってしまいました。現在では、和紙もほとんどが機械製です。

製紙工場に送られる木材

現代の手漉きの紙

紙の製造が機械化されると、手漉きの紙はあっという間にすたれてしまいました。ダード・ハンターが1911年にロンドンの科学博物館の展示で手作りの紙の製法を目にしたときには、アメリカでは手漉きの紙はまったく作られなくなっていました。彼は大量生産を批判し手仕事の見直しを提唱したイギリス発祥のアーツ・アンド・クラフツ運動をアメリカで推進した人物のひとりで、この運動のコミュニティであるロイクロフトにいたこともありました。

博物館の展示は彼の人生を変えました。彼は伝統的な製紙方法を学ぶためにアジアを旅して回り、その後何冊もの本を出版しました。中にはすべてが手作りというものもあります。例えば『Old Papermaking（伝統的な紙漉き技術）』がそうです。彼は水車のある自分の工房で何百年も前の道具や型を使って手漉きの紙を作り、字体を決めて活字を組み、印刷後に伝統的な製本を行いました。やがてマウンテンハウスプレスという小さな出版社を設立して、1950年代の半ばに活発な出版活動を行います。1958年に出した自伝のタイトルは、『My Life with Paper（紙と共に生きて）』（訳注：邦訳は1992年　図書出版社刊）でした。

ダード・ハンターは、製紙技術を研究する中で集めた多くの関連物をおさめたダード・ハンター・ペーパー・ミュージアムをマサチューセッツ工科大学内に作ったことが、自分の最大の功績だと考えていました。このコレクションはのちにウィスコンシン州アップルトンの紙の化学研究所に移され、現在は大部分がジョージア工科大学のロバート・C・ウィリアムズ・ペーパー・ミュージアムの所有となっています。

こうして彼が復活させた伝統的な製紙技術は、フレンズ・オブ・ダード・ハンターのような組織や、半年に1回刊行される雑誌『Hand Papermaking（手漉きの紙作り）』、それにニューヨーク州ブルックリンのキャリッジ・ハウス・ペーパーやマサチューセッツ州ハバーヒルのオリガミドー・スタジオといった活発に活動するスタジオによって受け継がれています。オリガミドーは、オーナーたちによるハンドメイドの紙で作った繊細な折り紙作品を生み出しています。またどちらのスタジオも、紙作りのワークショップを開いています。

和紙の作り方

日本の農民によって作られてきた和紙のほとんどは、原料にクワ科の植物である楮を使っていました。その基本的な作り方の手順は以下の通りです。これは現在でもほとんど変わっていません。

楮を収穫する――1年で3mほど成長し、幹の直径も10cmほどになります。冬になったら収穫して、同じ長さに切って束ねます。

枝を蒸す――束ねた楮にコシキと呼ばれる木の桶をかぶせて蒸したあと、冷たい水をかけて樹皮を剥ぎ取りやすくします。

内皮を分離する――紙作りに使うのは白皮と呼ばれる内皮だけなので、黒皮と呼ばれる外皮や外皮と内皮のあいだにある、ナゼ皮と呼ばれる緑の層を除去しなければなりません。蒸した樹皮を水にさらし、足で踏みつけて黒皮を除きます。そのあと緑の層をナイフでこそげ取ります。残った白皮から傷や弱いところを取り除き、良質な部分だけを涼しい日陰で乾燥させます。

漂白する――こうして処理の終わった白皮を流水に晒して不純物を取り除き、川岸で日に当てながら乾燥、漂白します。

楮を煮る――乾燥した楮を、アルカリ溶液を入れた大鍋で煮て繊維を柔らかくほぐします。昔は木を燃やしたあとの灰で溶液を作りましたが、今は消石灰や苛性アルカリ溶液なども使われます。アルカリは繊維以外の部分を分解するので、柔らかい紙が出来上がります。

黒いところを取り除く――傷、フシ、黒いところを手作業で取り除きます。今は漂白効果のある薬剤を使うこともありますが、昔は水や雪で晒していました。

繊維を叩く――きれいになった繊維を石の上に載せ、木の棒で叩きます。

水とネリにつける――ほぐした楮の繊維に水とネリを加えます。ネリというのはトロロアオイの根を叩くと出てくる粘液で、これを加えると強くてきれいな紙が出来ます。けれどもトロロアオイの保存は難しいため、最近では西洋の添加物が使われることが多くなっています。

紙を漉く――簀《す》桁《げた》という竹製のスクリーン状のもので繊維をすくい、ちょうどいい厚さになるまでこれを繰り返します。

すくった繊維を外す――漉き終わった紙を紙床に移してひと晩水を切ったあと、重石などで数時間圧力をかけて、さらに水を絞ります。

天日で干す――絞り終わった紙を1枚ずつ板の上に移して天日で完全に乾燥させ、さらに漂白します。

いろいろな紙

柔らかく透明感があり丈夫な和紙は、今日ではさまざまな分野の工芸家たちに高く評価されています。機械抄きと比べて薬品をあまり使わず中性であることから、色あせや劣化がなく、長期保存の必要な書類や芸術作品にも安心して使えます。布としても使用できるくらいなのです！

みなさんがこれから折り紙についてさらに学んでいったり、本書のように花を作ろうとしたりすると、和紙を始め世界各地の手漉きの紙の名前を目にすることになるでしょう。以下にその主なものをあげておきます。

ライスペーパー：和紙の代わりによく使われます。ライスペーパーといっても米が原料なわけではなく、一説には米粒の表面のような透明感があるのでそう呼ばれるようになったということです。

薄葉紙：薄く軽い紙。楮を原料としたごく薄い和紙を指すこともありますし、ギフト用のラッピングに使われる薄くて柔らかい紙を指すこともあります。

千代紙

千代紙：木版で柄や模様を色刷りした和紙。

友禅紙：友禅文様を刷った和紙。

雲竜紙：楮の長い繊維を目立つように漉き込んだ和紙。雲竜は「雲に乗って昇天する竜」を意味します。

ロクタ紙：ネパールで作られる手漉きの紙で、野生のみつまた種の木の繊維を使い、天日干しして作られます。美しく力強い発色が特徴です。

背景の紙：日本のライスペーパー

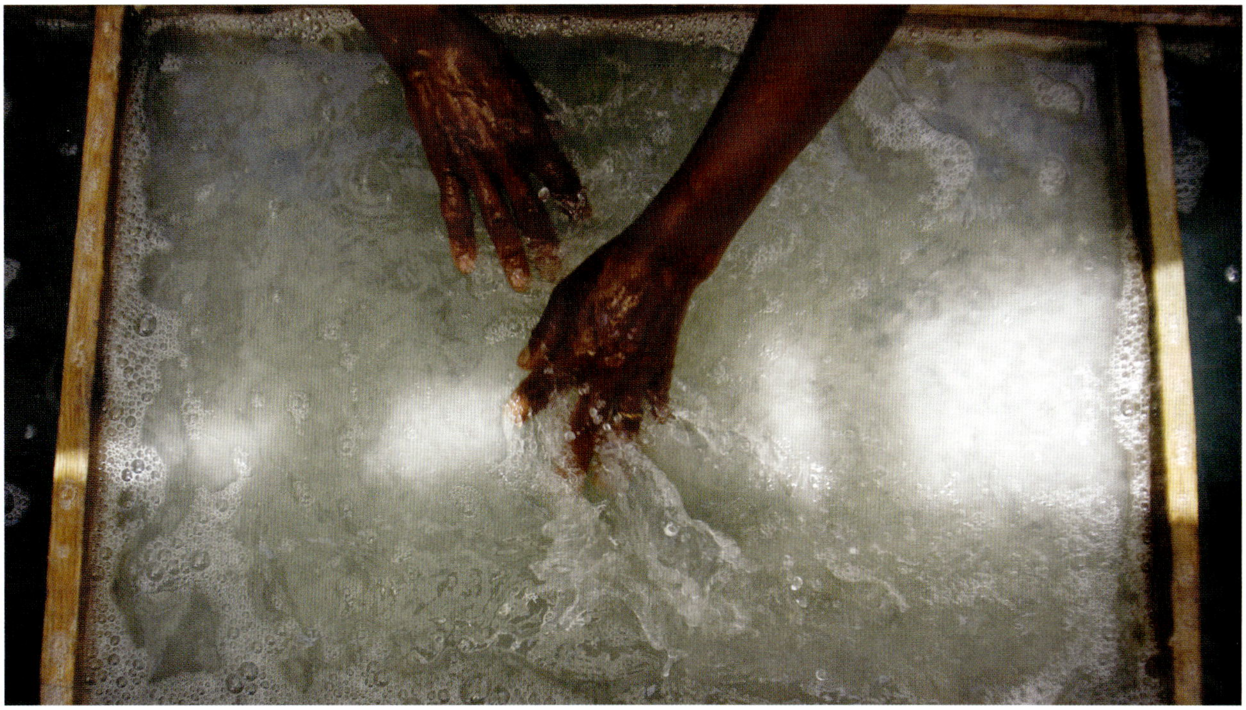

手漉きでロクタ紙を作る女性

ロクタ紙の天日干し

自分なりの紙選び

折り紙で花を作るのに、きれいな紙を買う必要はありません。作りたい花を表現するのにちょうどいい柔らかさの紙を、身近で探せばいいのです。例えば、本書の作品を制作している創作家たちがどんな紙を使っているのか見てみましょう。それぞれ異なる紙を選択しているのがわかります。

ジョン・ブラックマン：色つきの上質の筆記用紙
デルロサ・マーシャル：タイの雲竜紙
ヨースト・ランゲフェルド：自分のデザインをカラー印刷したコピー用紙
デイヴィッド・シャル：料理用ホイルに薄紙を貼り合わせたもの
デレク・マクガン：薄い紙ならなんでも（ただし薄すぎては駄目）
川崎敏和：普通の折り紙用紙
アレクサンダー・オリヴェロス・アヴィラ：リサイクルペーパー
アルド・マルセル：ラッピング用ホイルに薄紙を貼り合わせたもの
ダニエル・ロビンソン：アバカ繊維を使ったハンドメイドの折り紙用紙
ロバート・J・ラング：韓紙《ハンジ》、水彩紙

ドライパステル

特別なテクニック

本書のいくつかの作品では、自分なりの色を出したり作品の形をきれいに出したりするために特別なテクニックが使われています。

手作業による色づけ

ジョン・ブラックマンは、本物らしく仕上げるためにしばしば手作業で色づけを行います。手順は以下の通りです。

・どこに色づけすればいいのか特定できるように、いったん作品を折り上げます。

・オイルパステルを使うと紙に油染みができることがあるので、ドライパステルを使います。好きな色を紙片にこすりつけて、顔料を移します。

・そこから綿棒で顔料を取って、色づけしたい部分の中央に軽くこすりつけます。

・綿棒で周囲に塗り広げます。周囲とのあいだにはっきりとした境界線が出来ないようにします。

・花が細くつぼまっていく内側を塗りたいときは、綿棒の先をひねって細くしてから作業を行います。色を取るときに、綿棒の先だけでなく周りにもつけるようにしましょう。

紙の裏打ち

アレクサンダー・オリヴェロス・アヴィラは違う色の紙を2枚貼り合わせて、ランの唇弁の部分だけ他と違う色になるようにしています。紙を貼り合わせる裏打ちという作業の手順は以下の通りです。

・粉末状の接着剤であるメチルセルロースを購入します。壁紙を売っている店やペーパークラフトの専門店に行けば、手に入ります。

・容器に書いてあるやり方に従って、使う分だけ少量作ります。

・広くてしっかりとした台の上で作業を行います。ガラスやプレキシガラスが最適です。

・まず1枚を台の上に広げ、柔らかいペイント用の刷毛で中央から周囲に接着剤を塗り広げます。隅々まで濡れた状態にします。

・できるだけカドをきちんと合わせながら、もう1枚の紙を重ねます。紙の中央から外へ刷毛で軽くこすり、空気を押し出します。メチルセルロースが次第に上の紙にも浸透します。

・紙を乾かします。早く乾かしたい場合は、上からあおいでもいいでしょう。

・乾いたらカドを持ち上げ、紙を台の上から外します。

更に詳しく知りたい場合は、www.metteunits.com/Backcoat.htmを参照してください。

ウェットフォールディング

デレク・マクガンは、ハイビスカスの花びらの独特の質感を出すために、ウェットフォールディングを行っています。この工程は以下のように行います。

・紙の表面に張りがあるのは、製造の過程で添加されるにじみ止め用の糊剤のためです。糊剤の役割は、インクが紙の内部に染み込み過ぎるのを防ぐだけではありません。

・水分を加えるとこの糊剤の働きが一時的に消えて紙が柔らかくなり、乾燥状態ではできない形にすることができます。

・紙を濡らすには、湿らせた布を当てたり霧吹きを使ったりするなどいくつかの方法があります。紙が水分を含んで柔らかくなったら、形を作りましょう。

・紙をふたたび乾燥させると、糊剤はまた紙の分子としっかり結びついて、つけた形のまま固まります。

ウェットフォールディングのやり方がロバート・J・ラングのウェブサイトに記されているので、この工程や彼の技術について詳しく知りたい場合は、www.langorigami.com/paper/wetfolding_papers.phpを参照してください。

紙を手作りする

折り紙など紙を材料とする工芸を楽しむ人の中には、作業の工程だけでなく紙そのものにもこだわる「紙マニア」がいるかもしれません。紙を手作りしたい場合、樹皮など原料を手に入れるところから始めると大変ですが、リサイクルペーパーならば自宅で気軽に出来ます。

・小さいサイズの木枠の額縁を2つ用意して、ガラスと裏板を外します。ホームセンターなどで網を買い、1つに留めつけます。もう1つの額縁は、紙の形と大きさを決める型枠として使います。

・使用済みのコピー用紙を50枚ほど用意します。それらを2.5㎝くらいにちぎり、バケツでひと晩水に浸けておきます。色つきの紙を混ぜることも可能ですが、これはアクセントとして使うのでたくさん使い過ぎないようにしましょう。色つきの紙もちぎって、白い紙とは別に水に浸けておきます。

・片手ですくえる分だけミキサーに入れ、容器の4分の3まで湯を加えて撹拌し、オートミール状にします。同様にして、残りも少しずつミキサーにかけます。

・どろどろになった紙（パルプ）を大きな洗い桶の中に集め、両手で混ぜます。筆記用の紙にする場合は、にじみ止めの糊剤としてゼラチンを1袋加えます。

・色つきの紙を２、３秒ミキサーにかけ、洗い桶の中に加えます。

・紙を乾燥させる台にするため、新聞紙を何枚か重ねた上に使い捨ての布巾を広げます。乾燥にはひと晩かかります。

・網を張った額縁を下、型枠にする額縁を上にして重ねます。

・洗い桶のパルプをもう一度よく混ぜてから重ねた額縁を沈め、水平にした網の上にパルプをすくってまっすぐ引き上げます。そのまま少し水を切ります。

・乾燥場所の上で型枠を外して網を張った枠をひっくり返し、網の上にスポンジを滑らせて水分をそっと吸い取ります。スポンジを何度か絞り、紙がはがれたら網をどけます。

・パルプをすくうところから繰り返して、好きなだけ紙を作ります。紙はそのまま新聞紙の上で乾燥させます。

・紙がすっかり乾いたら重ね、重石として本を数冊上に載せ、平らにします。

道具と材料

作品作りには、紙以外に以下のものが必要となります。

・デザインナイフ

・フローラルテープ（本書の作品作りには、以下の3色が必要です）
  ・茶色
  ・緑
  ・白

・作品に応じた太さのワイヤー（太さを表す番号が大きいほど、細く柔らかいものとなります。花用のワイヤーには通常グリーンのエナメルコーティングがしてありますが、布や茶色のクラフトペーパーが巻かれたものでもかまいません）

・木工用ボンド

・さまざまな色や材質の単色の紙

・作品やアレンジメントに応じた大きさや形の植木鉢、花瓶、プランター

・セルフヒーリングのカッティングマット（訳注：カッターのキズが直るタイプの）

・タペストリー針か目打ち

・ワイヤーカッター

・リース台（リングオアシス）

花の組み立て方のヒント

折り紙の花を作るとき、紙を折ることは工程の一部でしかありません。美しいアレンジメントに仕上げるためには、他の作業も必要です。

ワイヤリング

本書の作品の中には花と茎を糊づけするものもありますが、パーツとパーツをワイヤーでつながなければならないものや、アレンジメント時にワイヤーづけが不可欠なものもあります。折り上げた花や葉の端に短い茎の部分があったとしても、さらにワイヤーがついていたほうが思い通りにアレンジできます。

プロのフローリストがアレンジメントに使うワイヤーは、基本的に2つのタイプに分けられます。グリーンのエナメルコーティングを施されていることが多い裸ワイヤーと、布や紙を巻いてある地巻ワイヤーです。布や紙を巻いたタイプは、表面が糊づけ可能なので便利です。普通の折り紙作品とは違い、花の作品では糊づけがよく行われます。裸ワイヤーは、他のパーツと糊づけする場合フローラルテープを巻かなければなりません。

フローラルテープにはいろいろな色があります。手芸用品店に行けばたいてい造花コーナーに置いてありますし、オンラインでも買えます。フローラルテープの特徴は、引き伸ばしたときにだけ粘着性が生じることです。使う分だけテープを出し、15cmほど間隔を取って両手で引き伸ばしてから斜めに巻いていくと、ワイヤーに貼りつきます。

葉柄なしの葉にワイヤーを取りつけるときは、布、紙あるいはフローラルテープを巻いたワイヤーを、葉脈に見えるように葉の裏に糊づけします。葉脈の部分に紙の重なりがあって内側に差し込める場合は、ワイヤーをそこに差し込んで糊づけします。

葉柄のある葉にワイヤーを取りつけるときは、紙の重なりの内側に差し込んで糊づけします。

基本的に、折り紙の花にワイヤーをどうやって取りつけるかは花の形状によります。36ページのブーゲンビリアや185ページのリース用の小花のように真ん中に穴を開けて差し込む場合は、ワイヤーが抜けないように一方の端を太くする必要があります。これには紙やテープを余分に巻きつけたり、プライヤーで端を小さく丸めたりするなどのやり方があります。また、64ページのユリや90ページのカワサキローズのように、直接糊づけするものもあります。

花や葉にワイヤーを取りつける詳しい方法は、各作品の作り方を参照してください。

花や葉を束ねる

各パーツにワイヤーを取りつければ、あとはまとめてフローラルテープを巻くだけで簡単に束ねられます。28ページのスイートピーや36ページのブーゲンビリアのようにたくさんの小花が集まって全体を構成するもの（本書にはありませんがアジサイのような花もそうです）や188ページの葉柄なしの葉には、ワイヤリングが必要です。

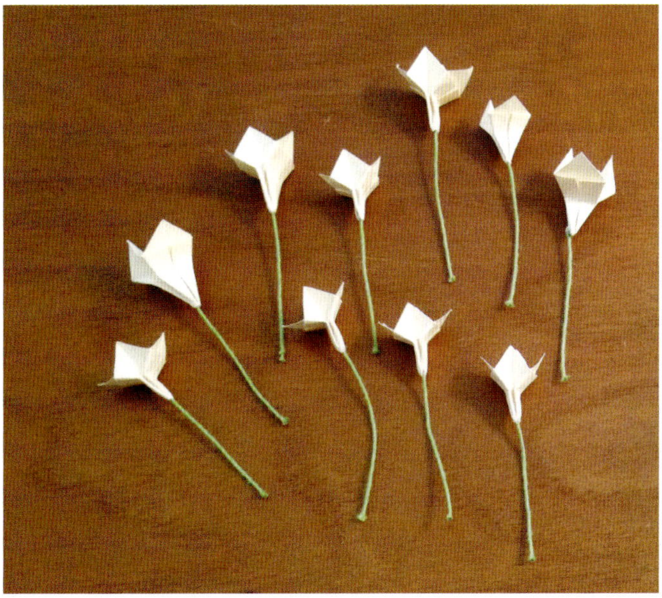

パーツは上から順に加えていく

長い茎の先端に花があり、間隔を置いて花や葉のついている作品があります。この様な場合には、先端に来る花に一番長いワイヤー（茎）を取りつけます。ワイヤーの長さは、仕上げる形を考えて決めます。残りの花や葉は、フローラルテープを茎に巻きながら差し挟んでいきます。

スイートピー

デザイン：ジョン・ブラックマン
図：マルシオ・ノグチ

「私は上質の筆記用紙のような単色の紙が好きです。レスラー社のものが気に入っていますが、欲しい色があれば他社のものも使います。これらの紙で折り、最後にドライパステルを使って自分なりの色彩に仕上げます。まず棒状のパステルを適当な紙の切れ端に強くこすりつけて、顔料を移します。それを綿棒で取って色づけしたい部分を撫でるようにすると、柔らかな色合いが出せるのです」

――ジョン・ブラックマン

ジョン・ブラックマンの折り紙歴は、30年以上に及びます。最初に折り紙を知ったのは子供の頃ですが、20代のときにその本当の楽しさを日本人の友人から教えられて以来、熱心に取り組むようになりました。

植物やガーデニング、生け花の好きな彼は、好んで花の作品を作ります。作品は多くの本に掲載され、グループ展や個展をアメリカ国内で何度も開いています。他の作品も見たいという方は、彼のウェブサイトwww.origamiflora.comにアクセスしてみてください。

ニュージャージー州在住。インターネット関連の企業に勤務。

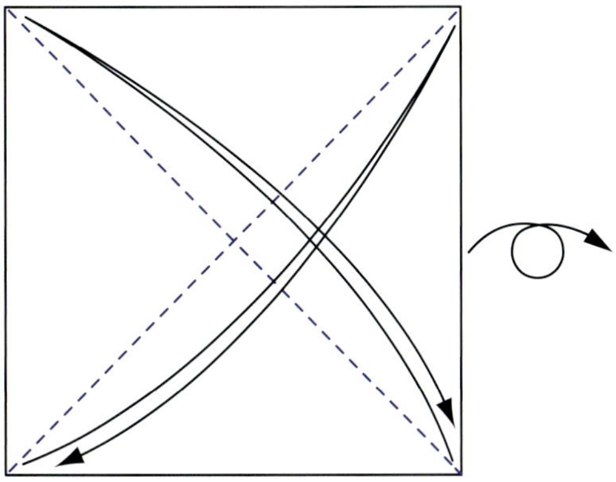

花は小さな正方形の紙で折る。
目安は7.6cm四方。

1 白い面を表にして、対角線に折り筋を2本つける。裏返す。

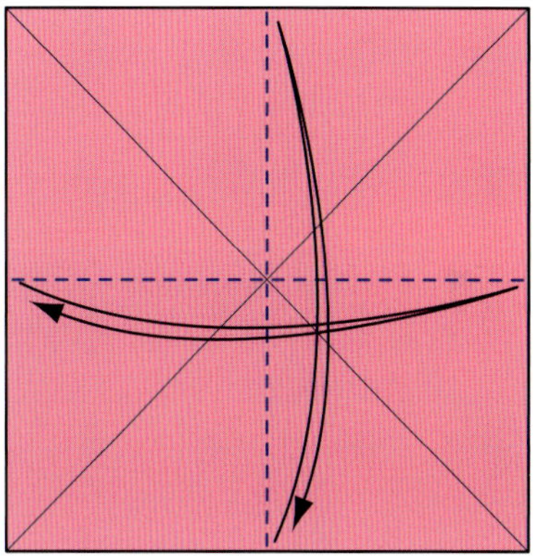

2 辺を2等分する折り筋を縦横につける。

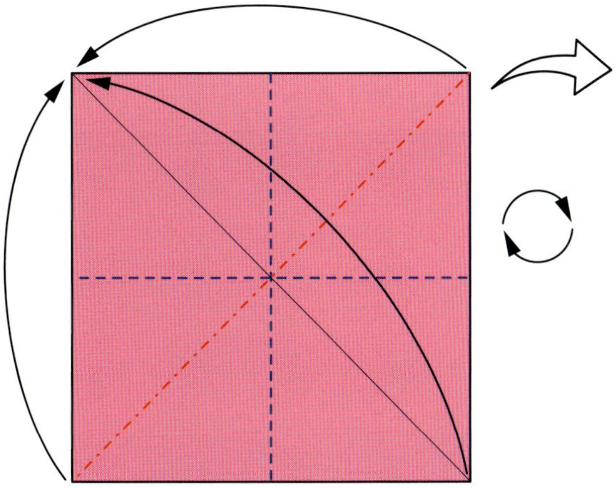

3 正方基本形に折る。4つのカドが集まった部分が上に来るように置き直す。

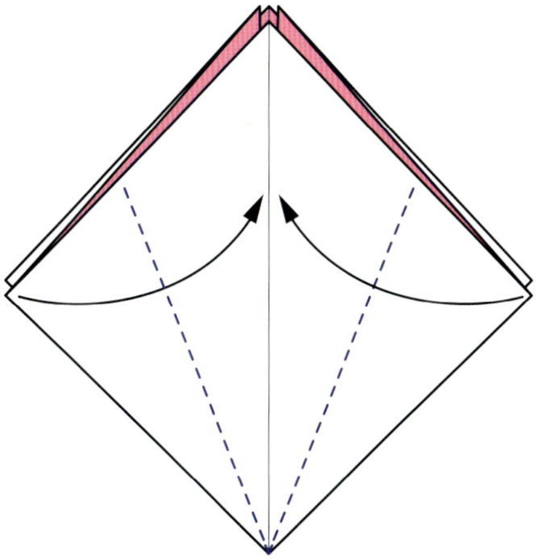

4 手前の部分だけ、フチを中心の折り筋に合わせて折る。

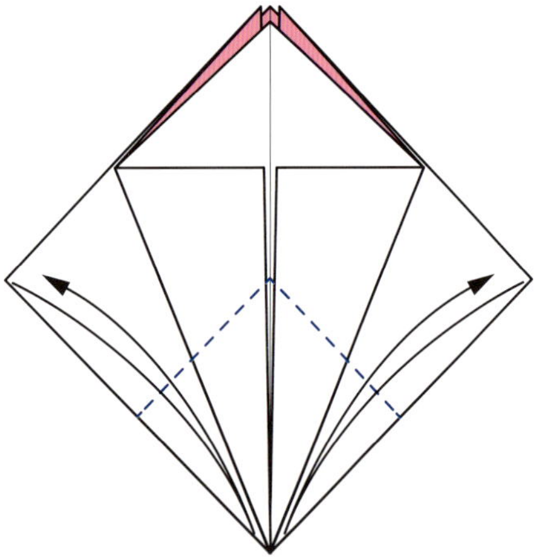

5 左右のカドをそれぞれ下のカドに合わせ、図の部分にだけ折り筋をつける。

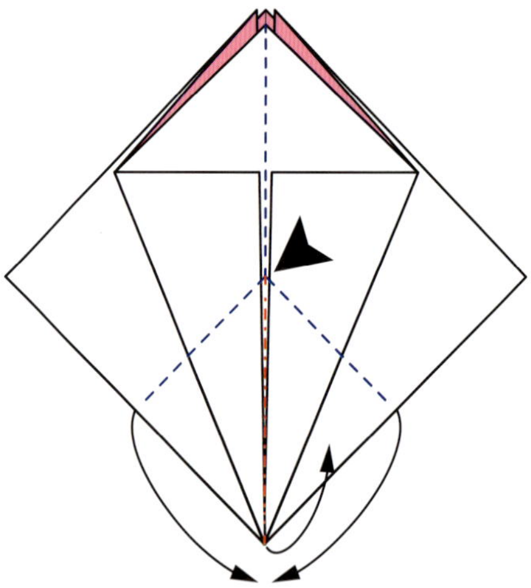

6 真ん中を押しながら下のカドを持ち上げ、2本の折り筋の端を矢印の通りに合わせる。以降、全体は平らではない。

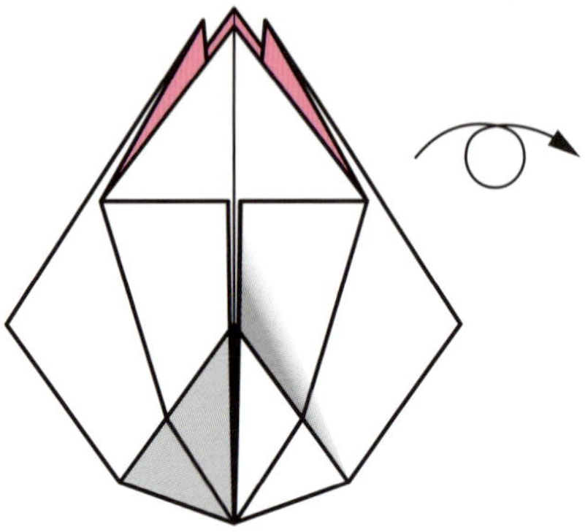

7 裏返す。

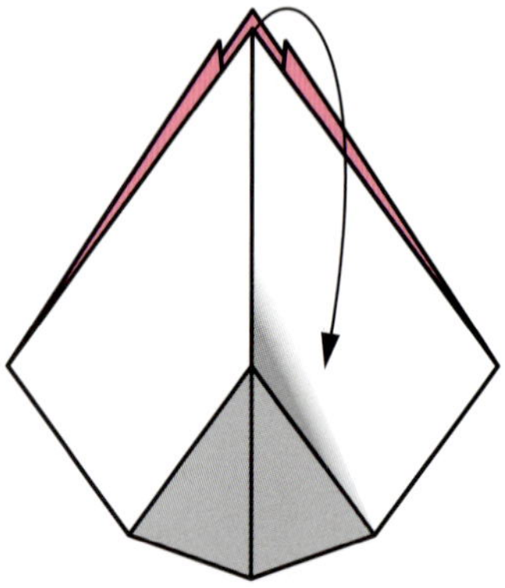

8 上の1枚を手前にめくる。

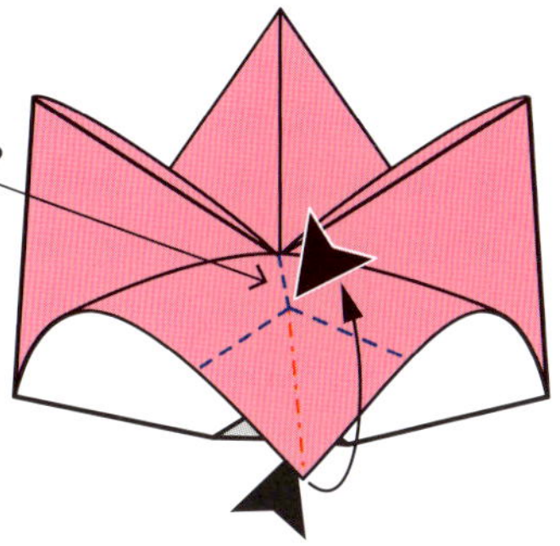

9 カドの先端を持ち上げながら、中央部分を押し込んで裏から強くつまみ、花の前面を作る。

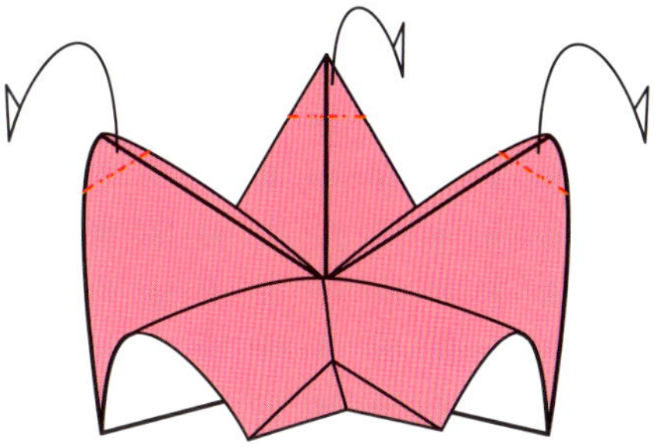

10 残り3つの花びらの先端を山折りする。これで花弁が外に開きやすくなる。

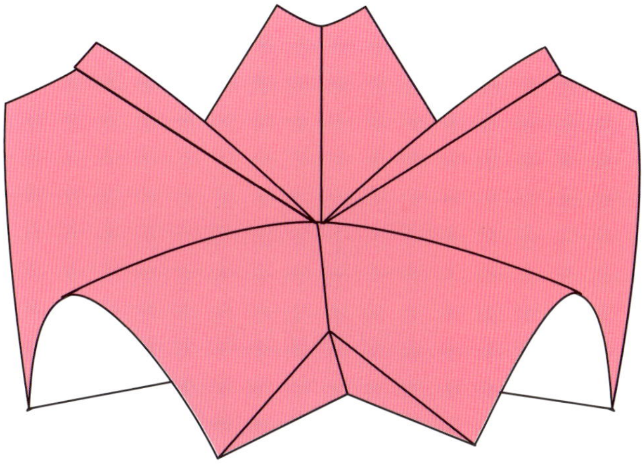

スイートピーの花の出来上がり

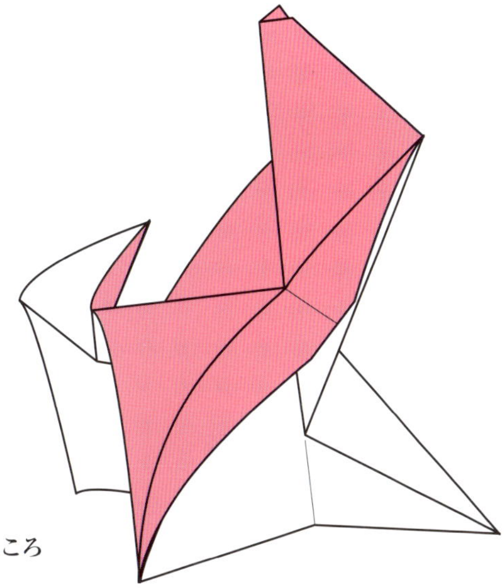

横から見たところ

がく

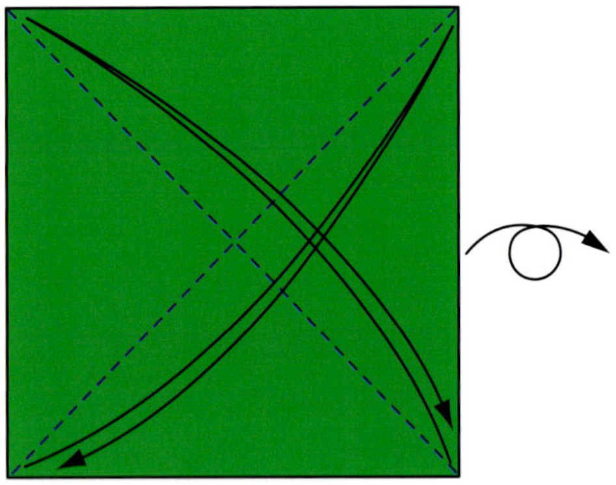

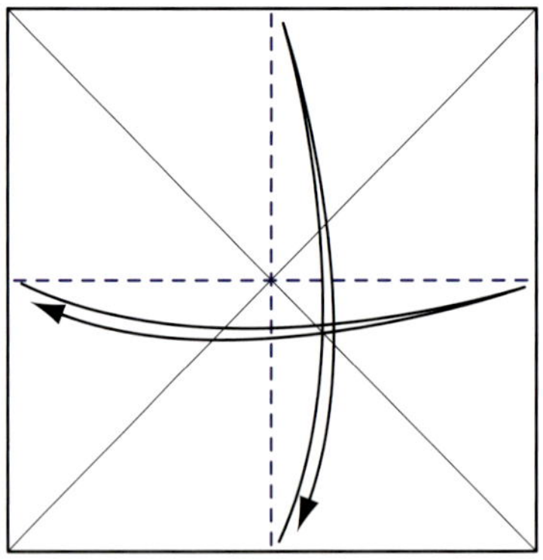

花を折った紙の半分の大きさの紙（1辺が半分）で作る。伝承折り紙のカーネーションの変形。

1　色つきの面を上にして、対角線に2本折り筋をつける。裏返す。

2　辺を2等分する折り筋を縦横につける。

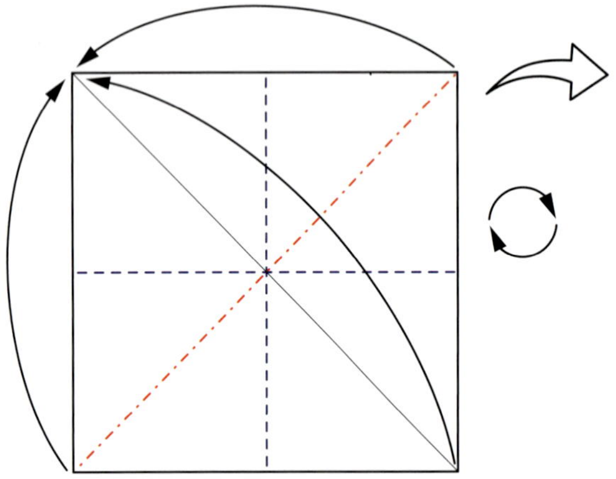

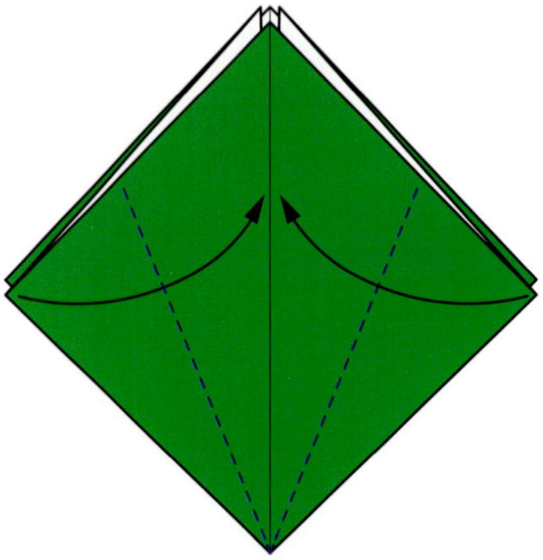

3　正方基本形に折る。4つのカドが集まった部分を上にする。

4　上の1枚を、フチを中心の折り筋に合わせて折る。

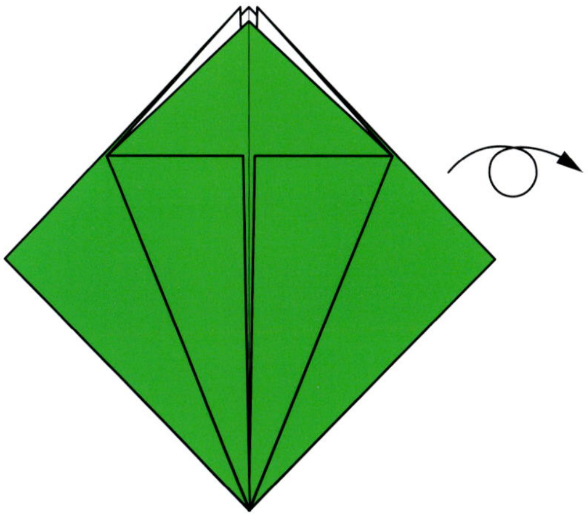

5 裏返す。

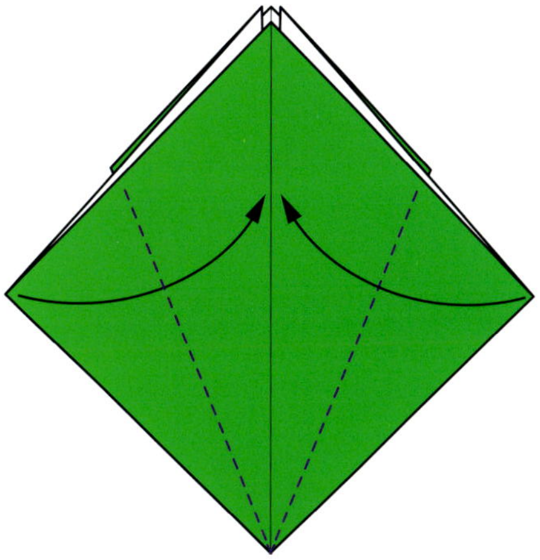

6 フチを中心の折り筋に合わせて折る。

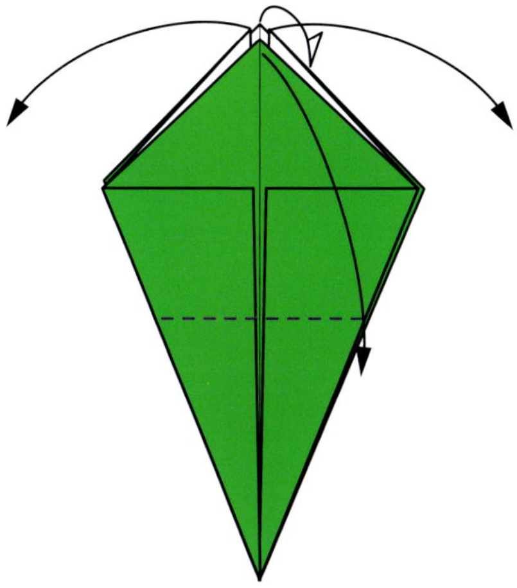

7 集まっている4つのカドを、図のように四方に開く。

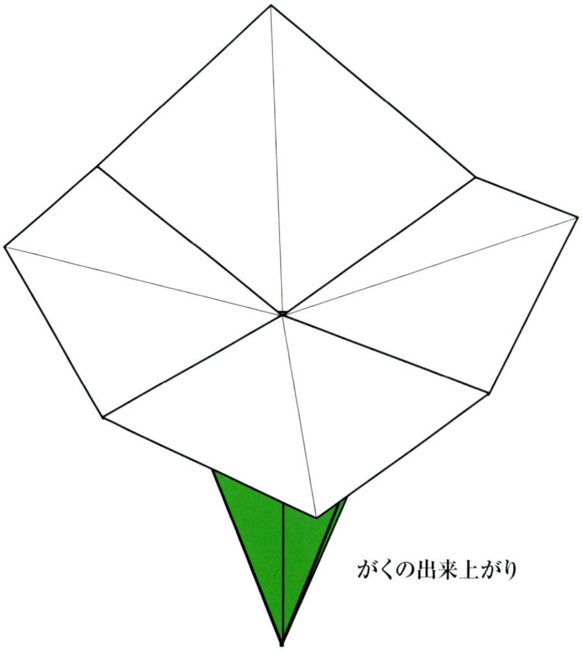

がくの出来上がり

スイートピーについて

マメ科のスイートピーは1年草で、巻きひげで体を支える蔓性の植物です。ヴィクトリア朝時代に交配で色と香りの改良が進み、栽培品種にはピンク、青、紫、白の花があります。花言葉は「ほのかな喜び」「永遠の喜び」などです。

花の組み立て

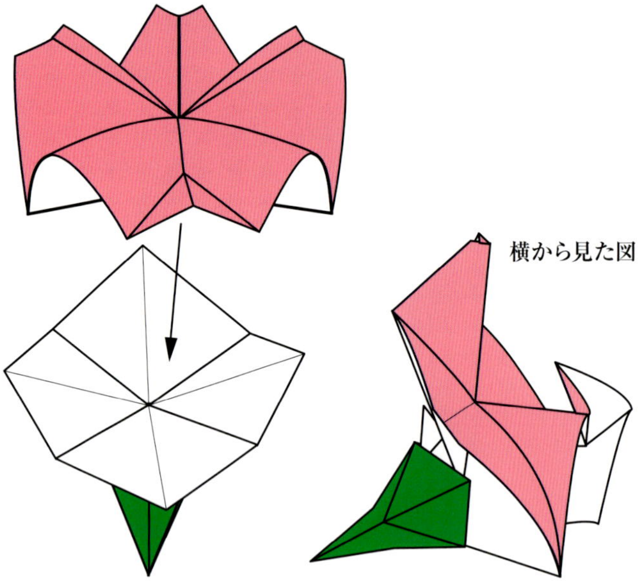

1 花にワイヤーをつける。布テープの巻かれたワイヤーにボンドを塗り、花の下部の折り目のあいだに入れる。1つだけ、他より長いワイヤーにする。

2 タペストリー針か目打ちをがくの中央から末端まで垂直に通し、ワイヤーを差し込む穴を開ける。

3 花の末端にボンドを1滴つけ、ワイヤーをがくの穴に通す。花の末端ががくに少し入ったところで止める。

4 手順2、3を繰り返し、花とがくを合わせていく。

5 小さな花を組み合わせて、1本のスイートピーを作る。まず長いワイヤーの花をフローラルテープで茎に取りつけ、テープを巻き下ろしながら適切な場所に他の花もつける。

＊ここでがくとして作ったものを、花にしてもかわいいです。
その場合は、白い面を表にして折り始めましょう。

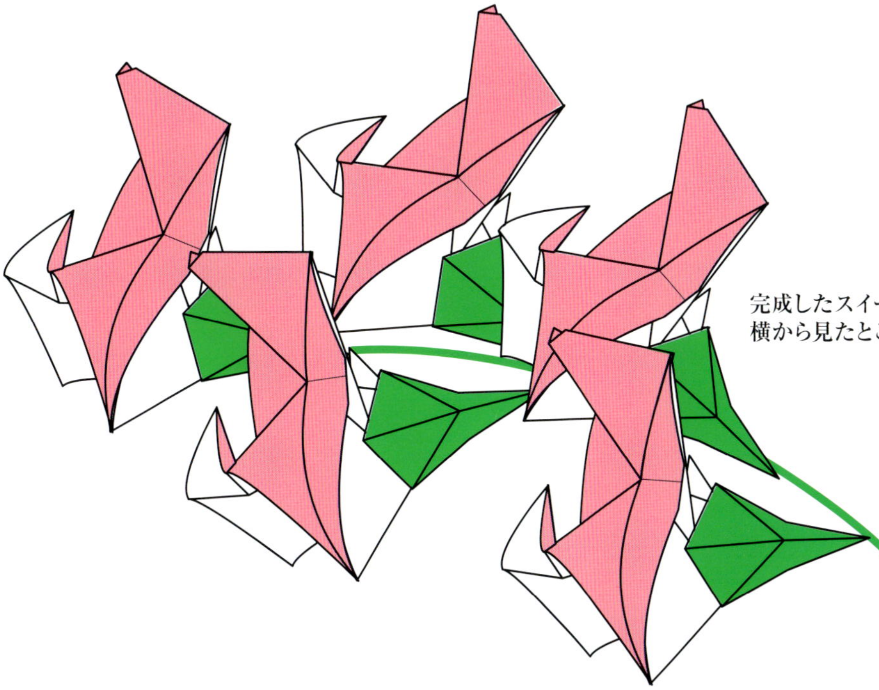

完成したスイートピーを
横から見たところ

正面から見たところ

「ブーゲンビリアは葉と苞葉《ほうよう》と花の3つの部分から成り立っていて、カラフルな苞葉は花に見えますが、ポインセチアの赤い葉と同じで葉が変化したものです。本当の花は、苞葉の真ん中にある小さな白い部分です。私は苞葉と葉には単色の雲竜紙を好んで用いますが、それはこの紙が柔らかくしなやかだからです。写真の作品には、タイの雲竜紙を使いました」

——デルロサ・マーシャル

ブーゲンビリア

デザイン：デルロサ・マーシャル（布施知子氏の作品に触発されて）
図：マルシオ・ノグチ

デルロサ・マーシャルはニューヨークシティに住む元・科学教師です。1990年に同僚から折り紙を教わったあとすぐにOrigamiUSAに入り、毎年のコンベンションで作品を発表しています。

彼女にとって折り紙の花作りは、花という自然の創造物を愛する気持ちと、紙を折って思い通りの形を作るという挑戦の楽しみを1つに結びつけてくれるものです。アメリカ自然史博物館で毎年飾られる折り紙のクリスマスツリーの共同デザインを数回手がけ、エルメスやポール・スチュアート、ラリックといったハイブランドのショップのために花に限らずさまざまな装飾用の折り紙を折ってきました。オフ・ブロードウェイの演劇“Animals Out of Paper” と “Moon 2 @ Tryston” にも作品を提供しています。

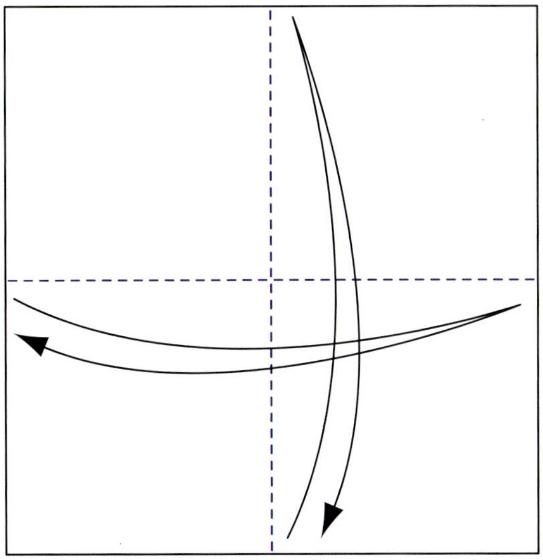

花はオフホワイトの2cm四方の紙で折る。
（折り図では、オフホワイトの面は黄色で表示）

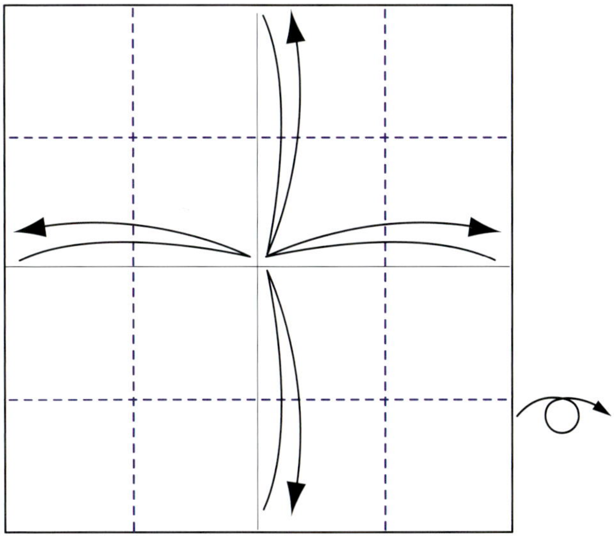

1 白い面を上にして置き、
辺を2等分する折り筋を
縦横につける。

2 辺を4等分する折り筋を、
縦横に2本ずつつける。
裏返す。

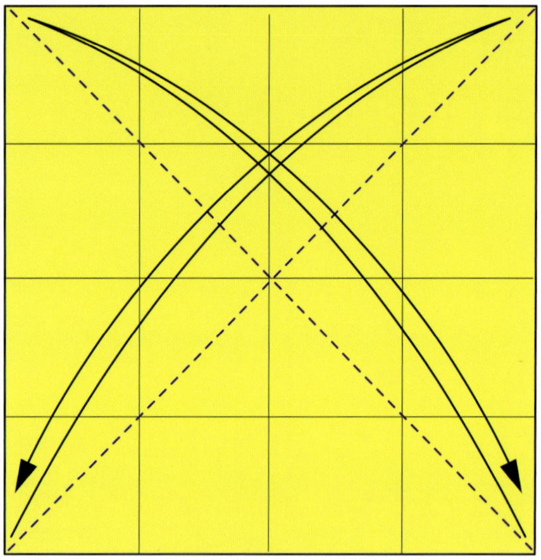

3 対角線に折り筋をつける。

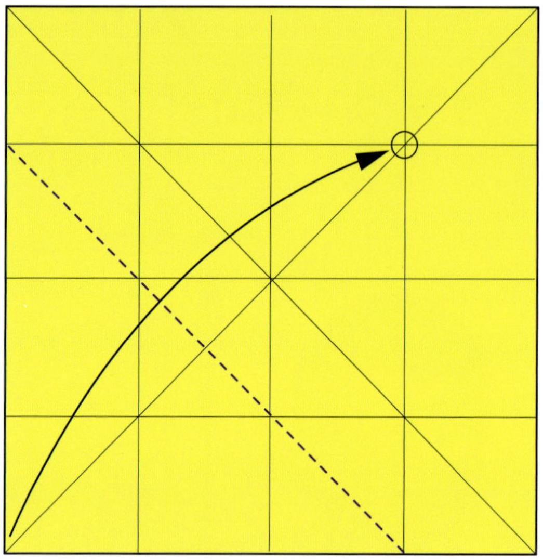

4 左下のカドを図の位置に合わせて折る。

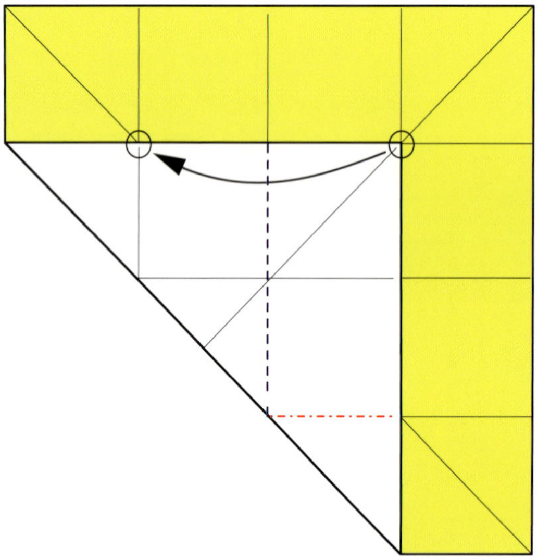

5 上の1枚を、折り筋に合わせて左に折り返す。平らにはならない。

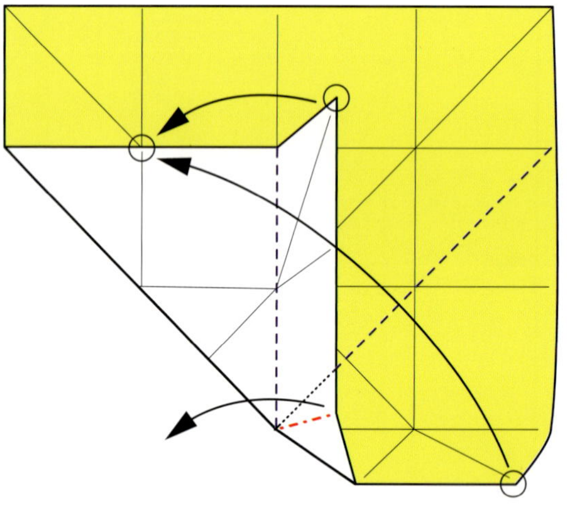

6 印をつけた3点を合わせ、平らに押さえる。

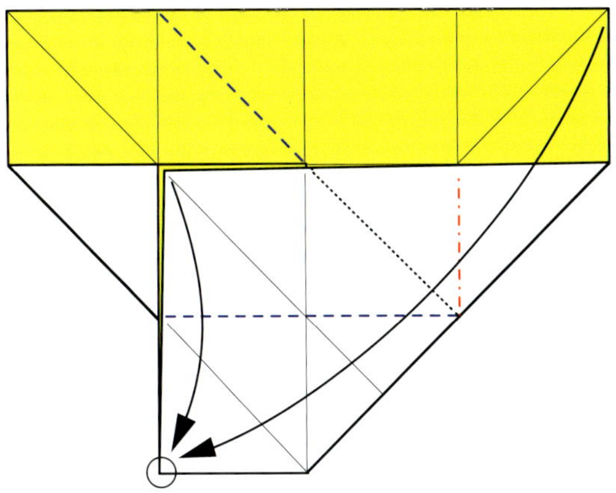

7 手順5、6を参考に、図の2つのカドを印の点に合わせる。

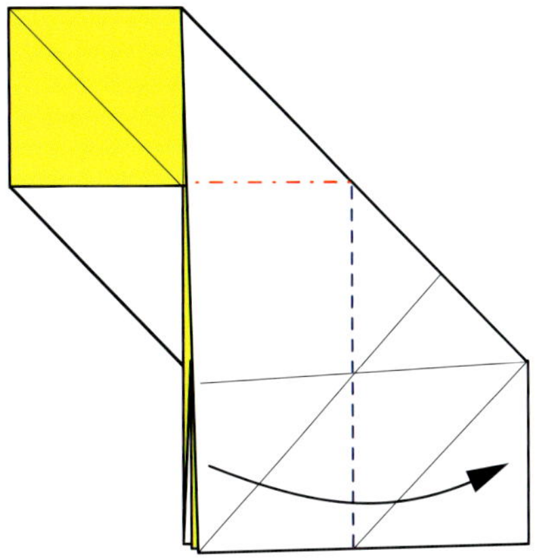

8 右に折り返す。平らにはならない。

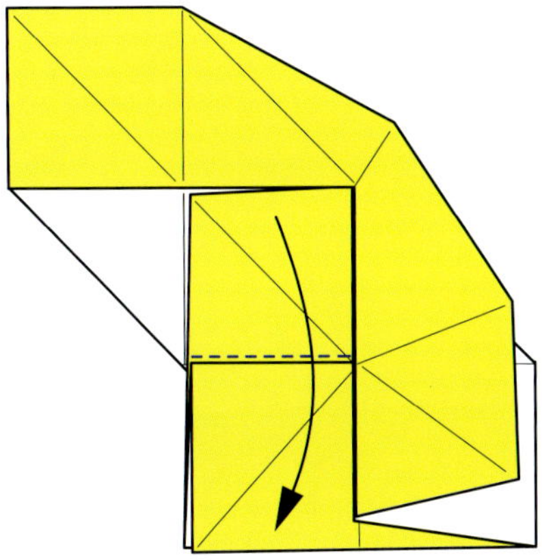

9 下に折りながら、次の手順に進む。まだ平らにはならない。

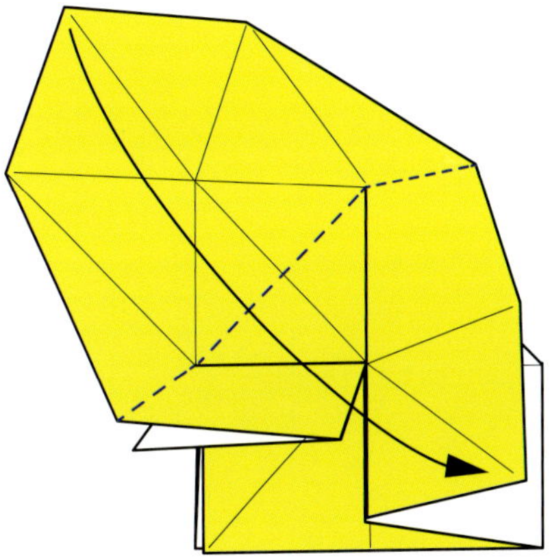

10 左上のカドを右下のカドに合わせ、全体を平らに押さえる。

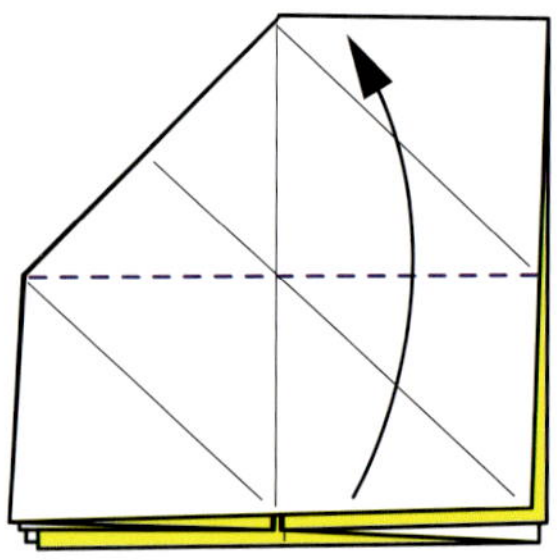

11 上に折る。

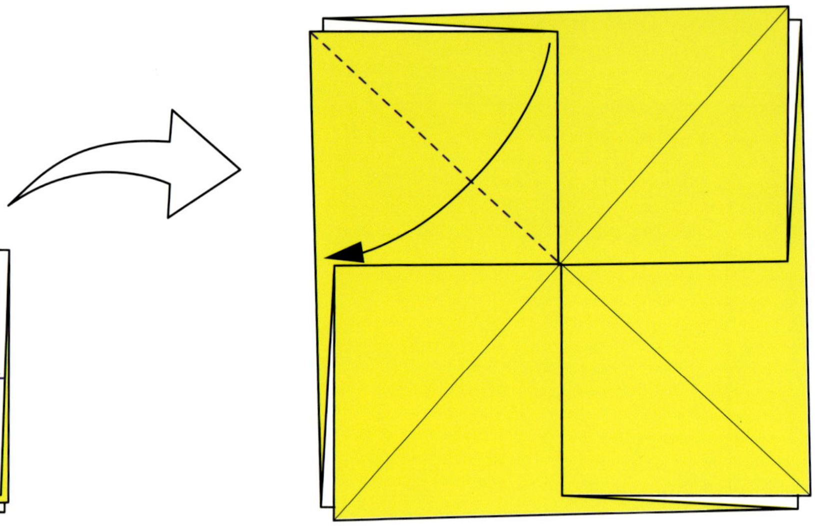

12 斜めに谷折り。

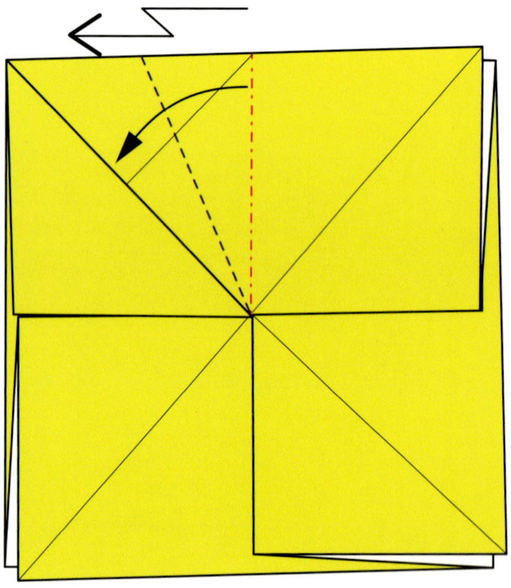

13 段折りする。
平らにはならない。

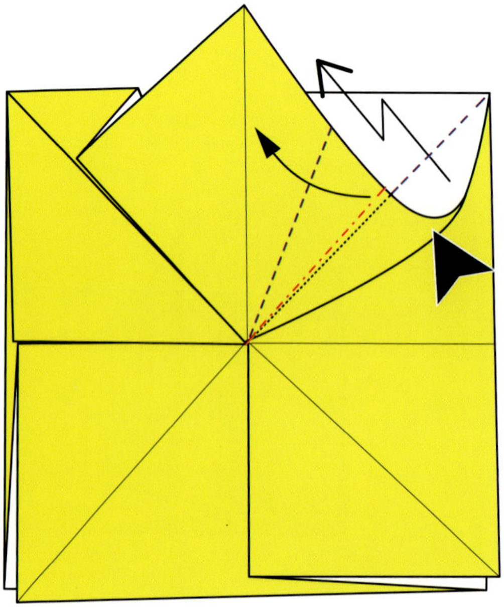

14 段折りして平らにする。

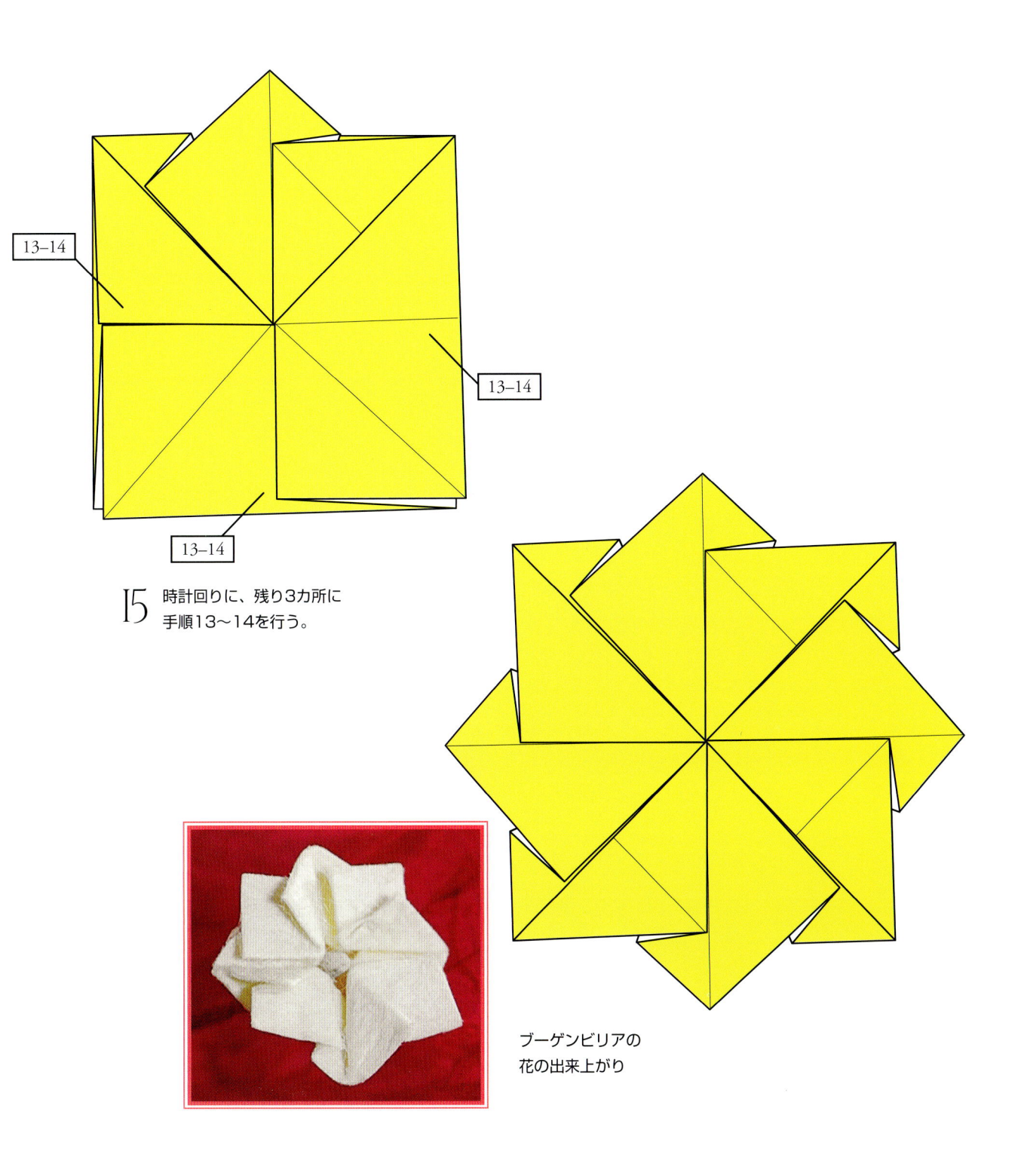

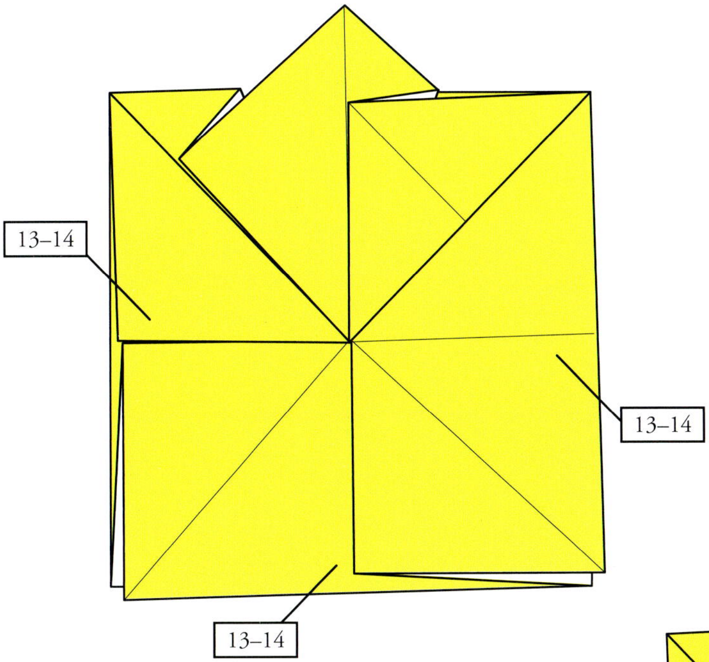

15 時計回りに、残り3カ所に
手順13～14を行う。

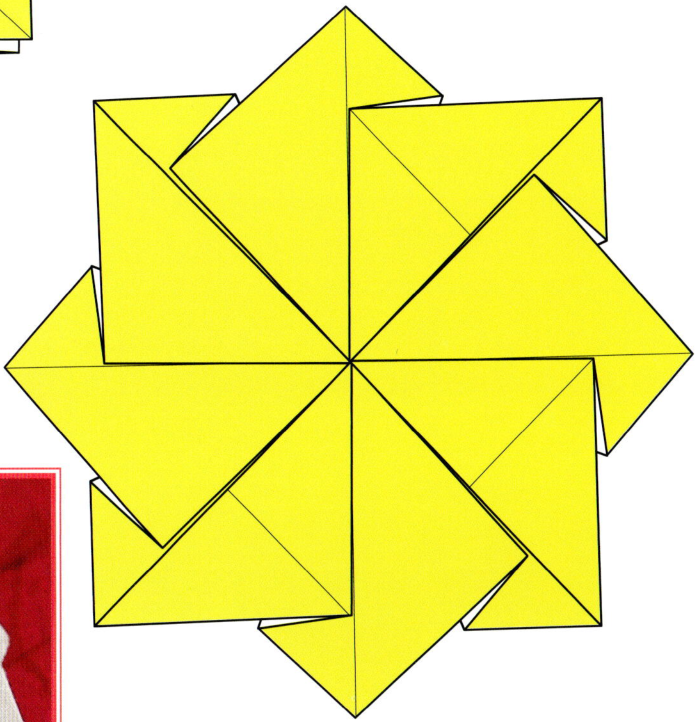

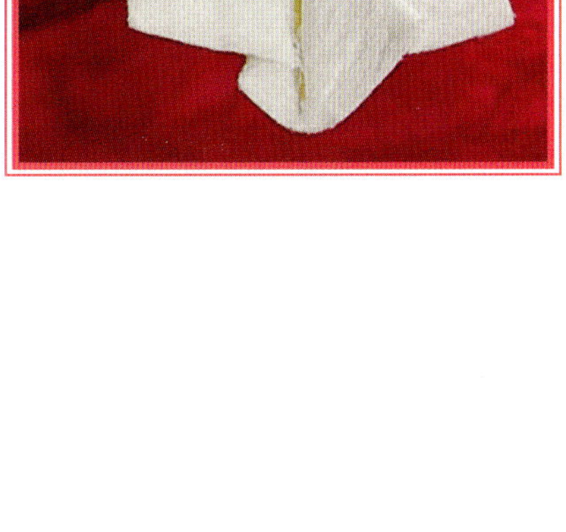

ブーゲンビリアの
花の出来上がり

苞葉

8.6×28㎝の長方形の紙を、4つの
同じ大きさの三角形に切り分ける。

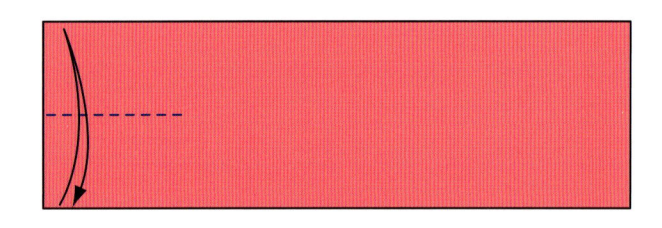

1 半分に折り、フチに近い部分に
だけ折り筋をつける。

2 左下のカドを手順1の
折り筋に合わせて折る。

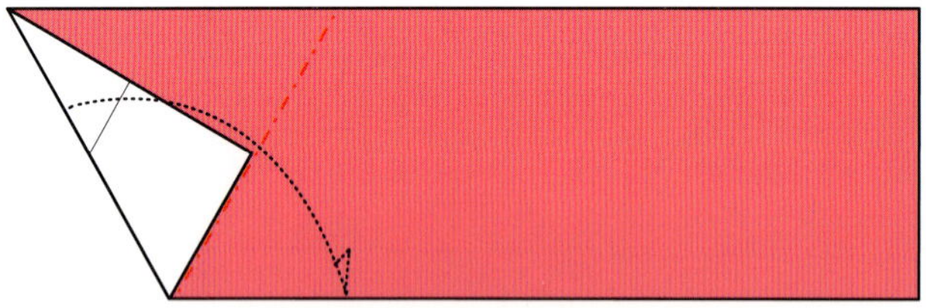

3 左横のフチを下辺に合わせて
山折りする。

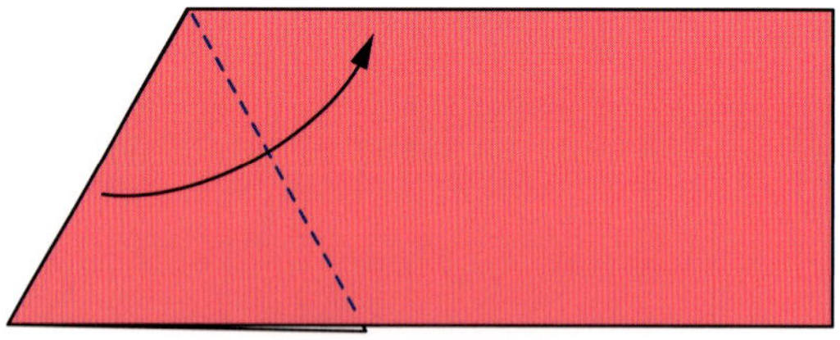

4 左横のフチを上辺に合わせて
谷折りする。

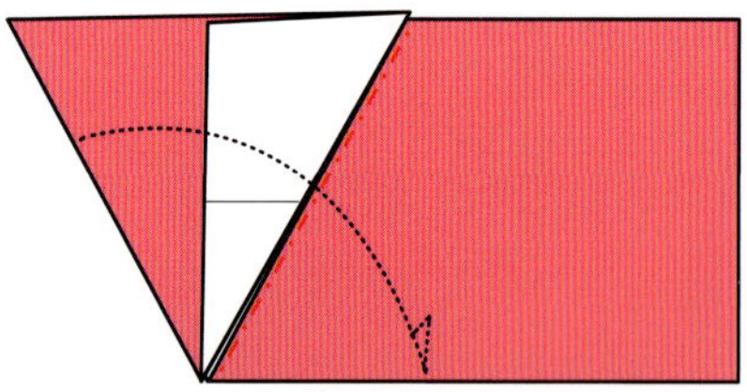

5 左横のフチを下辺に合わせて
山折りする。

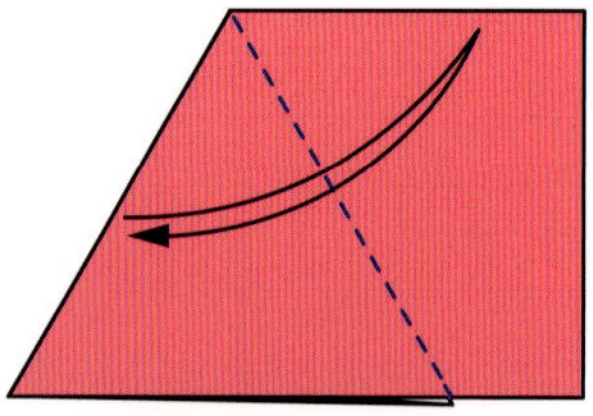

6 左横のフチを上辺に合わせて
谷折りして開く。

7 折った部分をすべて開く。

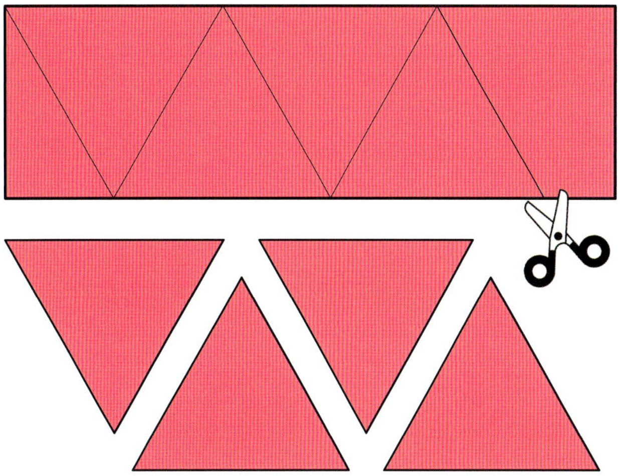

8 4つの三角形を切り離す。

三角形の紙で苞葉を
折る。

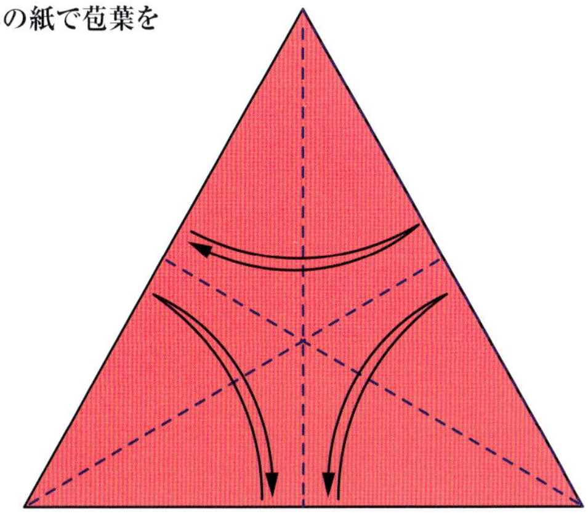

1 色つきの面を上にする。
3つのカドをそれぞれ2等分する
折り筋をつける。

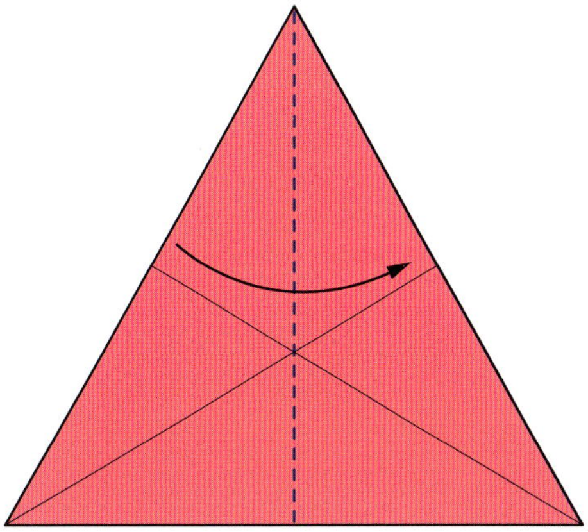

2 半分に折る。

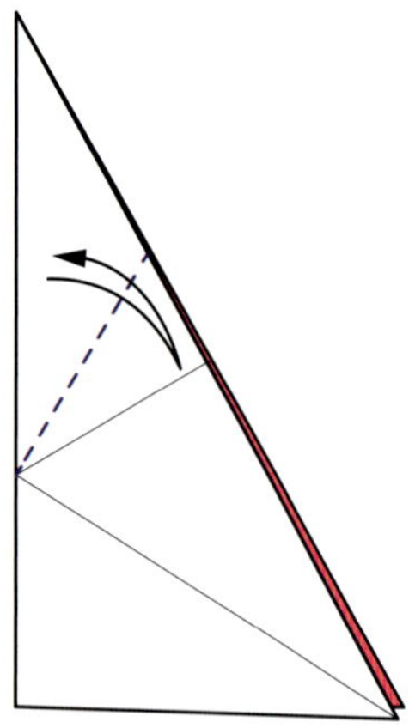

3 フチを中心の折り筋に合わせて
折り筋をつける。

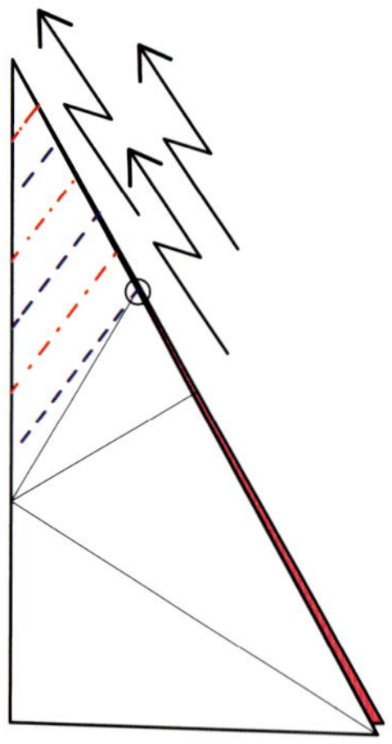

4 印の点を基準点にして、
手順3の折り筋よりやや浅い角度で
3回段折りして開く。

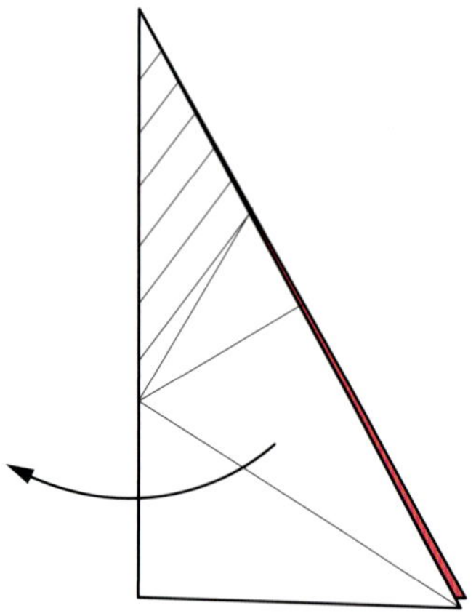

5 開く。

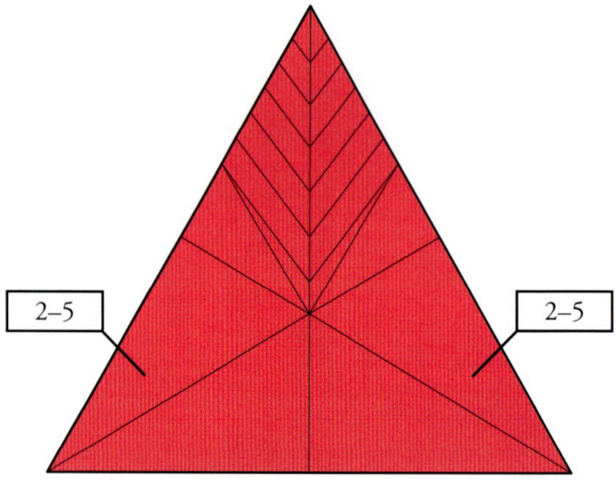

6 残り2カ所にも、
手順2〜5を行う。

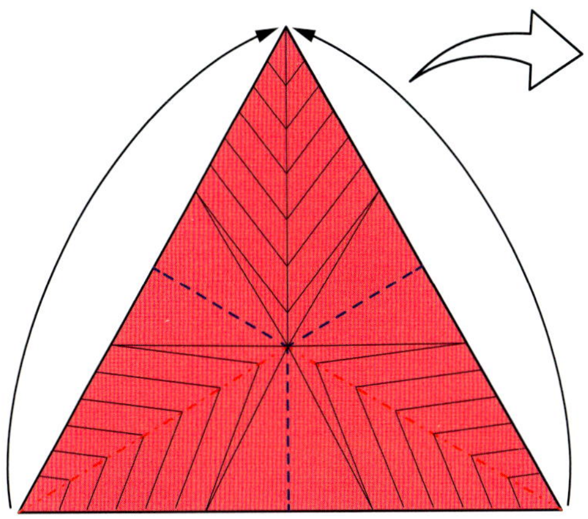

7 折り筋に従って、左右のカドを上のカドに集める。

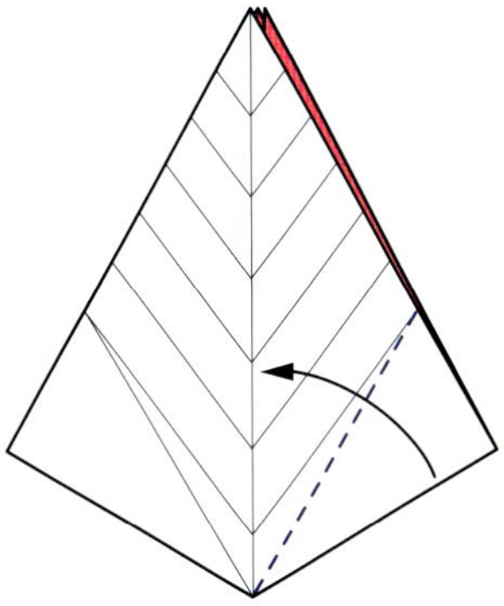

8 右下のフチを中心線に合わせ、しっかり折り目を押さえる。

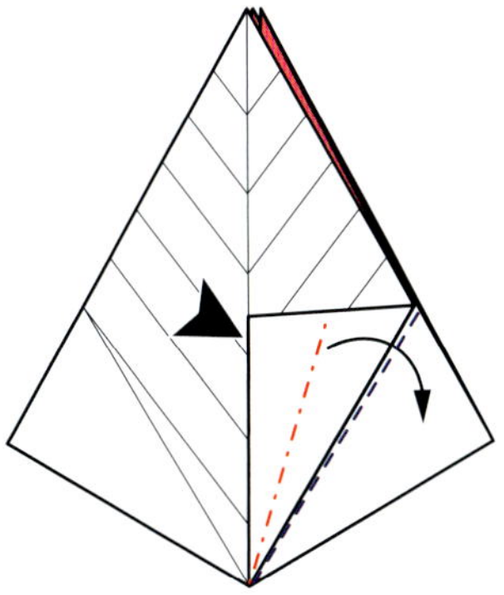

9 開いて袋折りをし、しっかり折り目を押さえる。

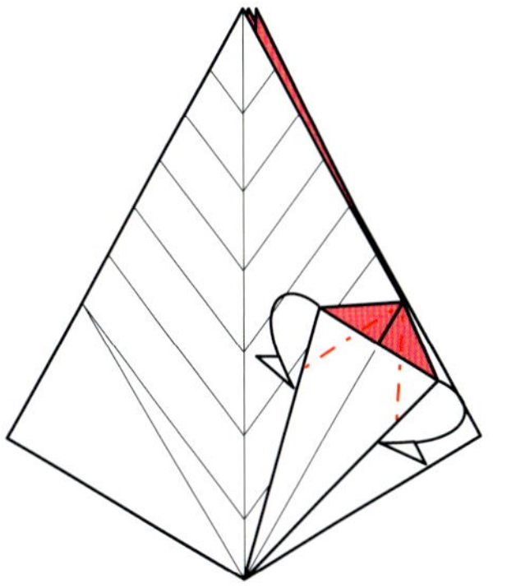

10 袋折りの左右のカドを裏へ折り、しっかり折り目を押さえる。

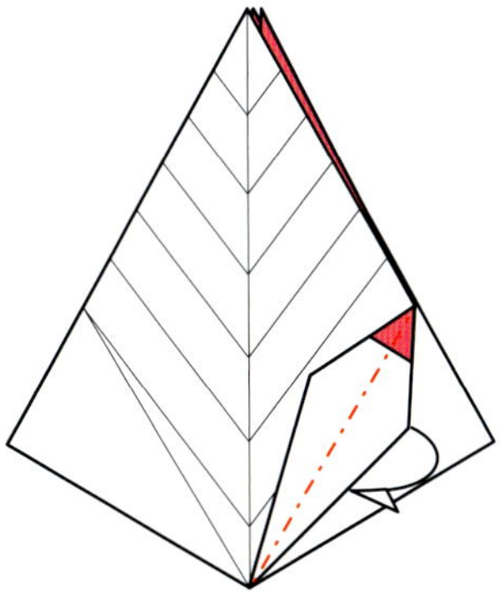

11 袋折りの右半分を裏に折り込み、しっかり押さえる。

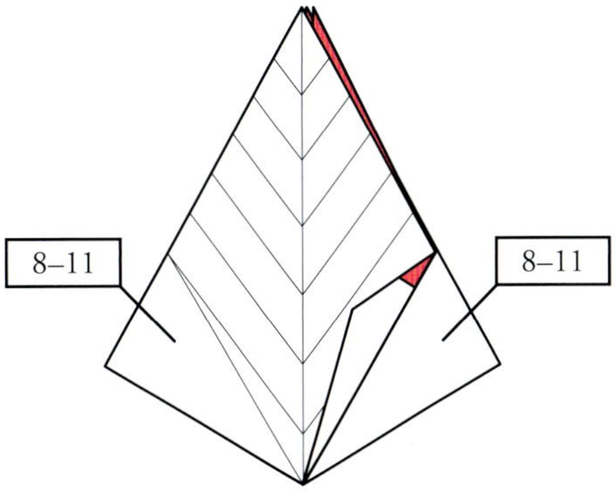

12 残り2カ所にも、手順8～11を行う。

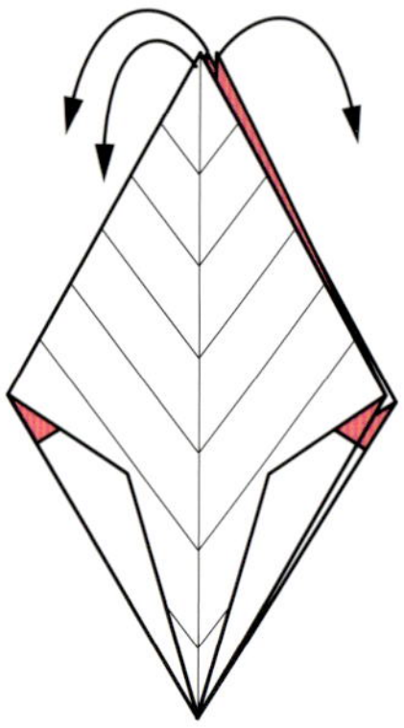

13 上の3つのカドを外側にカーブさせながら、やさしく開く。

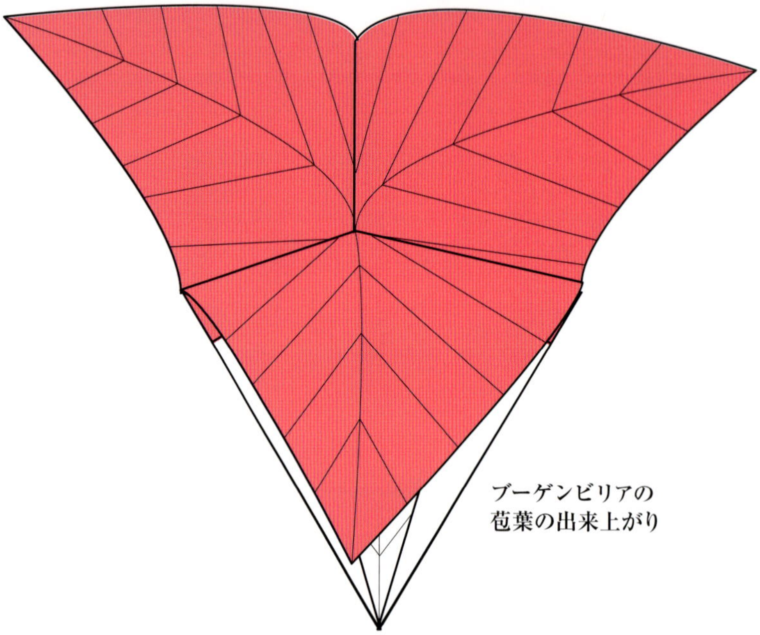

ブーゲンビリアの苞葉の出来上がり

葉

2.5～5.7㎝四方までの、いろいろな大きさの緑の正方形の紙を使用。

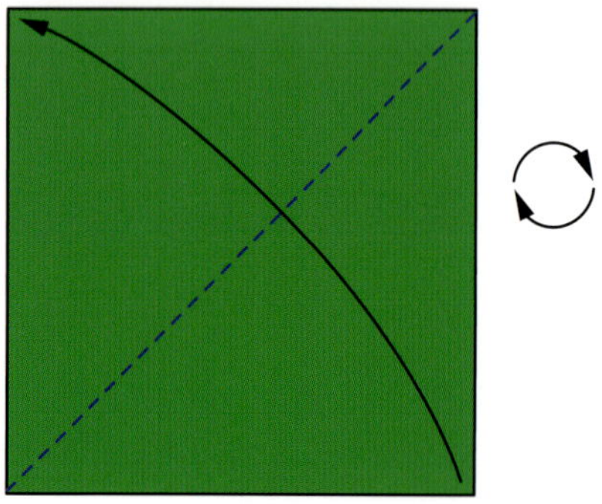

1 対角線で半分に折る。合わせたカドを上に置き直す。

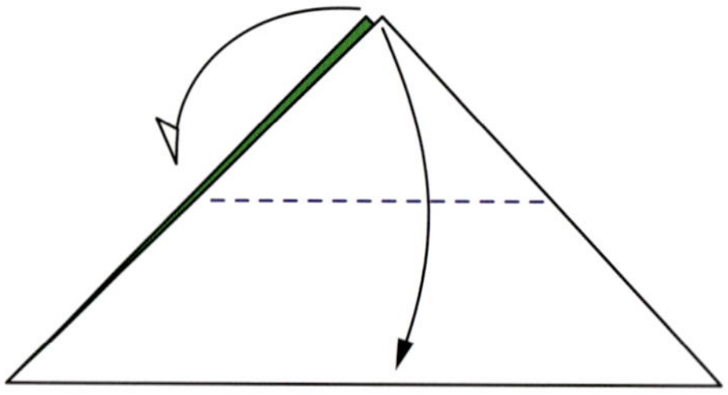

2 合わせたカドを、それぞれ手前と裏に折る。

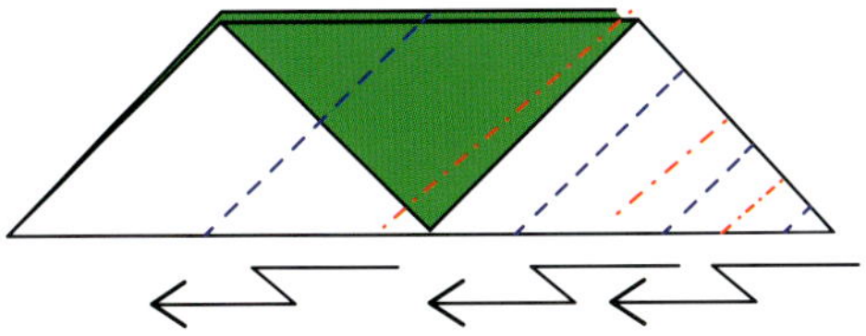

3 図のように段折りして
（おおよその場所でよい）、
折り筋をつけて開く。

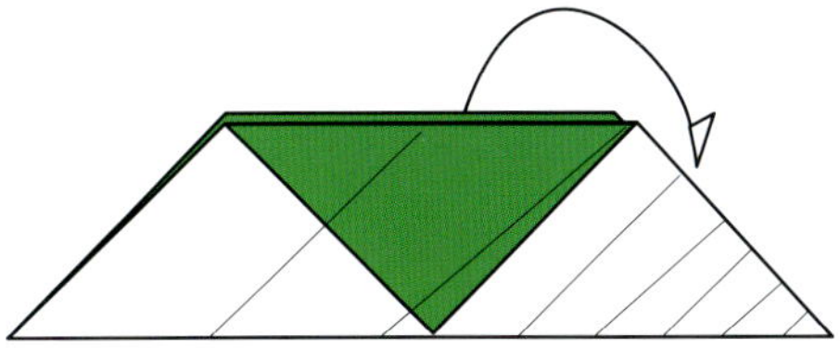

4 裏側を下に開く。

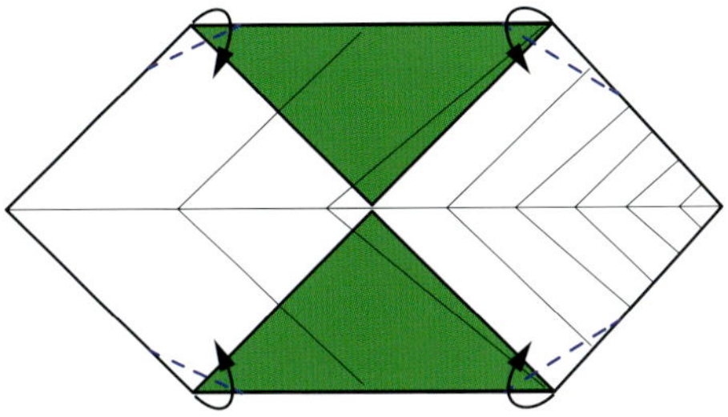

5 4つのカドを小さく内側に折り、
葉の形を整える。

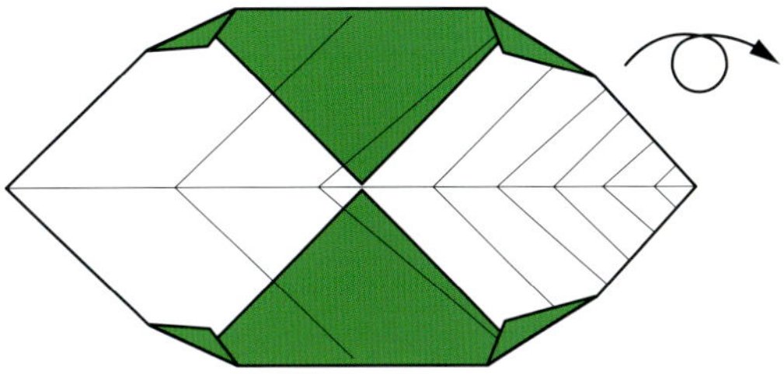

6 裏返す。

ブーゲンビリアの葉の出来上がり

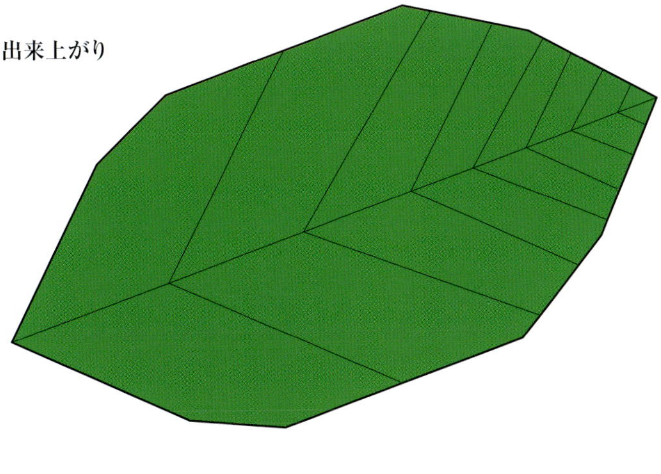

ブーゲンビリアについて

ブーゲンビリアは南米原産の常緑の蔓性植物で、特徴は苞葉と呼ばれる鮮やかな色の葉です。紫、赤紫、黄などさまざまな色があり、1つの株に2色の苞葉ができる品種もあります。苞葉が紙のように見えるので、別名は「紙の花」。ブーゲンビリアは歓迎の意を表すのによく使われ、ハワイではブーゲンビリアのレイも作られています。

作品の組み立て

葉だけの小ぶりの枝、葉だけでなく花と苞葉もついた枝といった複数のパーツを作り、それらを組み合わせます。花や葉にワイヤーをつけ、フローラルテープで巻きながら束ねていく作業になります。束ねた花を苞葉と組み合わせる→〈花＋苞葉〉に葉を加え、〈花＋苞葉＋葉〉の枝を作る→葉だけの小枝を作る→〈花＋苞葉＋葉〉の枝と葉だけの枝をメインの大きな枝に取りつける、という流れになります。葉だけの枝1～2本と〈花＋苞葉＋葉〉の枝7本で、大きな枝を作ります。写真のアレンジメントは大きな枝を3本使ったもので、各大枝は葉59枚、〈花＋苞葉〉25組で構成されています。

1本の大枝を作るには、以下のものが必要です。

・1つの苞葉につき3輪の花
・〈花＋苞葉＋葉〉の枝1本につき苞葉を3～4
・白い布巻きのフローラルワイヤー（24番）：花用
・プライヤー
・ワイヤーカッター
・緑と茶のフローラルテープ
・苞葉用に、指定サイズの長方形の薄紙（長方形1枚で苞葉4つ。必要な分だけ用意する）
・スティック糊
・タペストリー針か目打ち
・2.5㎝、3.8㎝、5㎝、5.7㎝四方の紙から作った、サイズの異なる葉を20枚くらい。小さいサイズの葉は明るい緑の紙で作る。
・フローラルワイヤーの束（カットされてパック詰めされたものが市販されている）：葉、および花つきの枝用
・小枝を払った木の枝1本（注）

注：自然の枝でなくても、直径6㎜、長さ60～75㎝くらいの木の棒でも代用できます。

1 《花にワイヤーをつける》花3つで1組。1組につき、布巻きワイヤー5.1cmを2本、8.9cmを1本カットしておく。ワイヤーの先端は曲げて、ヘッドピンにする。苞葉と同じ紙で細いテープを作ってスティック糊を塗り、ワイヤーの先端3mmを空けて、その先3.8cmに巻きつける。

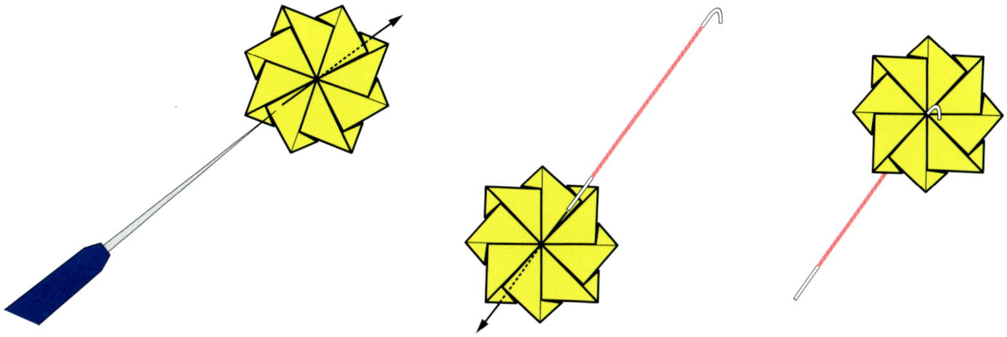

2 それぞれの花の中央にタペストリー針か目打ちで穴を開ける。ワイヤーのまっすぐなほうの端を差し込み、丸めた部分で止まるまで通す。

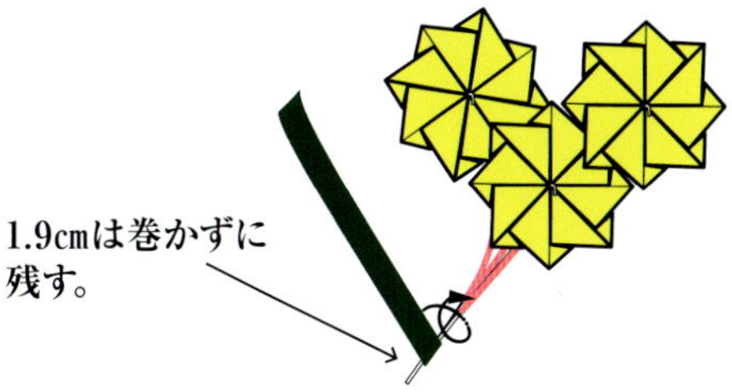

3 3つの花を束ね、一番長いワイヤーの末端1.9cmを残すところまで緑のフローラルテープを巻きつける。残りの花も3つずつまとめ、同様に作る。

4 それぞれの苞葉の中央に、束ねた花のワイヤーが通る大きさの穴を開ける。苞葉と同じ紙を巻いた3.8cmが穴の上に、緑の部分が穴の下に来るようにワイヤーを差し込む。残りの花と苞葉も同様に組み合わせる。

5 《葉だけの枝を作る》26ページの「花の組み立て方のヒント」を参照しながら、それぞれの葉にワイヤーをつける。ワイヤーの束から20～28cmほどの長さを切り出して、茶のフローラルテープを巻きながら、さまざまな大きさの葉を差し挟んで行く。茶のテープは末端から2.5cmのところまで巻く。

6 《〈花＋苞葉＋葉〉の枝を作る》15～23cmの長さのワイヤーを切り出し、先端に茶のフローラルテープで小さな葉を2枚つけてから、少し下に〈花＋苞葉〉を2～3個つける。ワイヤーの末端2.5cmほどはテープを巻かずに残す。

7 〈花＋苞葉＋葉〉の枝と葉だけの枝を大きな枝に取りつける。木の枝あるいは棒の先端に茶のフローラルテープで小さな葉を2枚つけ、そのままテープを巻きながら〈花＋苞葉＋葉〉の枝を差し挟んで行く。その際、花の枝の根元には葉を1枚加えるようにする。等間隔にはしなくてよい。花の枝をつけ終わったら、葉の枝をつける。これも等間隔でなくてよい。

ブーゲンビリアの出来上がり

水仙

デザイン：ヨースト・ランゲフェルド
図：マルシオ・ノグチ

「15～20㎝四方の紙が一番きれいに折れると思います。このサイズで折った写真の作品は一輪挿しにぴったりです。いつもコンピューターで模様と色をデザインして、それをコピー用紙に印刷して使います。私の住んでいるところでは折り紙用の紙が高価なので仕方なく始めたことですが、今ではこの方法が気に入っています」

——ヨースト・ランゲフェルド

ユーチューブにアップしている折り紙の動画は何百万回も再生され、出版した折り紙の本は8冊にのぼり、家は作品でいっぱいです。自宅の1階をまるまる展示スペースにしているほどで、花や動物からレンガ、ミルクパック、建物、乗り物といった人工物に至るまで、あらゆるものを折り紙で作り公開しています。合間にはコンピューターエンジニアの仕事もしています。オランダ在住。

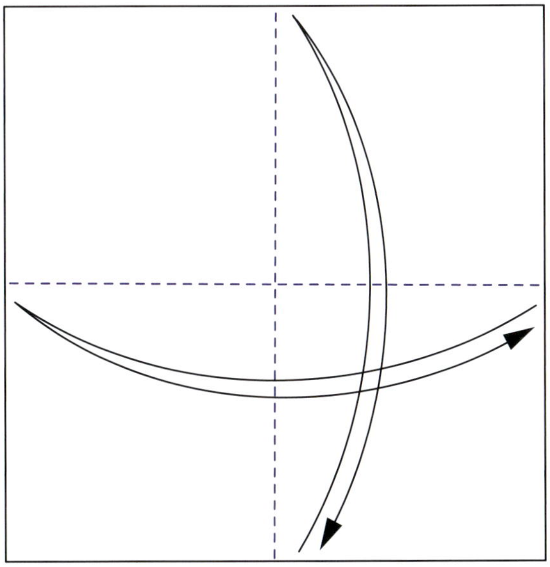

15.2㎝四方の黄色い紙を使って花を折る。

1 白い面を上にして、辺を2等分する折り筋を縦横につける。

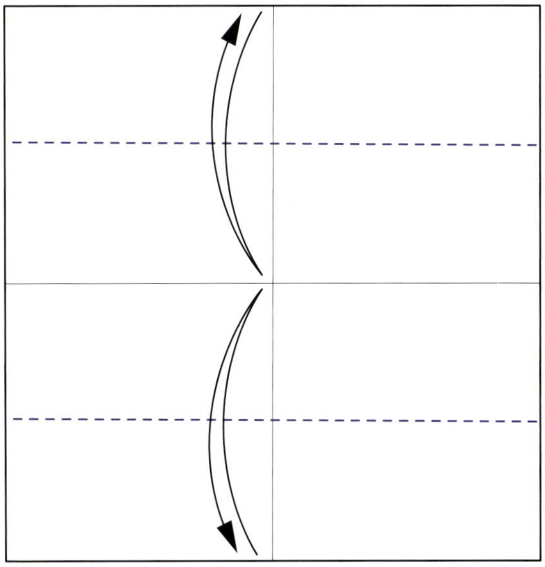

2 辺を4分割する折り筋をつける。

水仙について

ラッパズイセンやキズイセン、ペーパーホワイトなどを総称してスイセン属と呼んでいます。もともとはヨーロッパ、北アフリカ、西アジアの森や野原に自生していました。どの品種でも、椀状あるいはラッパ状の副花冠を６枚の花弁が取り囲んでいる形が特徴的です。色は白から深みのあるオレンジに近い黄色まであります。春の訪れとともに真っ先に咲く花の１つなので、再生や新たな始まりを象徴しています。

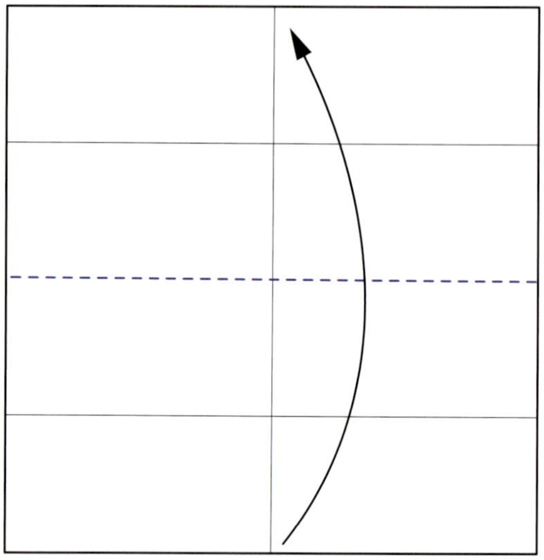

3 下辺を上辺に合わせて半分に折る。

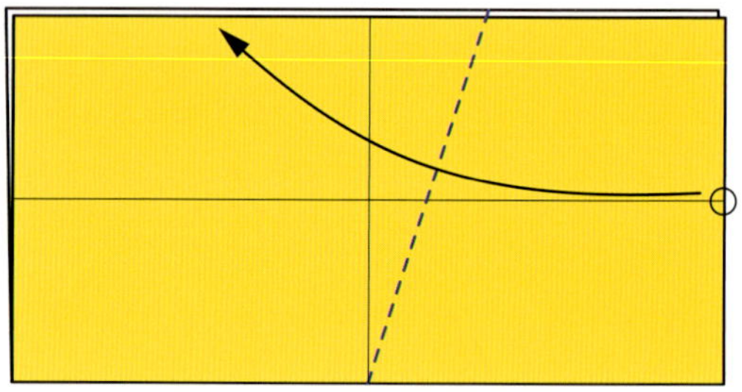

4 印の点を上辺に合わせて谷折り。

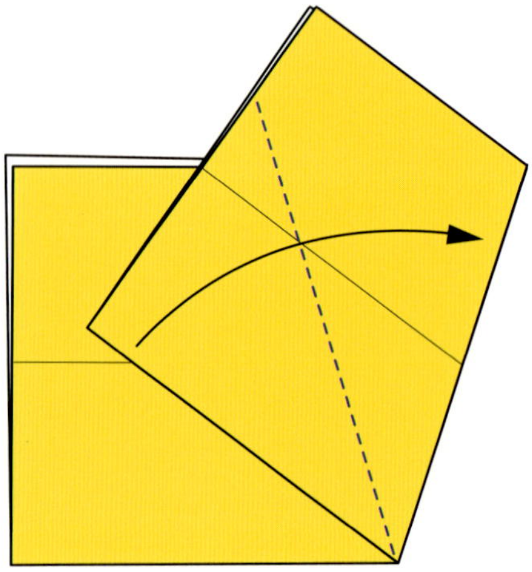

5 カドを2等分するように折る。

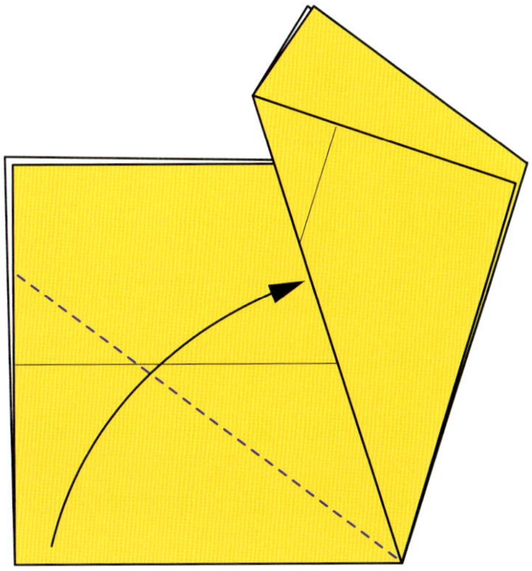

6 カドを2等分するように折る。

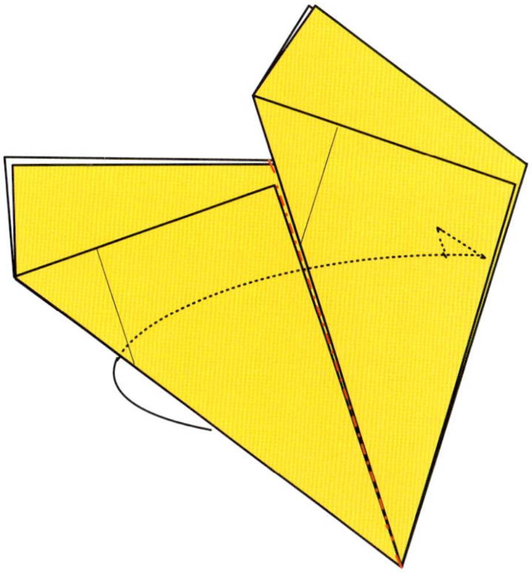

7 山折りで半分にたたむ。

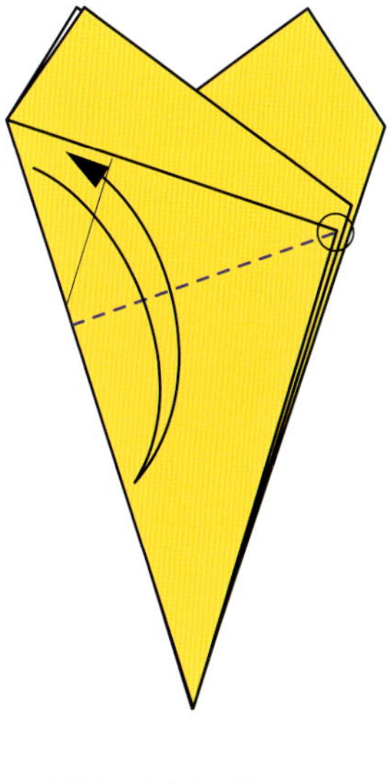

8 印の点を通るように
左の辺の垂線を折り、
折り筋をつけて開く。

9 すべて開く。

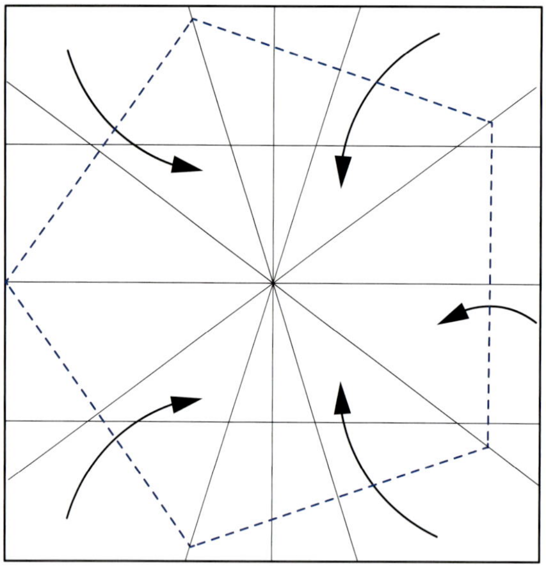

10 内側に向かって5つの谷折り線を折る。
きれいに折りたたかったら、
正五角形に切り落としてもいい。

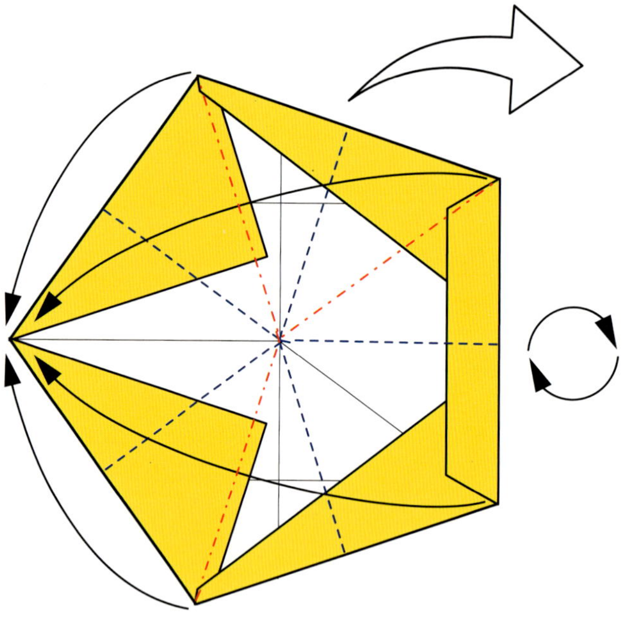

11 図に従って折りたたむ。
カドが集まっている部分が
上に来るように向きを変える。

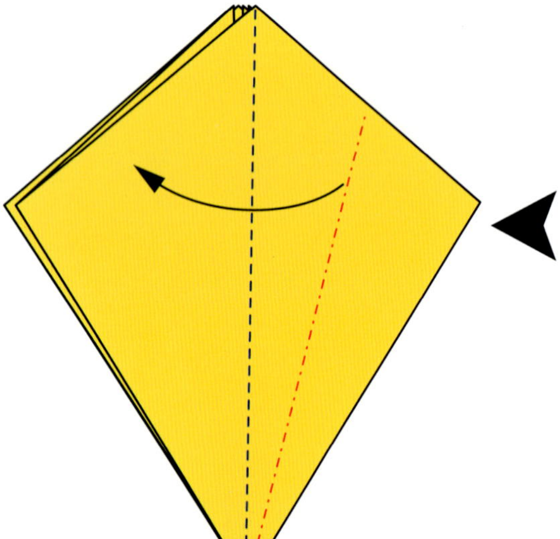

12 袋折りをする。

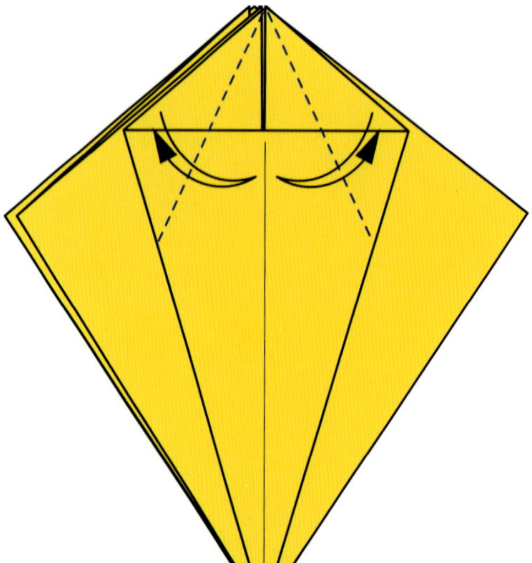

13 カドを2等分する
折り筋をつける。

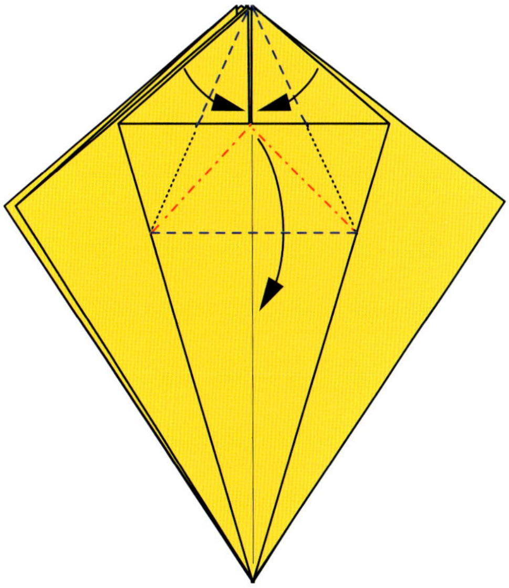

14 花弁折りをする。

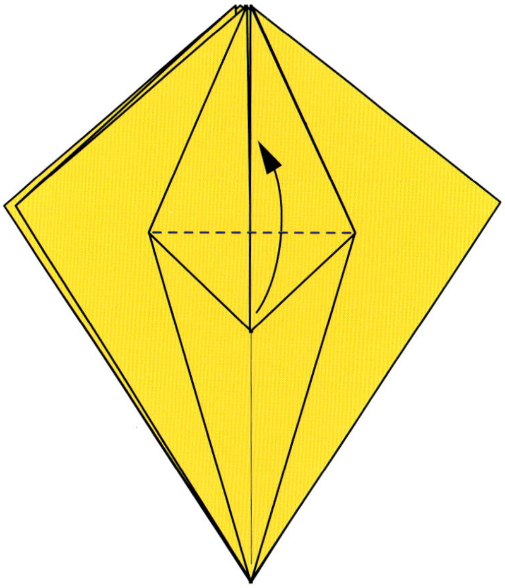

15 三角の部分を上にめくる。

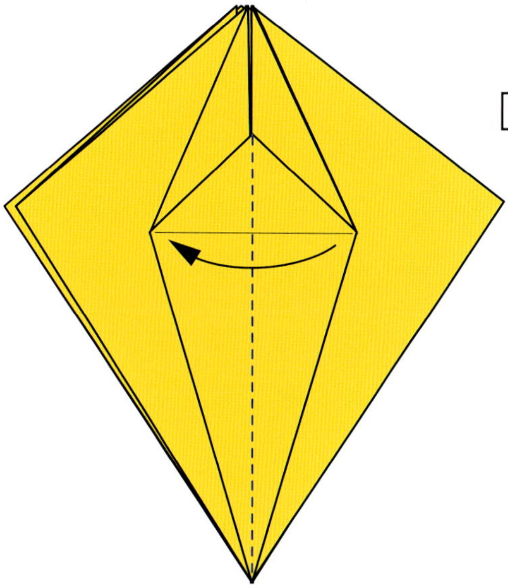

16 左に折る。

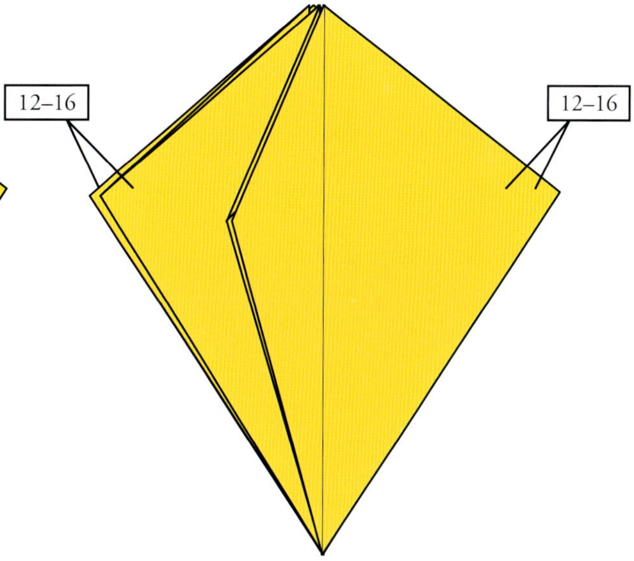

17 残り4カ所にも
手順12〜16を行う。

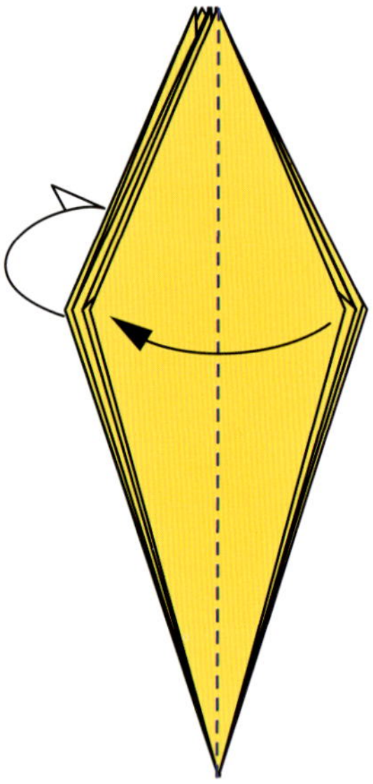

18 手前の1枚を左にめくり、
裏側も同様に1枚右にめくる。

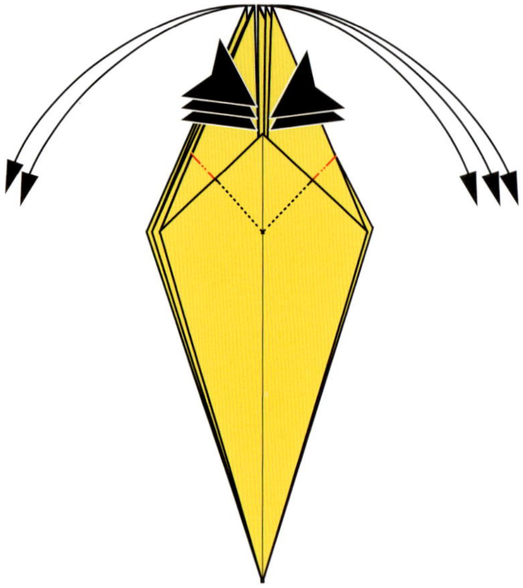

19 上に集まっている5つの先端を
中わり折りで横方向に。

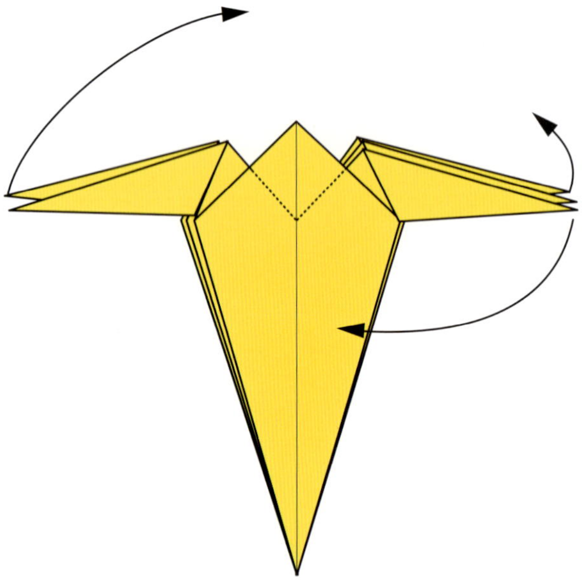

20 5つの部分を均等に開き、
立体的に形を整える。

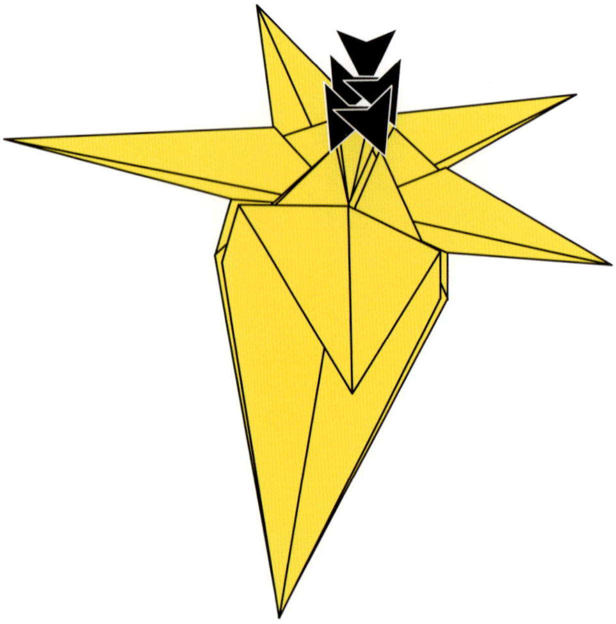

21 中央の小さく立っている5つの部分を、
それぞれ中わり折りのようにつぶす。

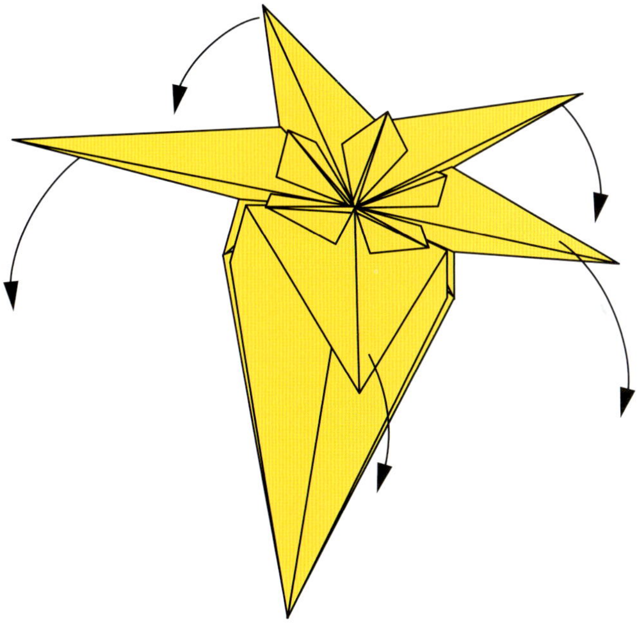

22 花びらの先を外側にカーブさせる。

23 左右を内側に押して細くする。

水仙の出来上がり

茎と葉

茎と葉は15.2cm四方の
緑の紙で作る。

茎の作り方

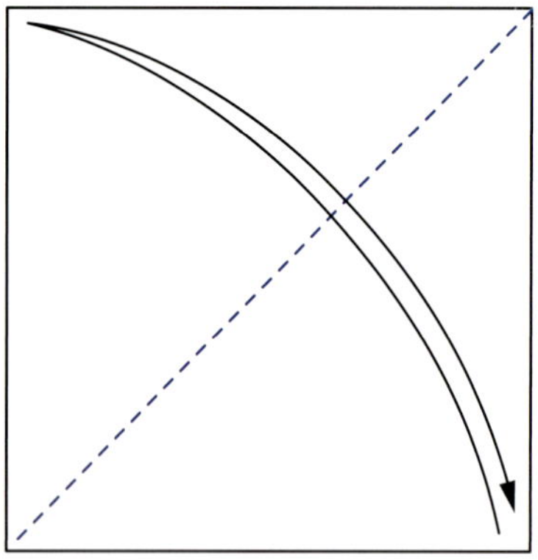

1 白い面を上にして、
対角線の折り筋を1本つける。

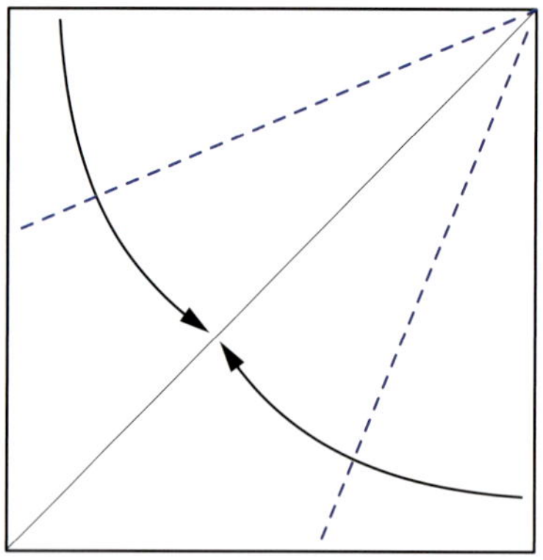

2 右のフチと上のフチを、
折り筋に合わせて折る。

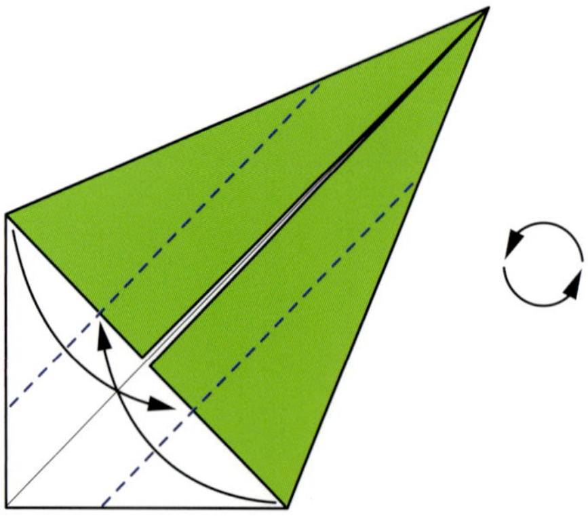

3 3分の1の幅になるように、
図の2つのカドを内側に向けて折る。
まっすぐ置き直す。

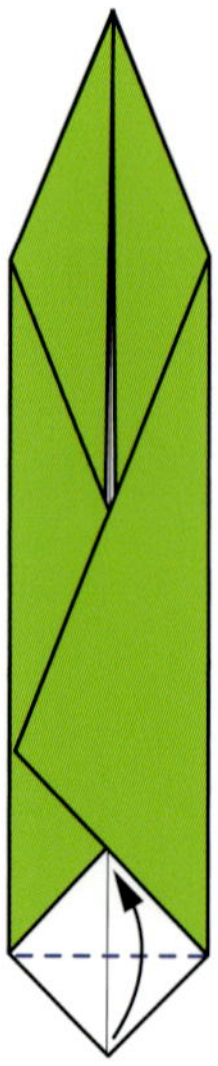

4 下のカドを折り上げる。

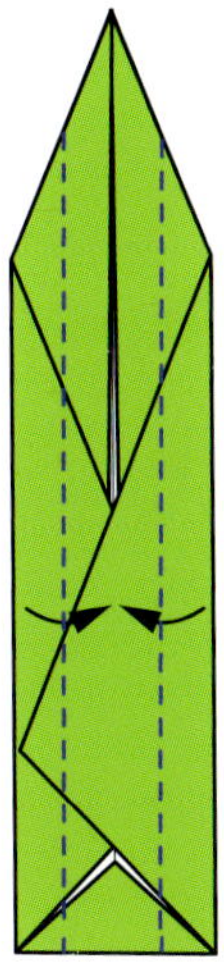

5 左右のフチを中心に向かって折る。

6 右から左に折りたたむ。

7 図の場所を押して、少しカーブをつけながら先端を平らにする。

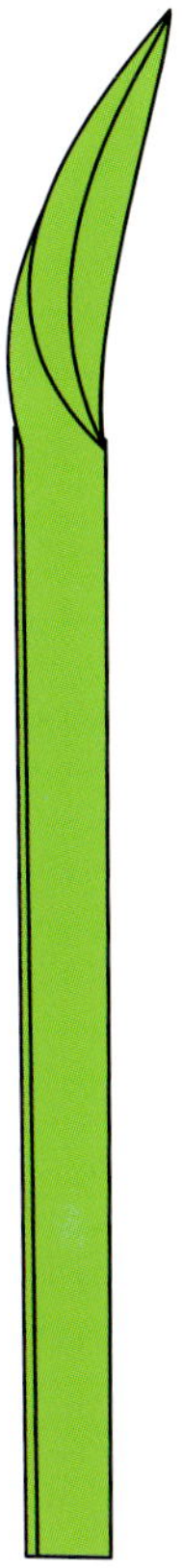

茎の出来上がり

葉の作り方

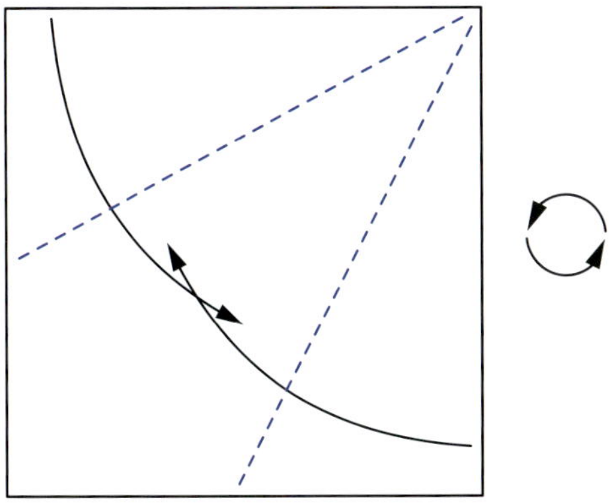

1 右のフチと上のフチを、少し重なるように適当に内側に折る。まっすぐに置き直す。

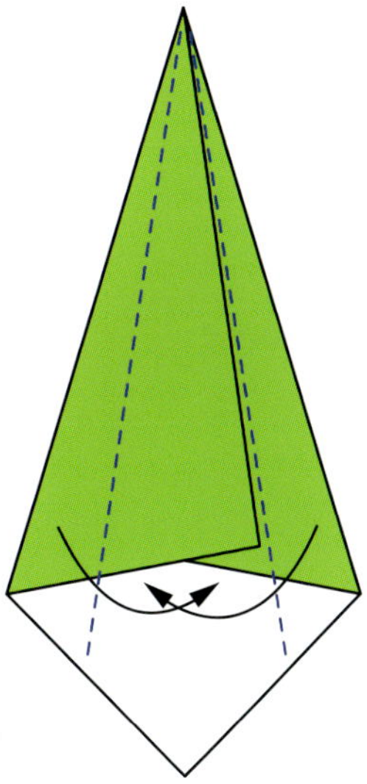

2 ふたたび少し重なるように左右を内側に折る。

3 下部についても、少し重なるように左右を内側に折る。

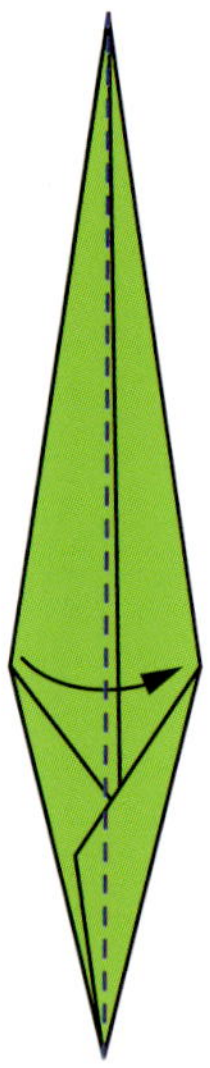

4 右に向かって半分にたたむ。

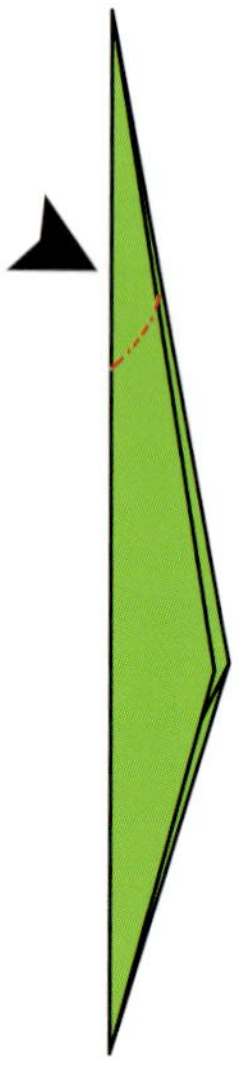

5 図の場所を押して、少しカーブをつけながら先端を平らにする。

葉の出来上がり

組み立て

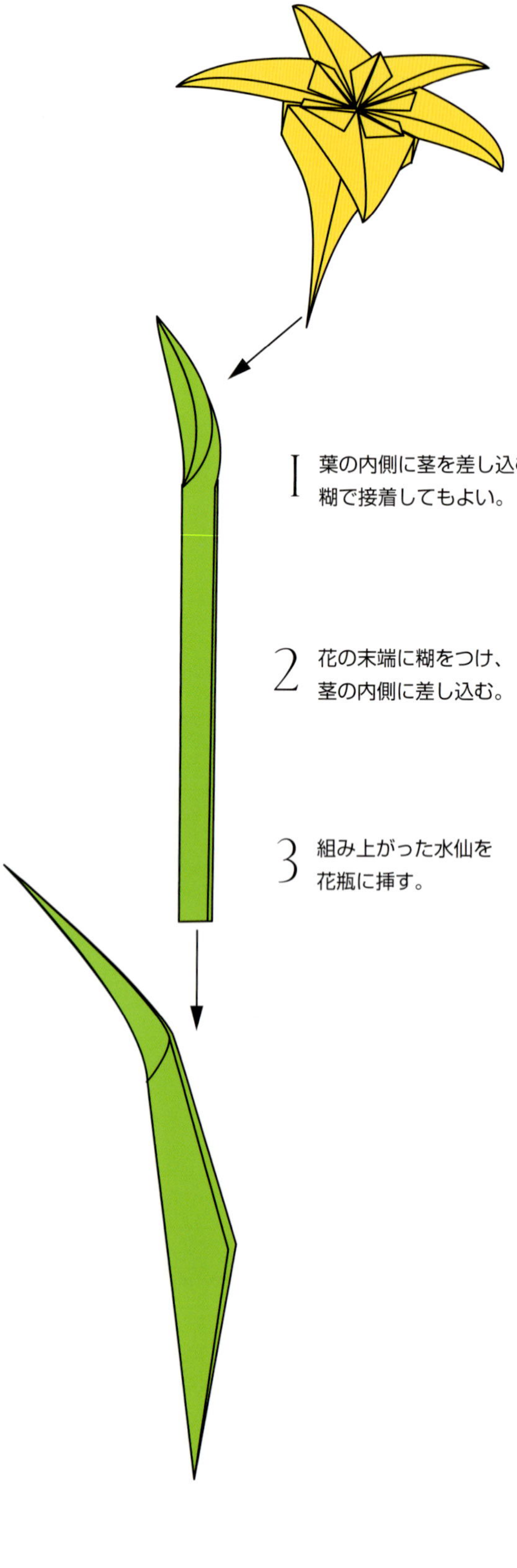

1 葉の内側に茎を差し込む。糊で接着してもよい。

2 花の末端に糊をつけ、茎の内側に差し込む。

3 組み上がった水仙を花瓶に挿す。

水仙の出来上がり

花びらが6枚のユリ

デザインと図：デイヴィッド・シャル
（ビル・ペック氏の作品に触発されて）

「25～30㎝四方の紙を使うと、実物大のユリが折れます。ユリを折るときは自分で加工した紙を使うことが多く、写真の作品もそうです。アート紙か薄葉紙をキッチンホイルかラッピング用ホイルと貼り合わせたもので、これを使うと完成時のまま何年も形が崩れません」

——デイヴィッド・シャル

デイヴィッド・シャルが折り紙を始めたのは10歳のときで、兄弟2人と父親を含めた家族ぐるみでこの楽しみにはまっていきます。かつては高校教師およびメンタルヘルスの専門家でしたが、1970年代からアメリカの折り紙コンベンションや若者向けのプログラム、学校、図書館などで、作品を発表したり講習を行ったりしていました。創作は70年代の終わり頃から始め、60以上にのぼるオリジナル作品の多くは『Papercopia（ペーパーコピア：デイヴィッド・シャルの折り紙の世界）』におさめられています。これらは本のウェブサイトwww.papercopia.comでも閲覧できます。

現在は仕事を引退し、ペンシルヴェニア州ハリスバーグで暮らしています。

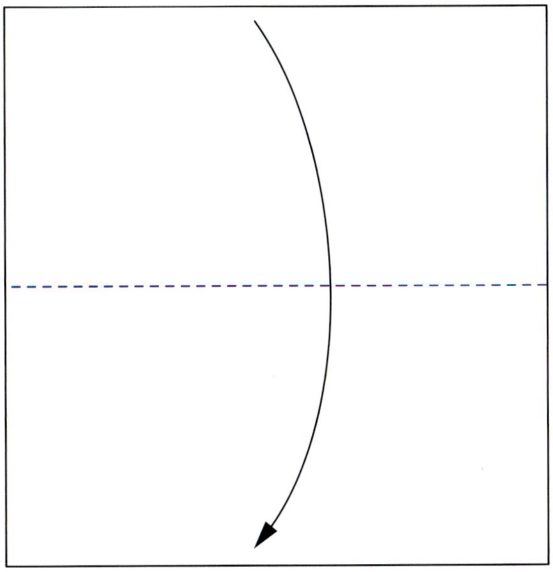

1 白い面を上にして、上辺を下辺に合わせて半分に折る。

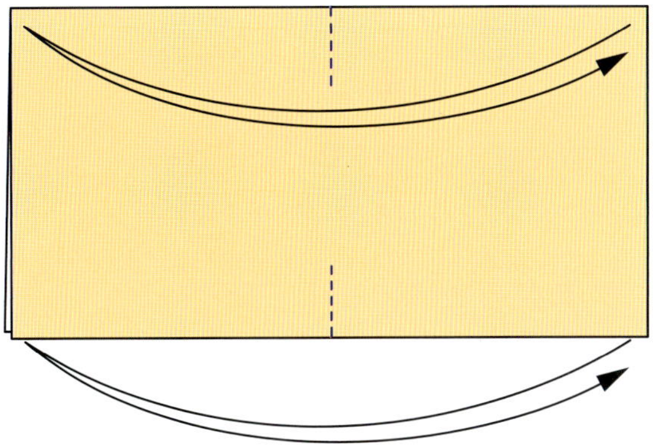

2 右辺を左辺に合わせて、上端と下端だけをつまんで折りあとをつける。

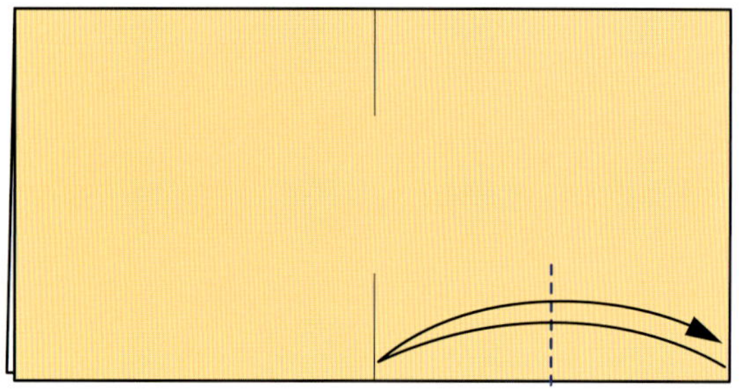

3 右辺を中心の折りあとに合わせて、下端だけをつまんで折りあとをつける。

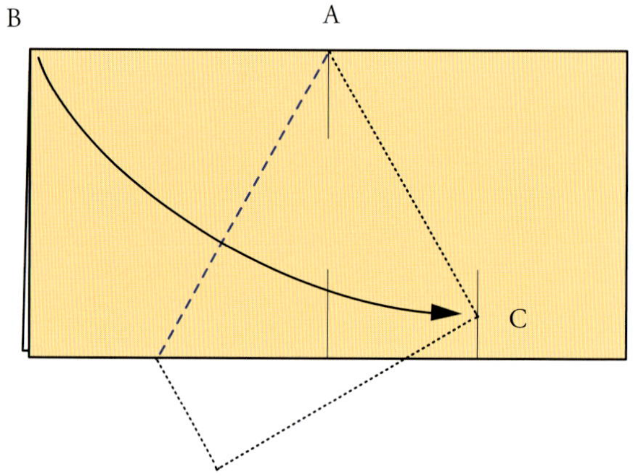

4 BのカドをCの折りあとに合わせ、Aを通るように谷折りする。

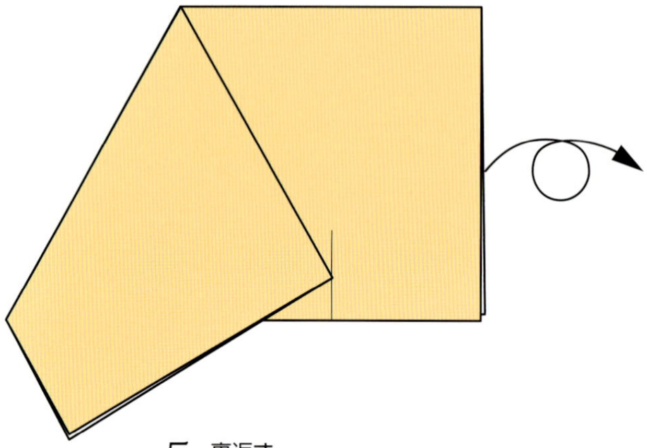

5 裏返す。

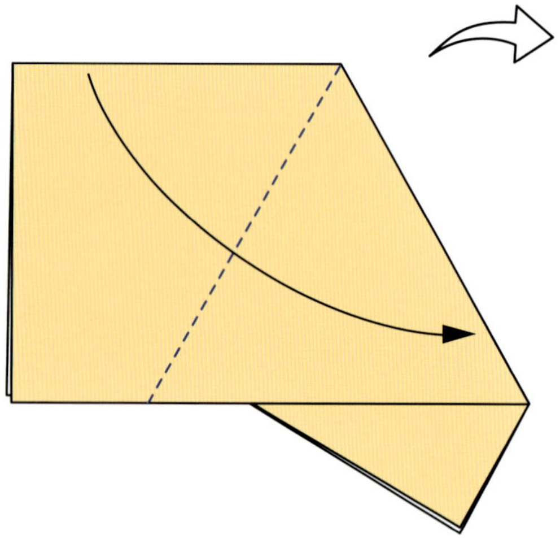

6 上辺を右辺に合わせて折る。

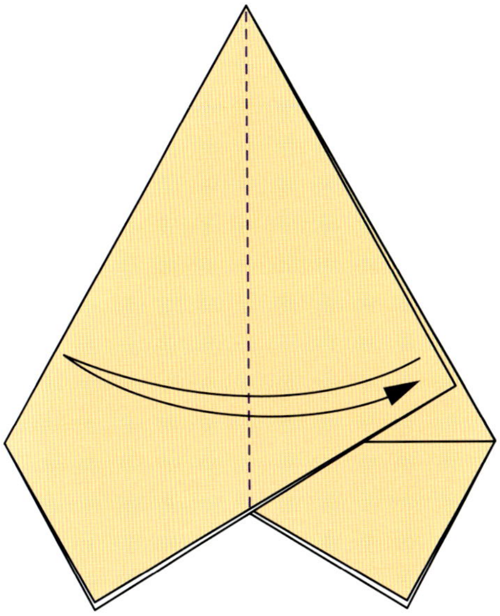

7 上の部分だけ左に折り返して
折り筋をつける。

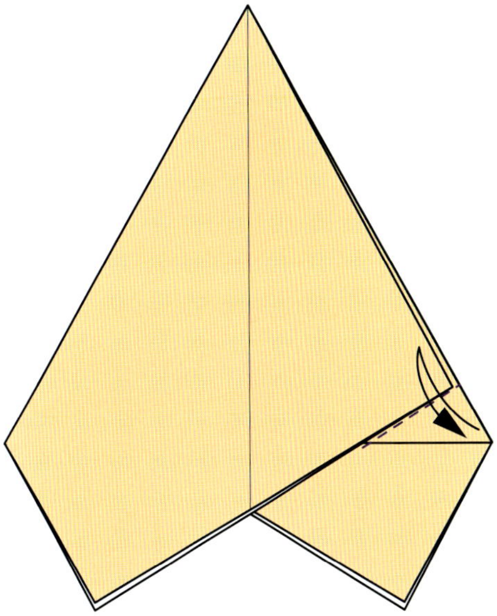

8 図の場所に折りあとをつける。

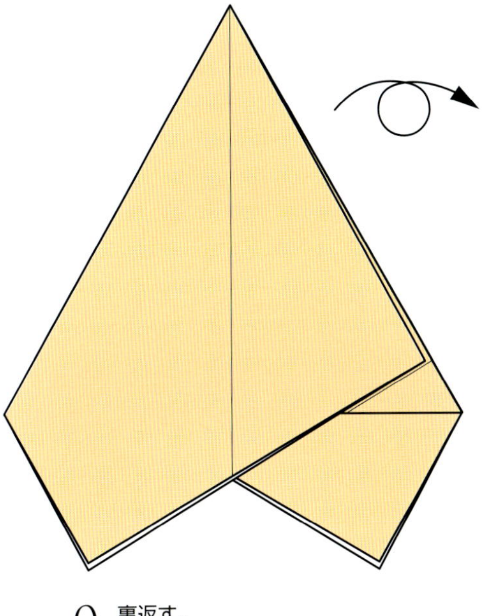

9 裏返す。

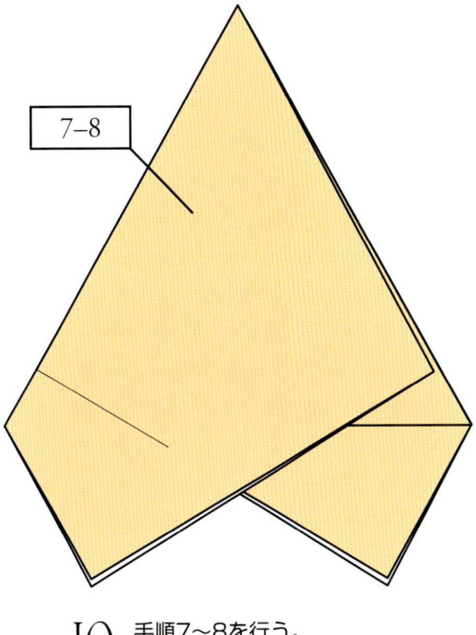

10 手順7～8を行う。

ユリについて

何千年ものあいだ、ユリ属の花はその美しさをあがめられてきました。紀元前1580年頃に描かれた絵がクレタ島で見つかっています。ギリシャ神話では、ユリは女神ヘラの乳房からほとばしった乳が地に落ちて生まれたと言われています。純潔や無垢を象徴し、のちに聖母マリアのシンボルともなりました。

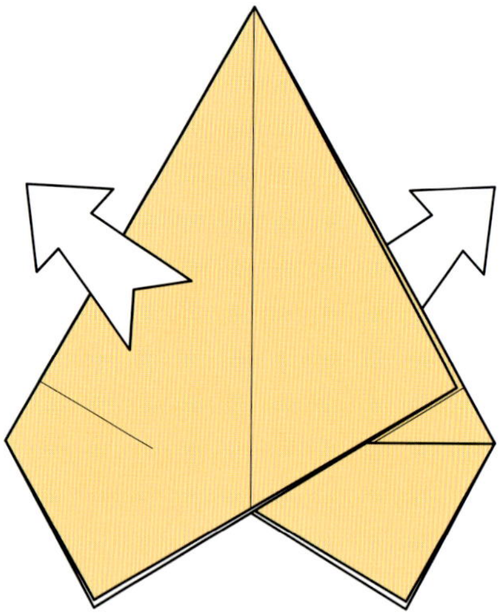

11 すべて開く。

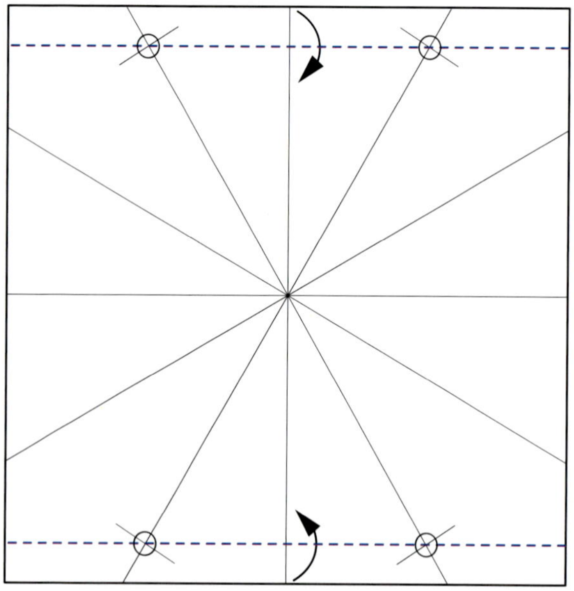

12 手順8と10の折りあとと中心を通る折り筋の交わる印の点を結んで、谷折りする。

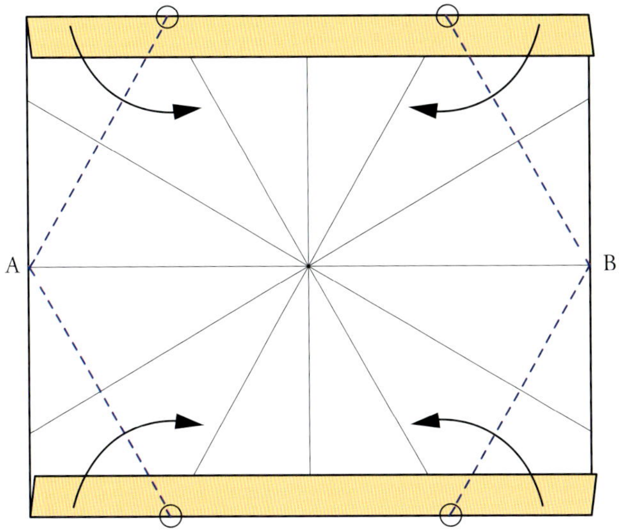

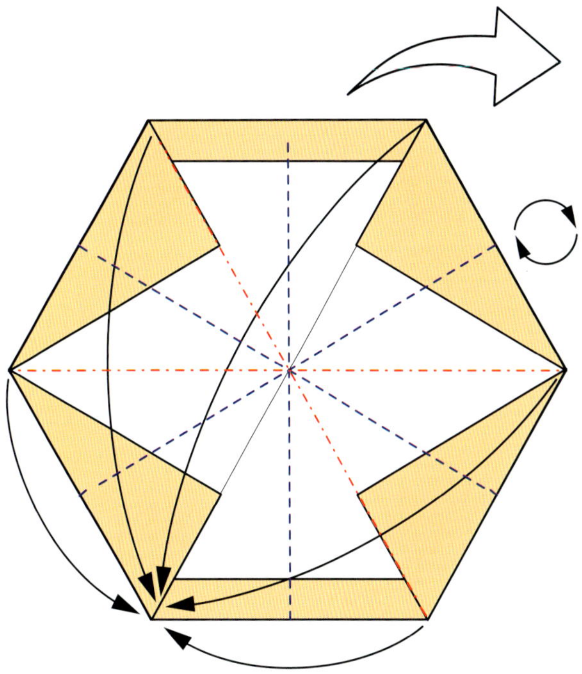

13 図の辺を折り筋に合わせて折り、六角形を作る。折った線がA、Bとずれてもかまわない。

14 図の谷折り、山折りに従って正方基本形の変形にたたむ。6つのカドが集まった部分を上にする。

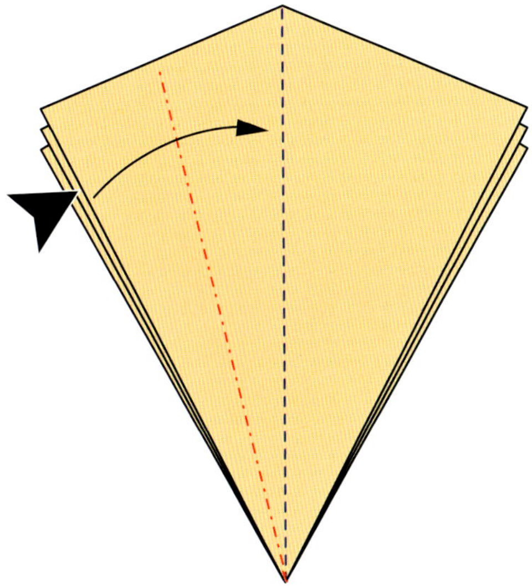

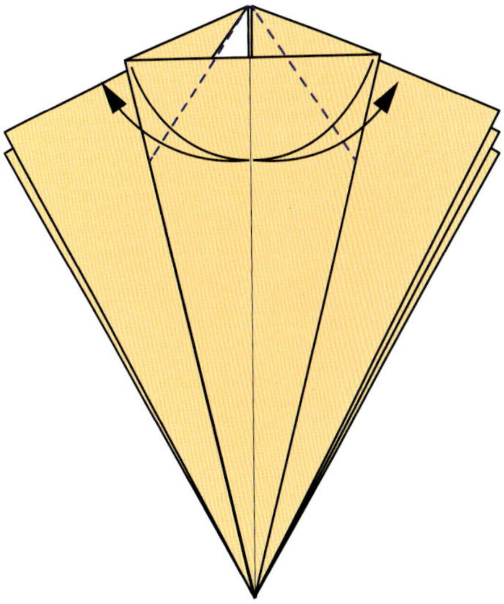

15 上の1枚を袋折りにする。

16 カドを2等分する折り筋をつける。

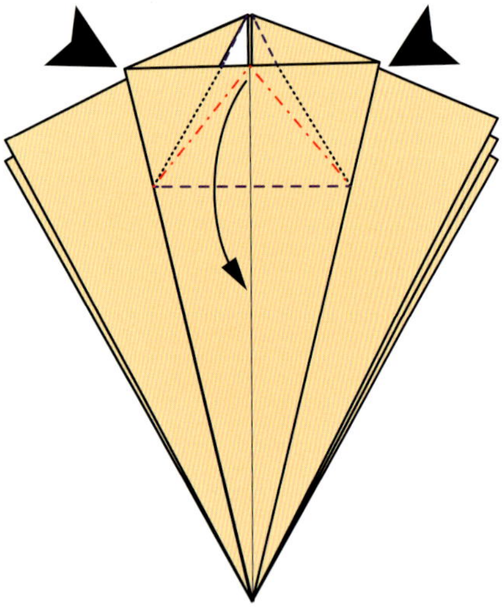

17 花弁折りをする。

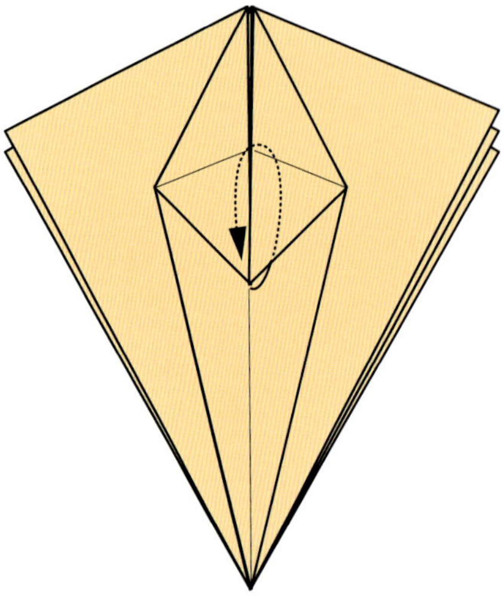

18 花弁折りの頂点が内側に入るように折り直す。

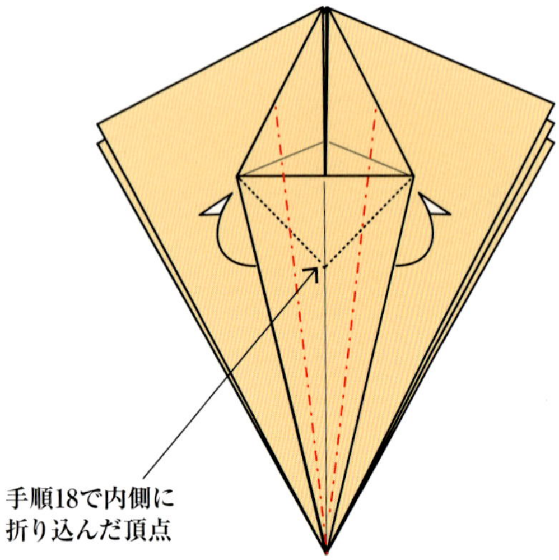

19 半分の角度で裏へ折る。

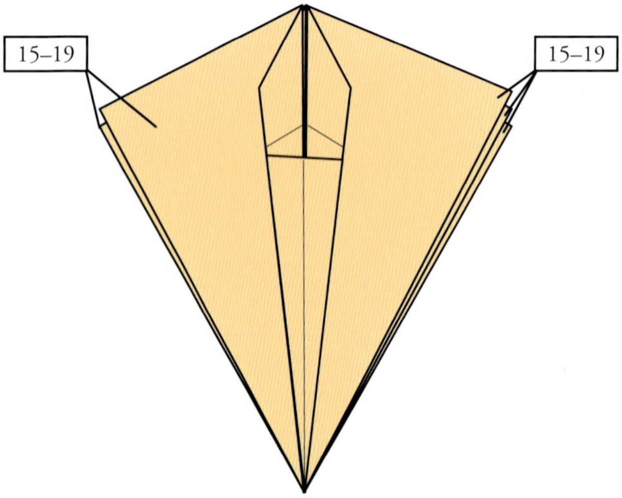

20 残り5カ所にも手順15～19を行う。

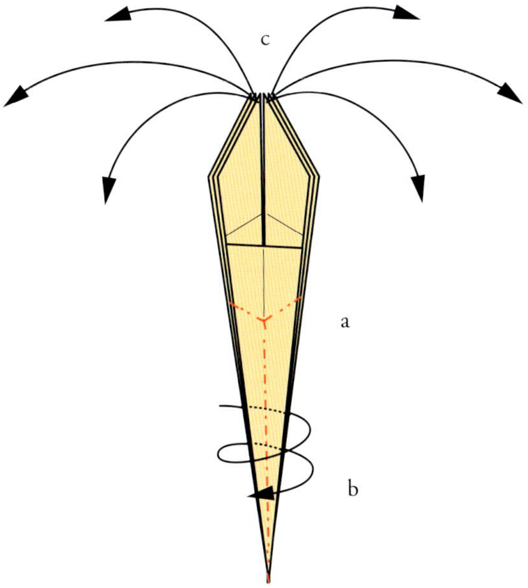

21 ⓐ分厚い部分が終わるところを指先で探り、ⓑその下をつまみ折りにして花の下部を細くし、さらにねじる。ⓒ花びらを外に開いて形を整える。何枚かを微妙に反り返らせたりねじってみたりして、本物らしく見えるようにする。

ユリの出来上がり

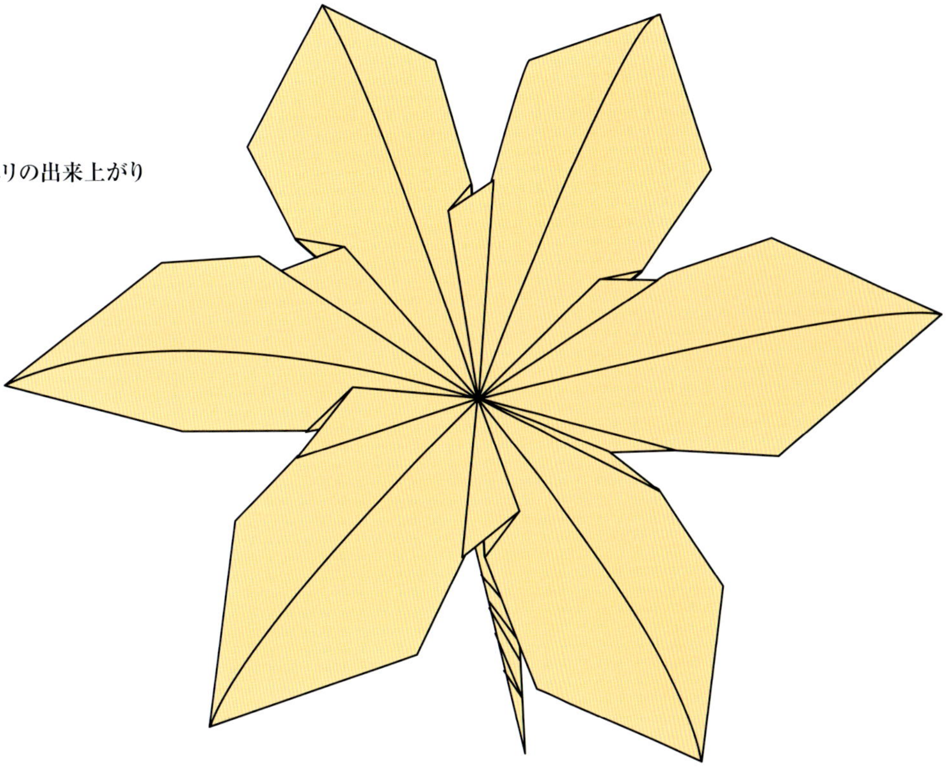

ハイビスカス

デザインと図：デレク・マクガン

デレク・マクガンはテキサス州サンアントニオの高校の数学教師で、折り紙のオリジナル作品を作り始めて7年になります。多くの人と同じように初めて折り紙を教わったのは子供の頃ですが、熱心に取り組むようになったのは大学を卒業してからです。創作のきっかけは、ロバート・J・ラングの著書『Origami Design Secrets（折り紙デザインの極意）』でした。

彼の作品のほとんどは、美しくエレガントな仕上がりを楽しめる花、繊細なパーツ作りに挑戦できる昆虫、複雑で多彩な特徴を表現できる海の生き物のいずれかに分類できます。最近はフェニックスやトールキンの『指輪物語』に登場する怪物バルログなど、神話上や架空の生き物を好んで折っています。切れ目を入れない正方形の紙1枚で折る（不切正方形一枚折り）という制約の中で可能な限り細かいディテールを表現する難しさに挑戦しており、繊細な作品を巧みに折り上げます。

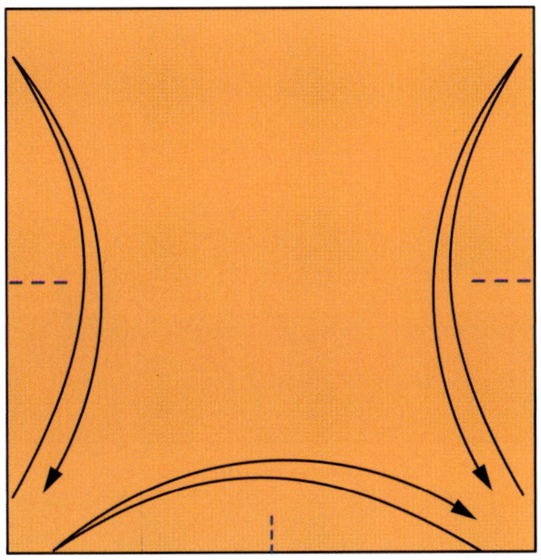

1　色のついた面を上にする。上下の辺および左右の辺を合わせて図の3カ所をつまみ、折りあとをつける。

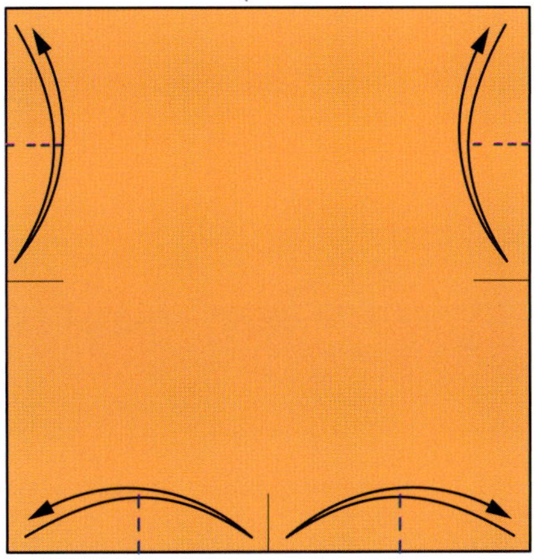

2　4つのカドを図の折りあとに合わせ、端だけをつまんで折りあとをつける。

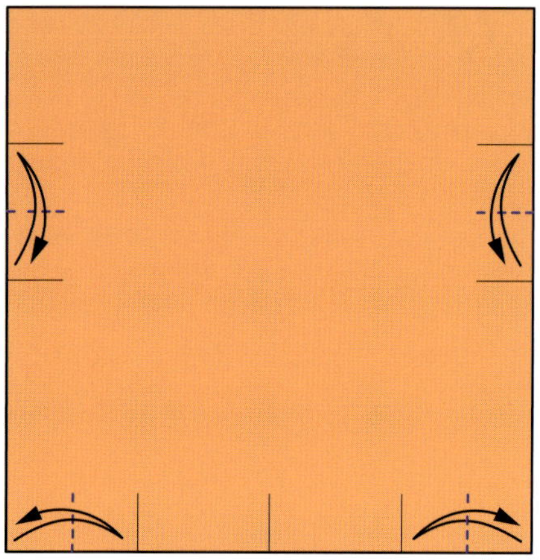

3　図の位置の折りあと同士を合わせ、端だけをつまんで折りあとをつける。

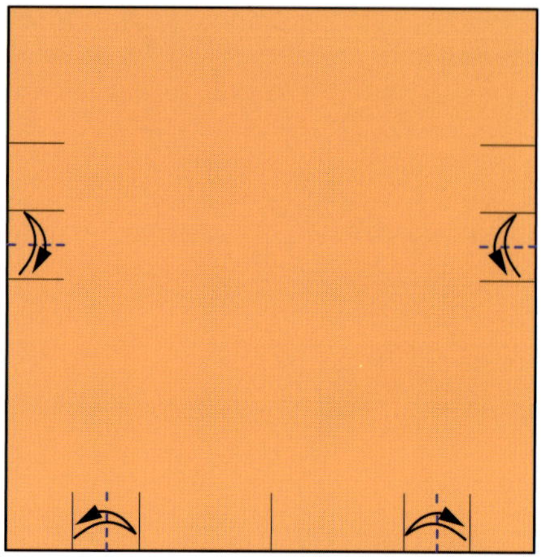

4　図の位置の折りあと同士を合わせ、端だけをつまんで折りあとをつける。

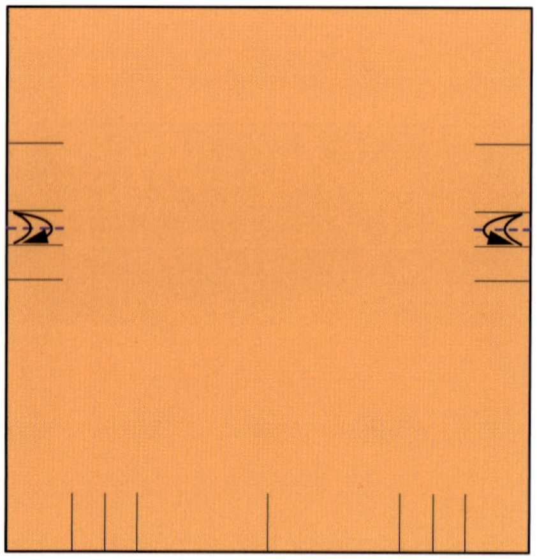

5　図の位置の折りあと同士を合わせ、端だけをつまんで折りあとをつける。

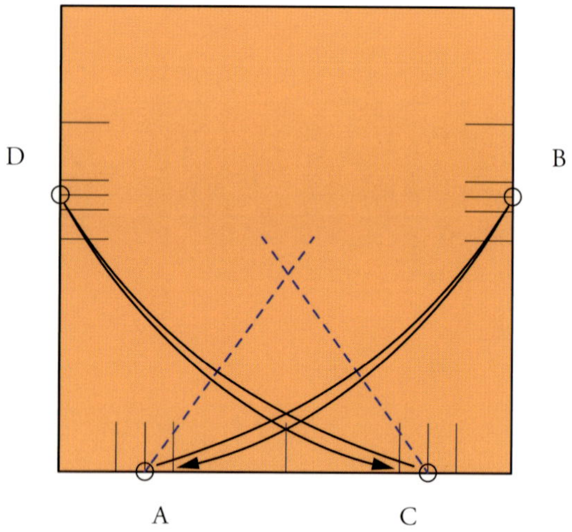

6　A、Bを合わせ、Cを通る折り筋をつける。同様にC、Dを合わせ、Aを通る折り筋をつける。

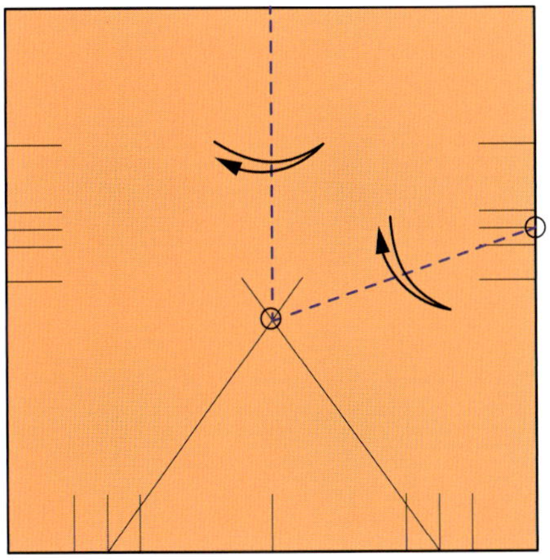

7 図の位置に中心点を通る
折り筋をつける。

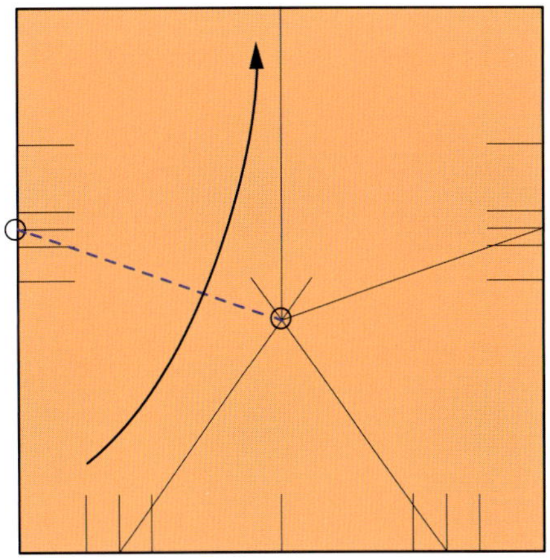

8 図の2点を結んで、しっかりと
谷折りする。

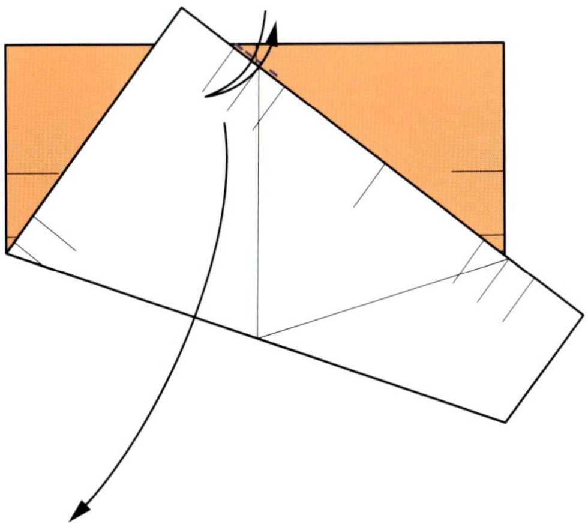

9 斜めのフチと中心線の折り筋の
交差点に折りあとをつける。

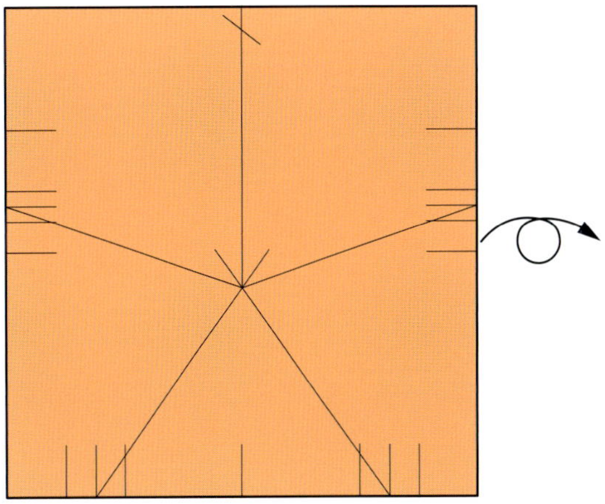

10 裏返す。

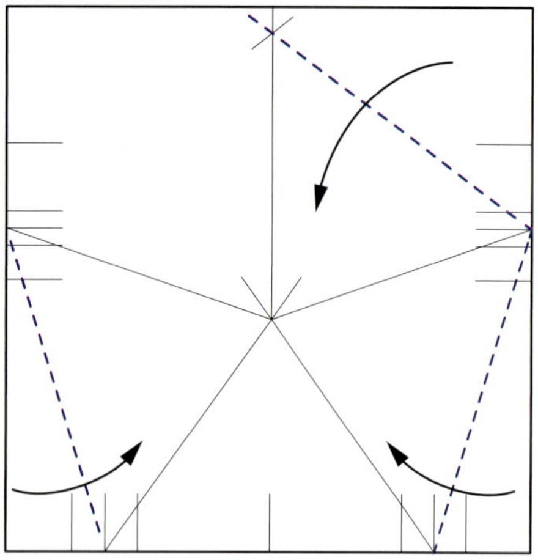

11 3カ所を谷折り。

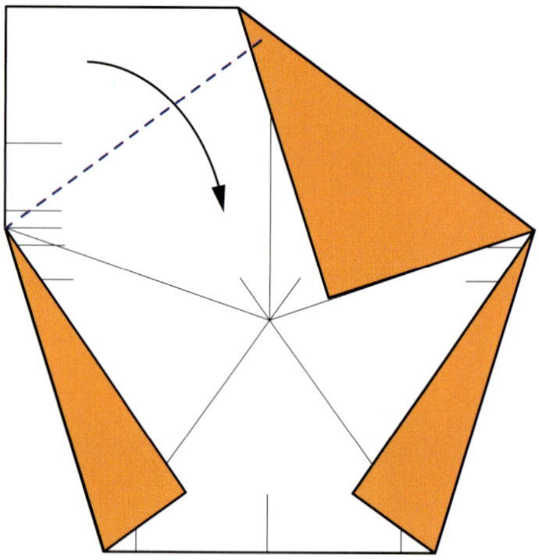

12 左上も折り、五角形を作る。

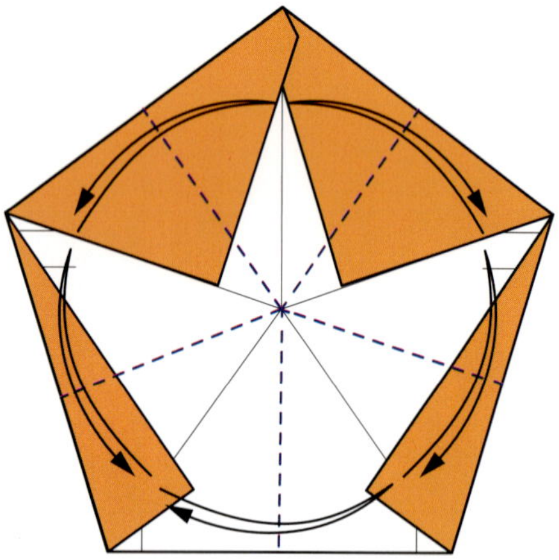

13 5つの辺を2等分する
折り筋を5本つける。

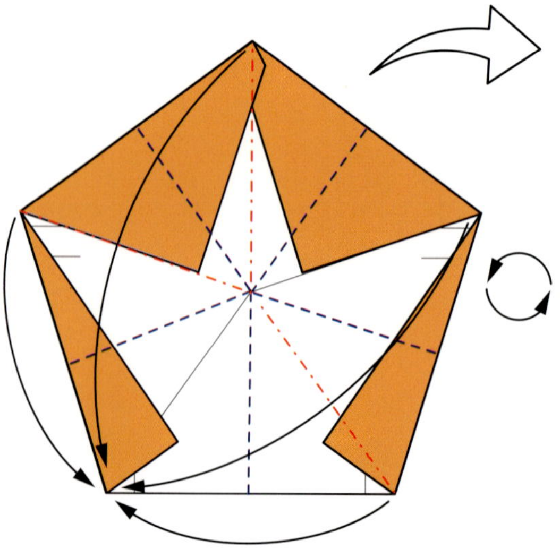

14 正方基本形の変形に折りたたむ。
カドが集まっている部分が下に
来るように向きを変える。

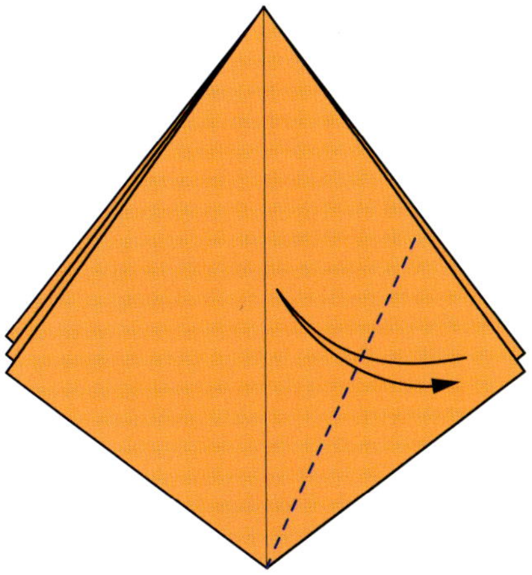

15 半分の角度で折り筋をつける。

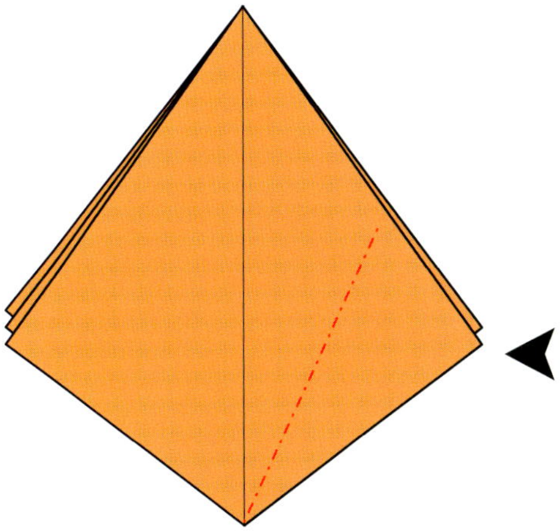

16 中わり折りをする。

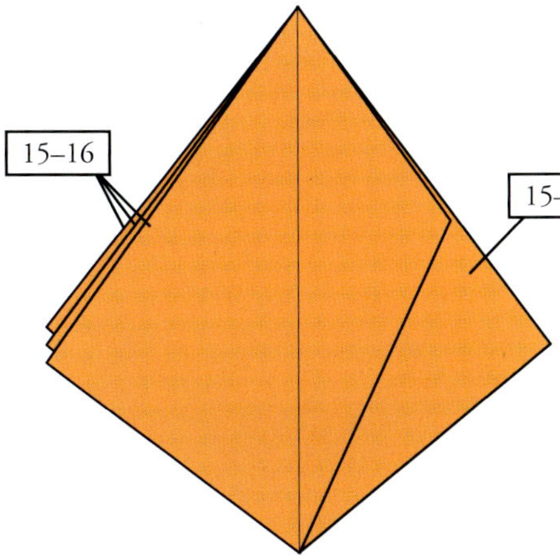

17 残り4カ所にも、手順15～16を行う。

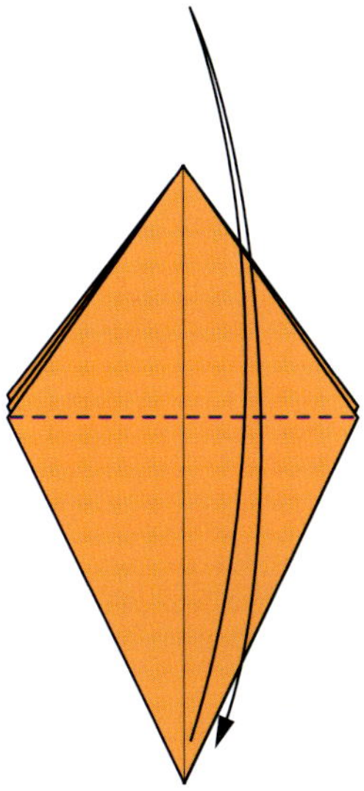

18 下のカドを持ち上げ、折り筋をつける。

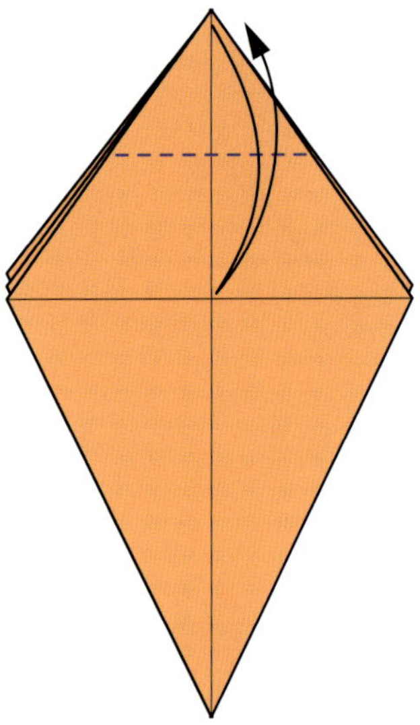

19 上のカドを折り筋に合わせ、
折り筋をつける。

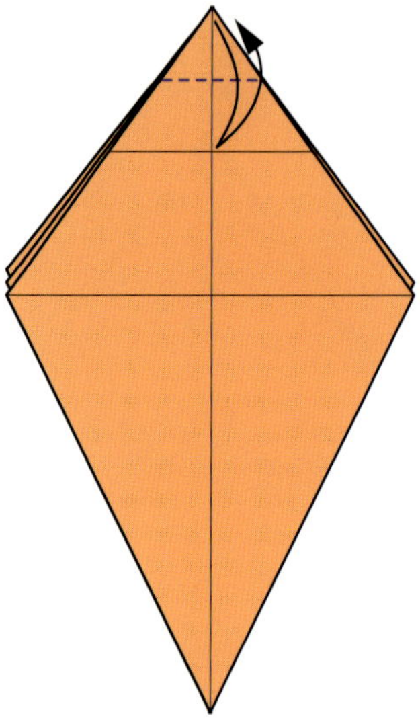

20 上のカドを折り筋に合わせ、
折り筋をつける。

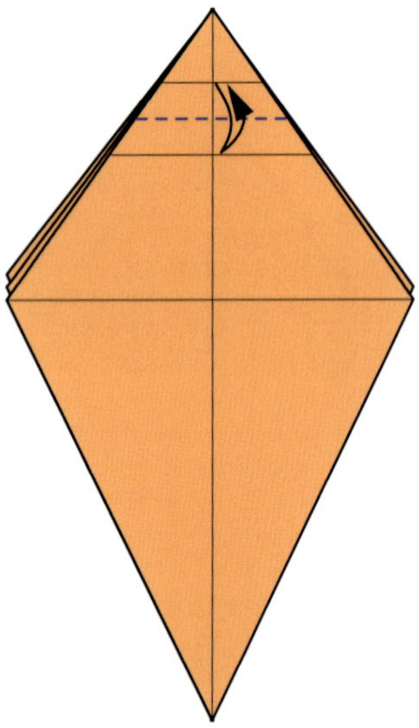

21 折り筋と折り筋を合わせ、
折り筋をつける。

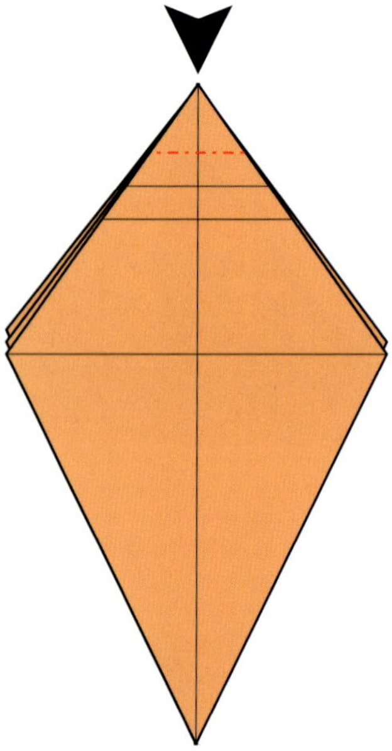

22 手順20の折り筋を使って、
開く沈め折りをする。

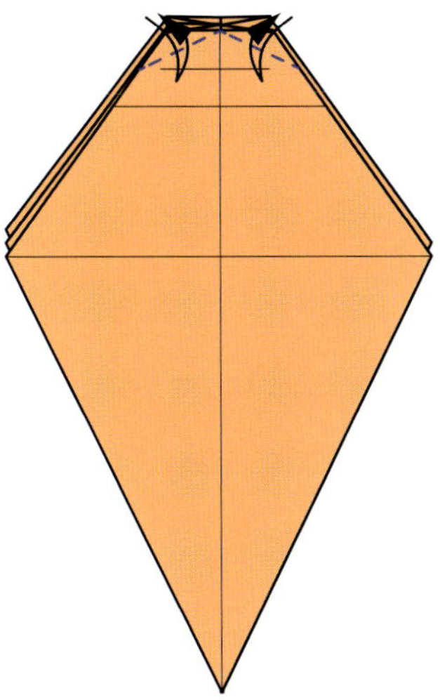

23 上のフチを折り下げながら、
つぶし折りをする。
裏側も同様にする。

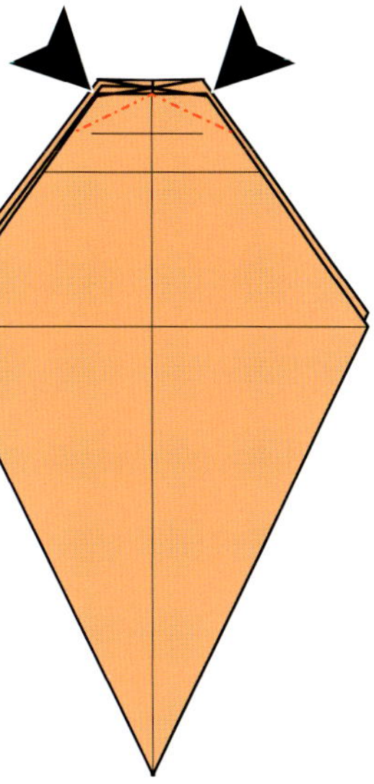

24 ひし形を半分にたたむ。
裏側も同様にする。

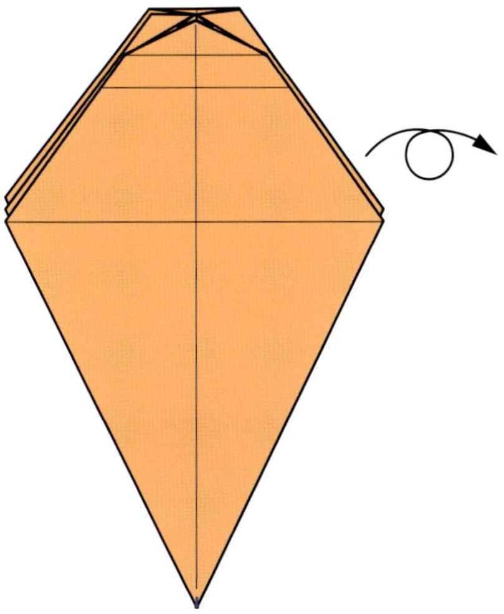

25 1枚を右にめくる。

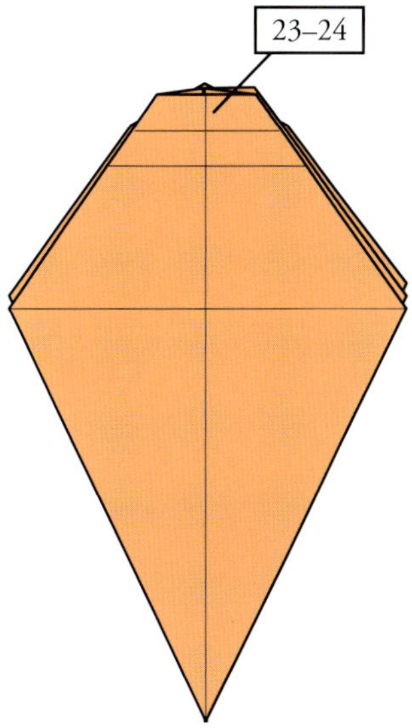

26 上のフチを折り下げながら、
印のカドをつぶし折りにする。

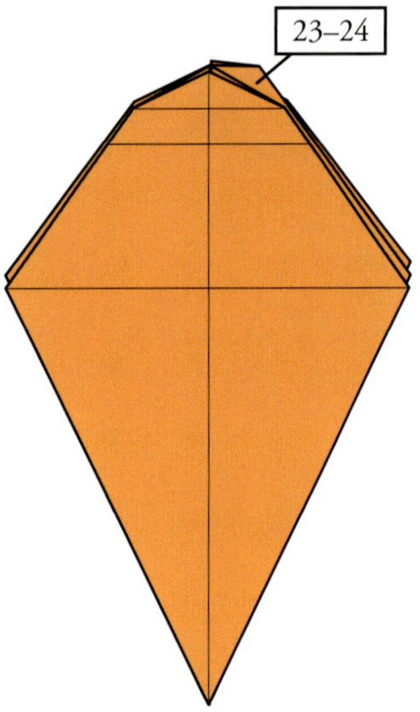

27 ひし形を半分にたたむ。

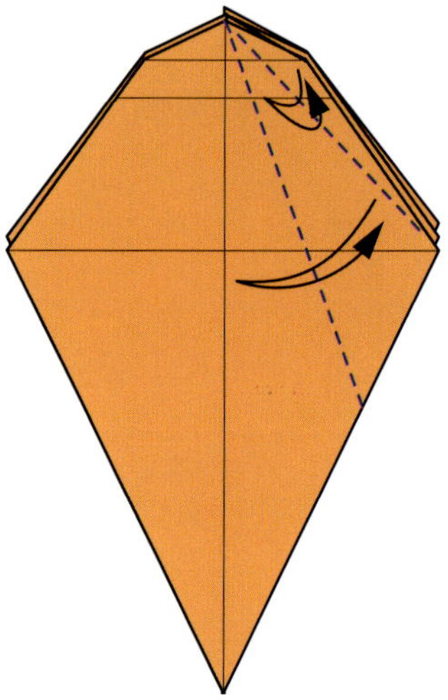

28 カドの右半分を3等分する折り筋をつける。

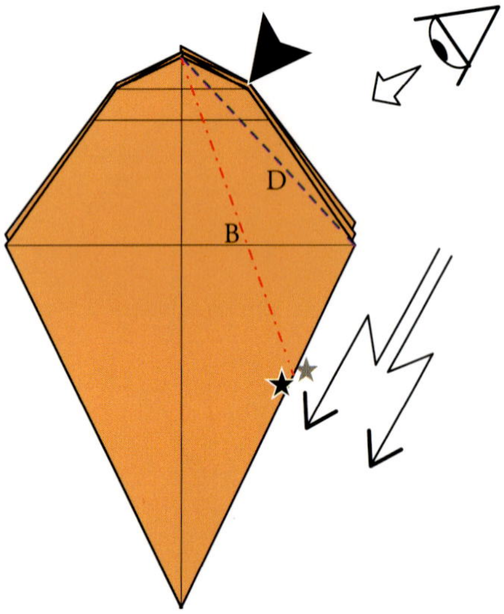

29 段折りで内側に折り込む（開く沈め折り）。詳しい折り筋は手順30に示す通り。カドが2つ小さくのぞくのみになる。

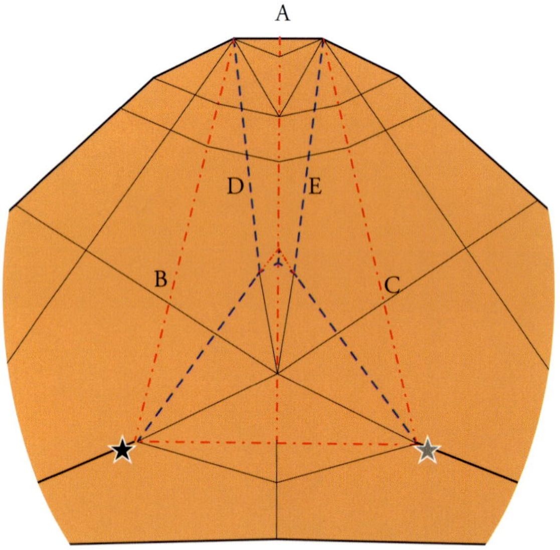

30 Aのフチは、手順23～27のいずれかのつぶし折りで作られた線。B、Cは手順29の山折り、D、Eは手順29の谷折り。

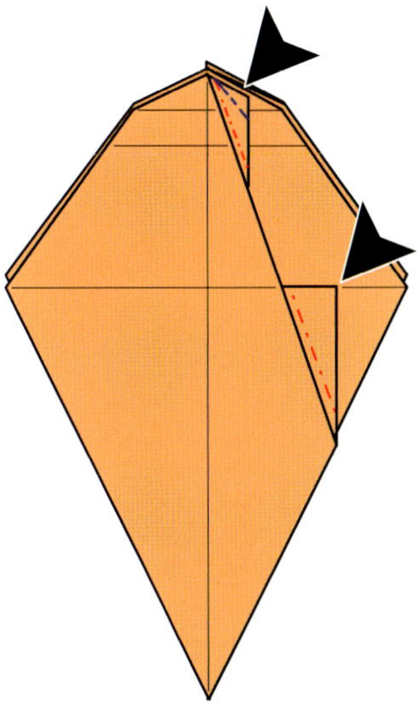

31 上のカドは中わり折りを繰り返し、下のカドは中わり折り。

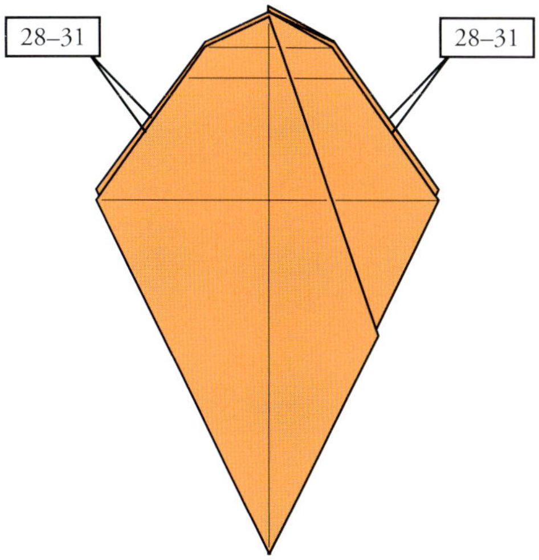

32 残り4カ所にも、手順28～31を行う。

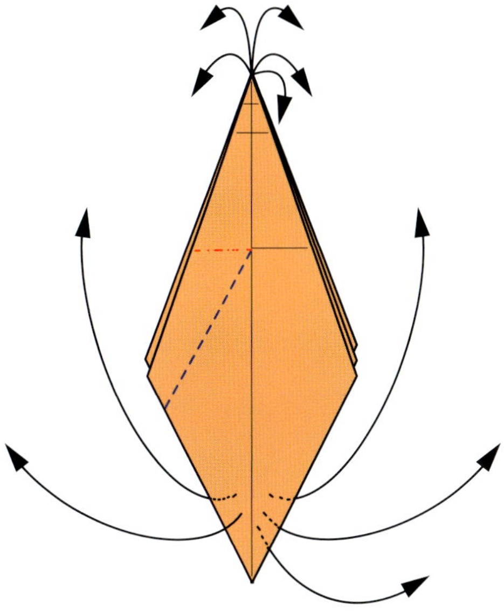

33 5枚の花びらを均等に開く。上部の5つの小さいカドも均等に開く。このあとは平らではない。これ以降、開いた花びらを上から見下ろした図を示す。

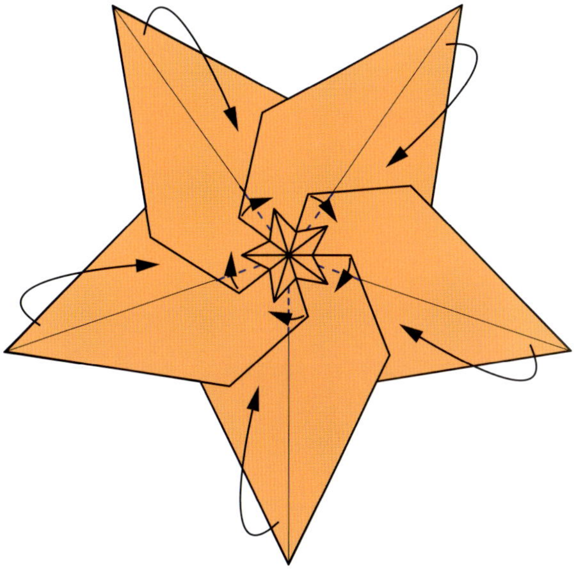

34 中央の花柱を際立たせるため、中心近くの5つのカドを谷折りする。花びらを花柱に向かってカーブさせ、全体が椀状になるようにする。

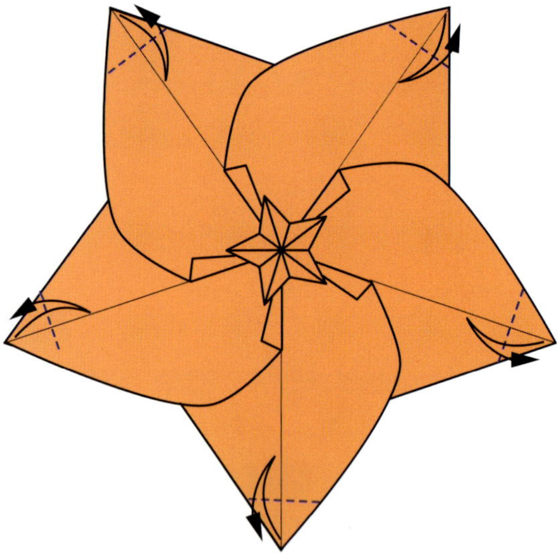

35 花びらの先端に折り筋をつける。

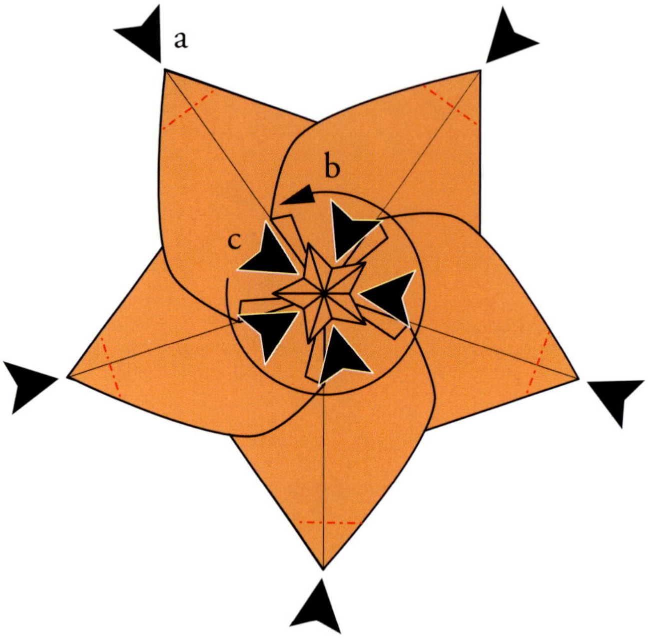

36 ⓐ花びらの先端を沈め折りにする。
ⓑ中央の花柱をひねって、さらに細くする。
ⓒ中央の5つの突起の根元をつまんで細くし、
柱頭を作る。

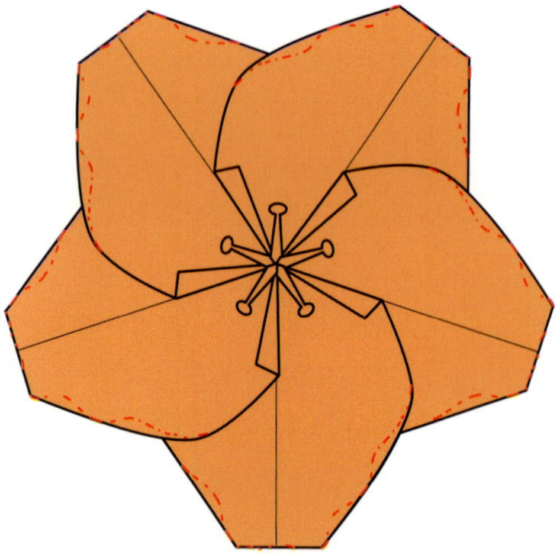

37 花びらの外周に沿って山折りして、
ひらひらさせる。

「ハイビスカスを折るには薄い紙がいいのですが、薄すぎても駄目です。厚い紙だとひらひらした感じが出ないし柱頭もうまく作れませんが、薄すぎると花びらが透けてしまいます。茎と葉はできるだけ薄い紙で折ってください。何層にも紙が重なっても、茎を細く仕上げたいからです。どちらも30.5㎝四方の紙で、仕上げの段階で湿らせて成形するとうまくいきます。紙は濡れると膨張して折り目が開いてしまうので、ぼくは濡らす前にマスキングテープ（紙が破れずきれいに剥がせる）と綿糸で作品を固定して、乾いてから外します。アルミホイルで作った型も併用すると、紙が乾くまで花びらの繊細なカーブをうまく保てます」

——デレク・マクガン

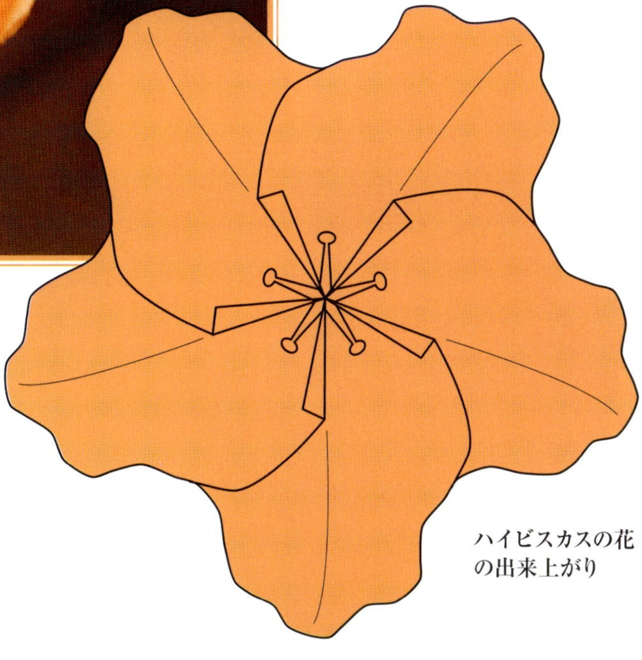

ハイビスカスの花
の出来上がり

茎と葉

薄葉紙のような
薄く軽い紙を使う。

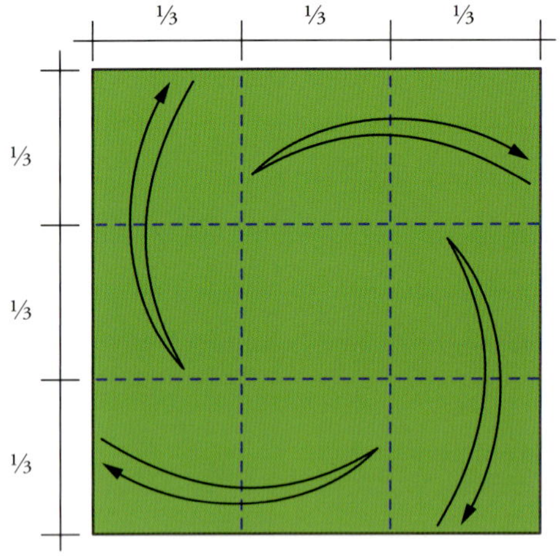

1 辺を3等分する折り筋を
4本つける。

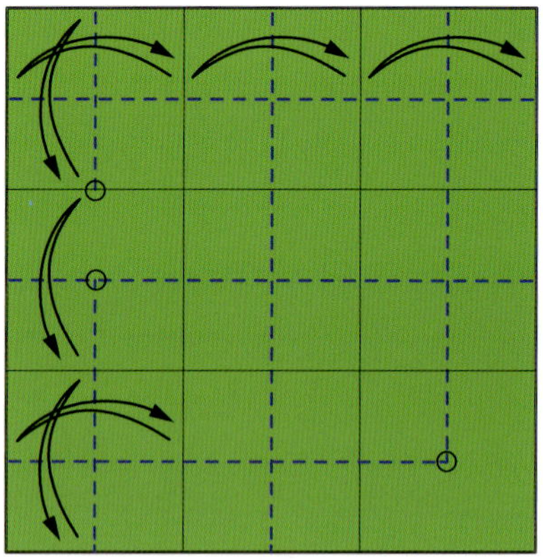

2 図の位置に折り筋をつける。

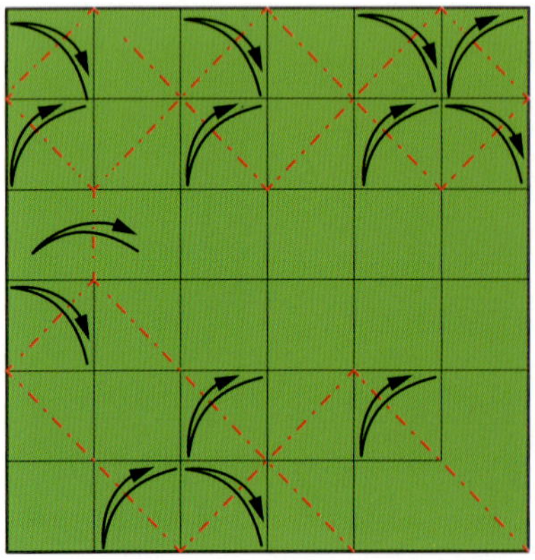

3 図の位置に、山折りで
折り筋をつける。

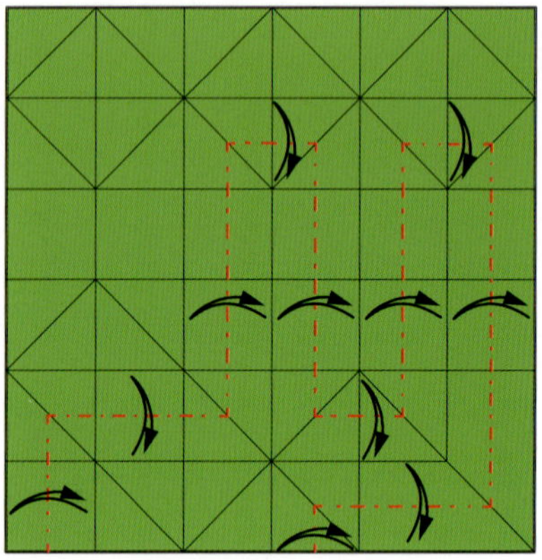

4 図の位置に、山折りで
折り筋をつける。

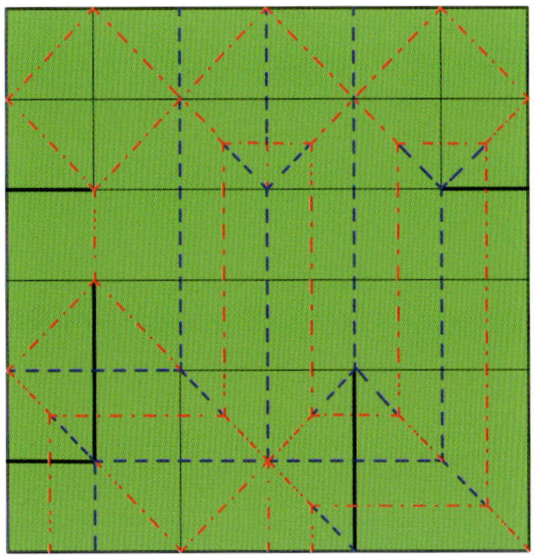

5 折り筋に従ってたたむ。山折りでつけた斜めの折り筋の一部が谷折りになっているのに注意。濃い色の実線は、手順6の図のように折りたたんだときに各パーツになる部分のつけ根を示している（谷折りされている）。

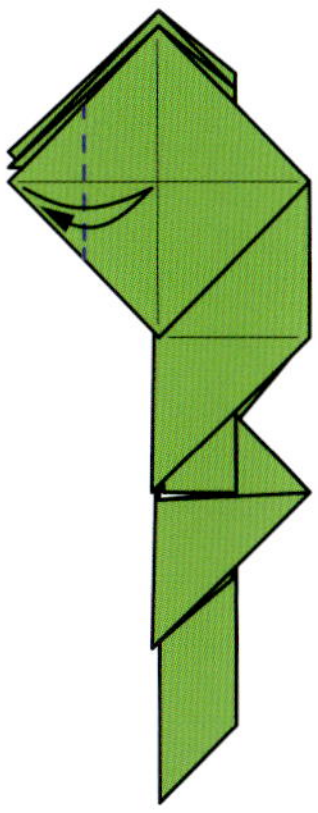

6 上部の左半分を2等分する折り筋をつける。

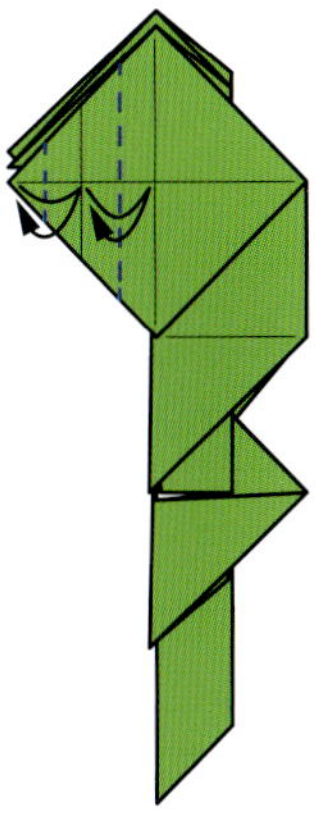

7 さらに2等分する折り筋をつける。

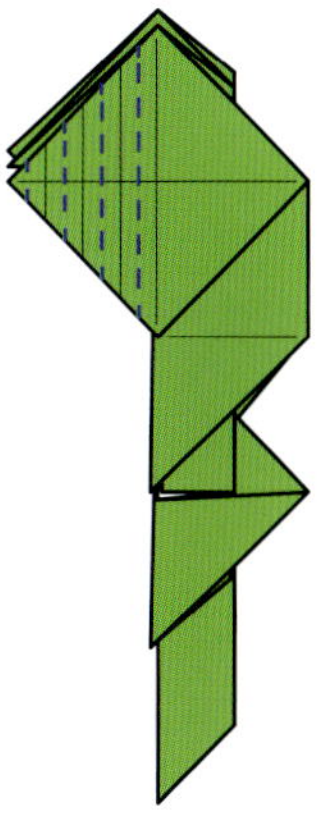

8 さらに2等分する折り筋をつける。

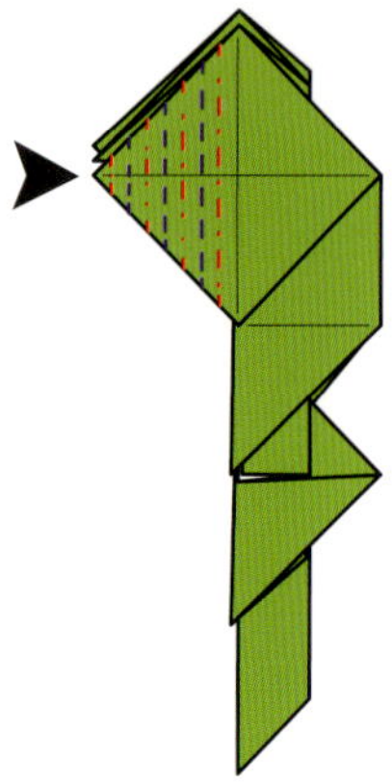

9 折り筋に従って、蛇腹状に開く沈め折り。

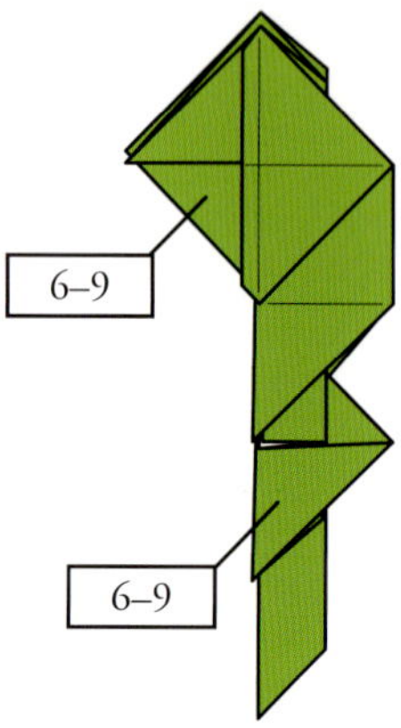

10 図の2カ所にも手順6～9を行う。下のほうについては、すぐ上の小さく飛び出た部分はよけて折り込む。

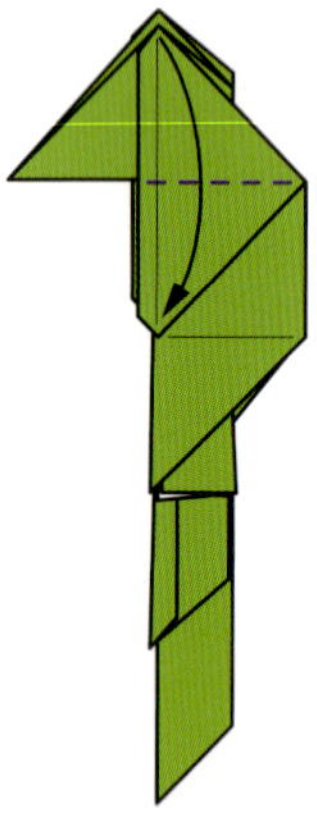

11 上の1枚を下に折る。

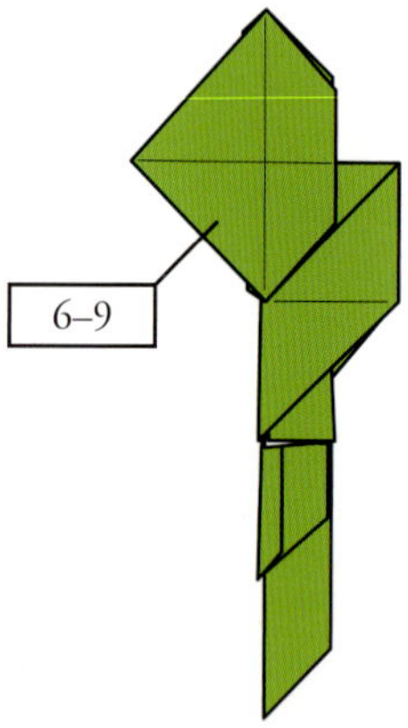

12 ふたたび手順6～9を行う。

13 折り下げたものを戻す。

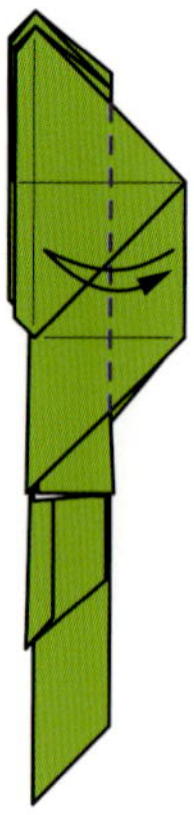

14 表から裏まですべての紙を折って、折り筋をつける。

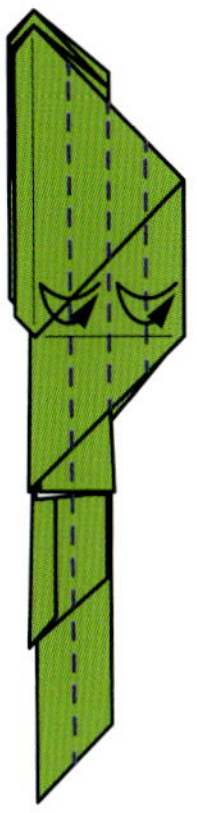

15 表から裏まですべての紙を折って、折り筋をつける。

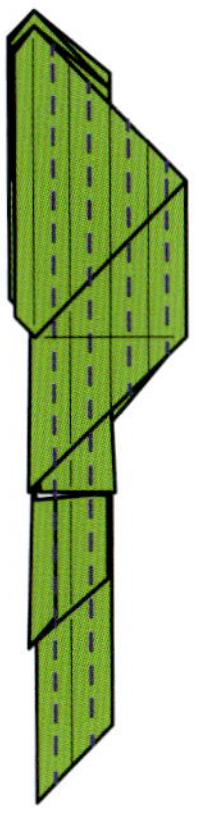

16 折り筋をさらに2等分する折り筋をつける。

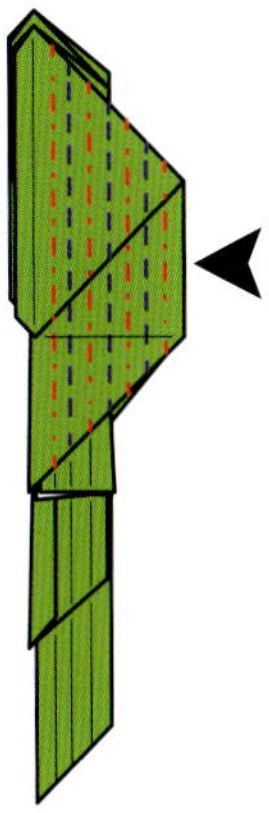

17 折り筋に従って、蛇腹状に開く沈め折り。

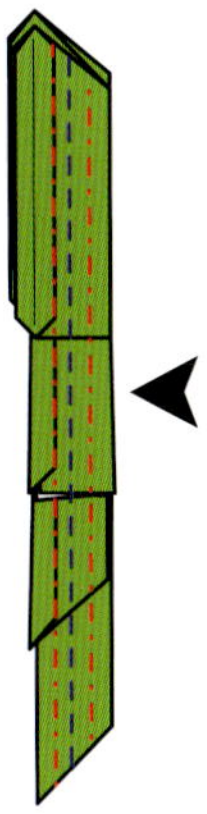

18 折り筋に従って、残りの部分も蛇腹状に開く沈め折り。時間のかかる細かい作業になる。手順4の山折りの折り筋は右端に集まっているが、これらはすべて一度に内側に折り込んでいく。

ハイビスカスについて

アオイ科フヨウ属で、何百もの品種があります。熱帯および亜熱帯地方原産で、大きくて目立つ花が好まれています。赤いハイビスカスの花はヒンズー教の女神カーリーの象徴で、女神とガネーシャ神への捧げものとして栽培されています。タヒチでは女性が耳の後ろにこの花を１輪挿していると、結婚相手を募集中ということを意味します。

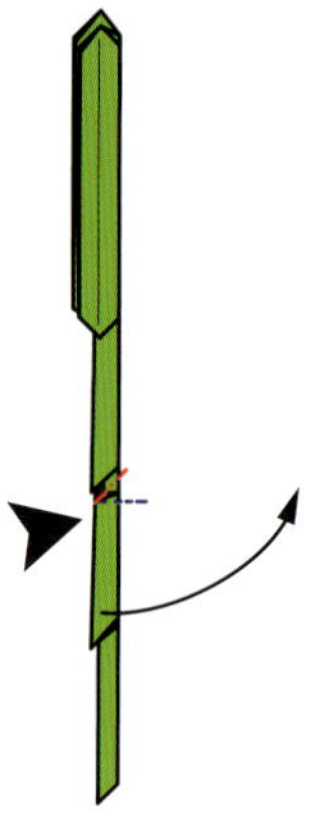

19 図の部分を右に向けて袋折りにする。

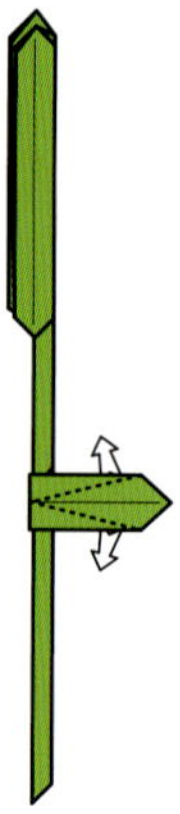

20 蛇腹状に折り込んだ部分の一番上の層を、内側から引き出す。図の谷折り線は、内側に隠れている紙を折る線を表す。表に見える紙は折らない。

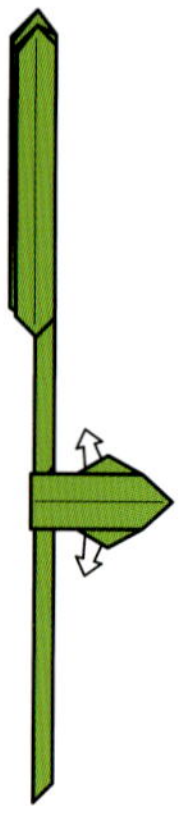

21 同様に、内側に折りたたまれた紙の層をさらに引き出す。

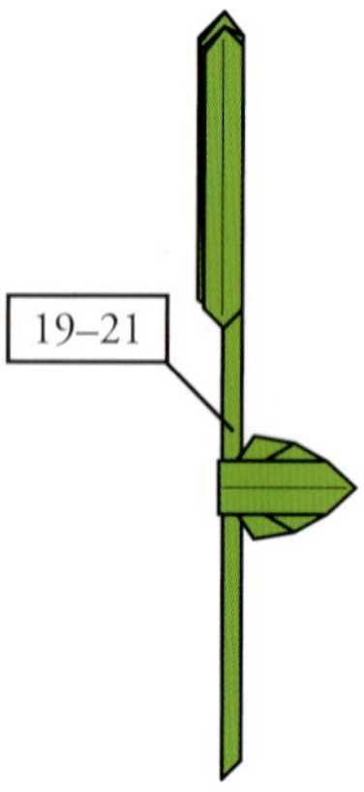

22 図の部分にも手順19～21を行い、もう1枚葉を作る。

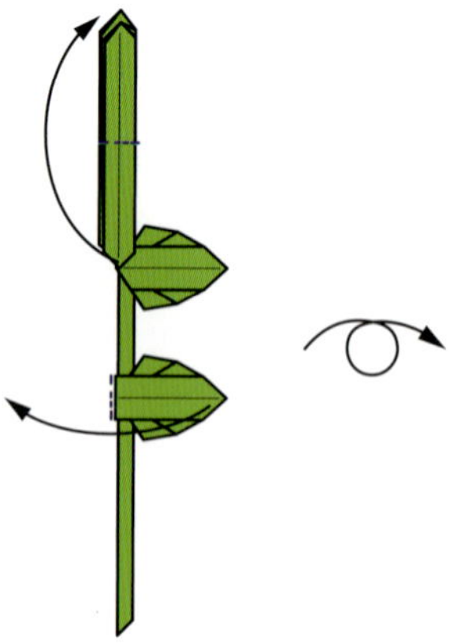

23 1枚上に折り上げる。下の葉を左に折る。これに伴って、内側の紙がわずかに袋折りになる。裏返す。

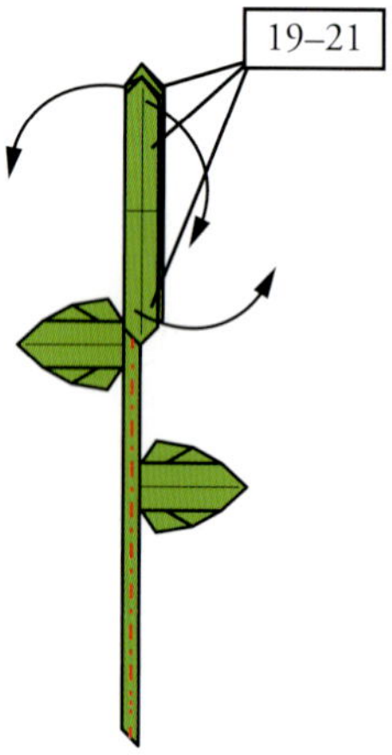

24 残り3カ所にも手順19～21を行う。袋折りは完全につぶさず、一番手前の部分で作った葉はまっすぐ手前に、一番後ろの部分で作った葉はまっすぐ裏側に立ててから右に、真ん中の部分で作った葉は裏側に立ててから左に折る。手順23で上へめくった部分は、上向きのまま残りの茎の部分と一緒に山折りをする。

葉つきの茎の出来上がり

ハイビスカスの出来上がり

組み立て

茎の上部の折り上げてある部分を、花の作り方の手順36で花柱をひねって細くする前に、裏側からその部分に差し込む。

カワサキローズ

デザインと図：川崎敏和

この花は15cm四方くらいの大きさの紙で十分に折れますが、写真の作品は創作者自身が25cm四方の紙で折ったもので、イラストレーター兼作図家のマルシオ・ノグチのコレクションにおさめられています。

折り紙を創作する芸術家であるとともに数学の教授でもある川崎敏和は、近代折り紙の父と言われる吉澤章の「白鳥」の写真を見て、折り紙を追求しようと決めました。有名なバラのシリーズは花びらを中央から折っていくときの「ねじり折り」という技法が特徴で、写真の作品もこのシリーズの1つです。「平坦に折りたためる作品について、どの1点についても広げて折り線を見ると、周りの折り線がなす角度を1つおきに加えると180度になる」という川崎定理を発見、実証し、『折り鶴変形理論』により世界で初めて折り紙についての論文で博士号を取得しました。

花は正方形の紙で折る。

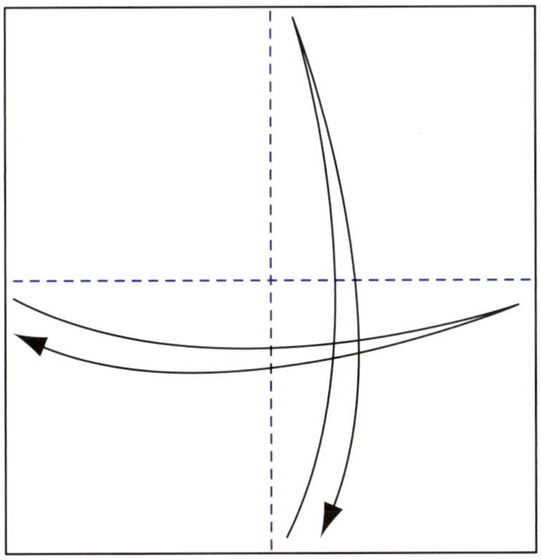

1 白い面を上にして置き、辺を2等分する折り筋を縦横につける。

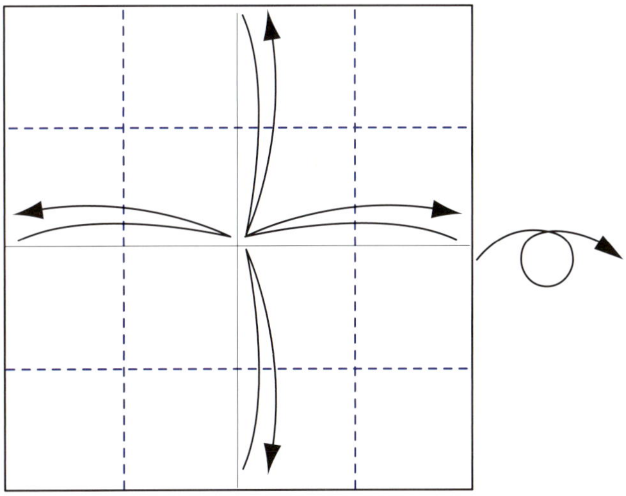

2 4辺をそれぞれ中心線に合わせ、折り筋をつける。裏返す。

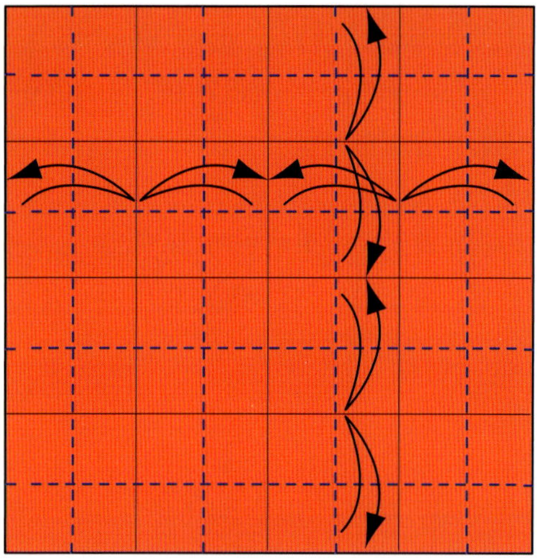

3 折り筋間をさらに2等分する
折り筋をつける。

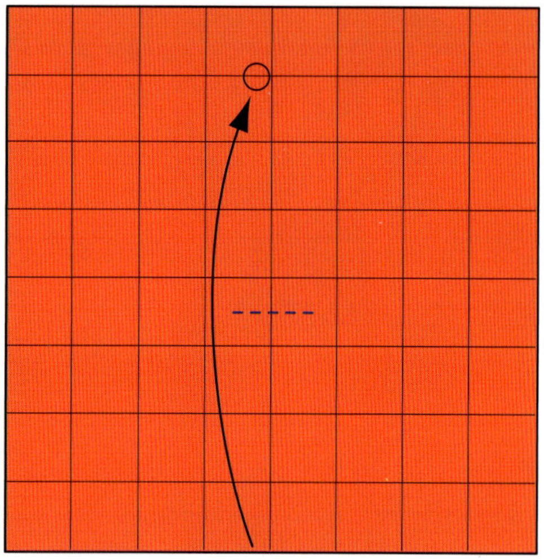

4 下辺を印の折り筋に合わせ、
真ん中を押さえて小さく折り
あとをつける。

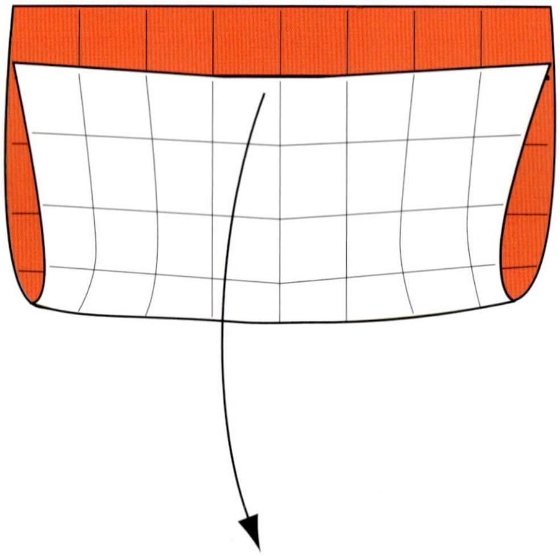

5 開く。

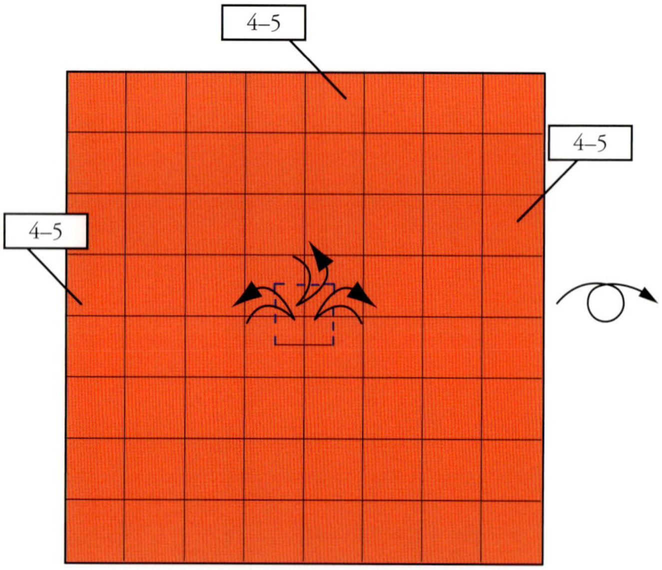

6 手順4〜5を残り3辺についても
繰り返し、中央に小さな正方形
の折り筋をつける。裏返す。

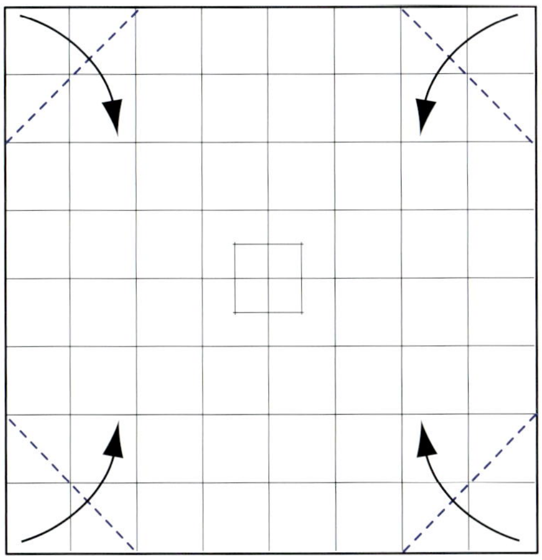

7 4つのカドを谷折りする。

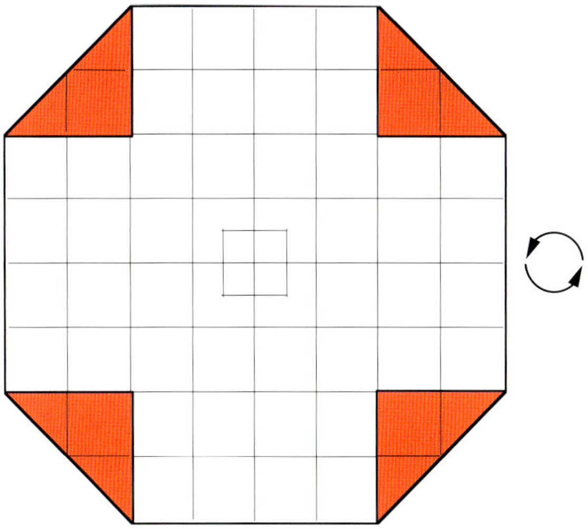

8 折ったカドが上に来るように
置き直す。

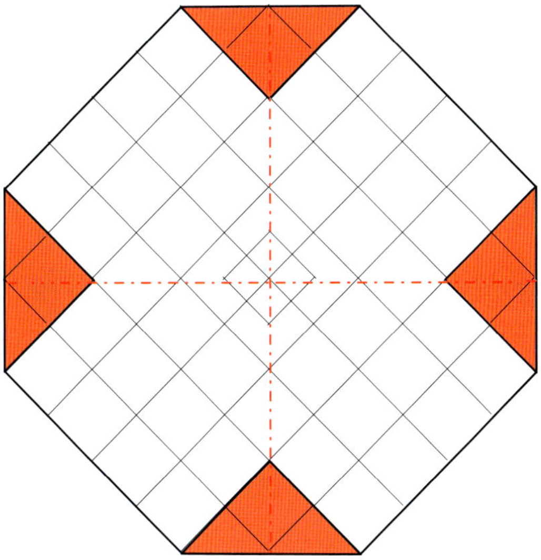

9 山折りで折り筋をつける。

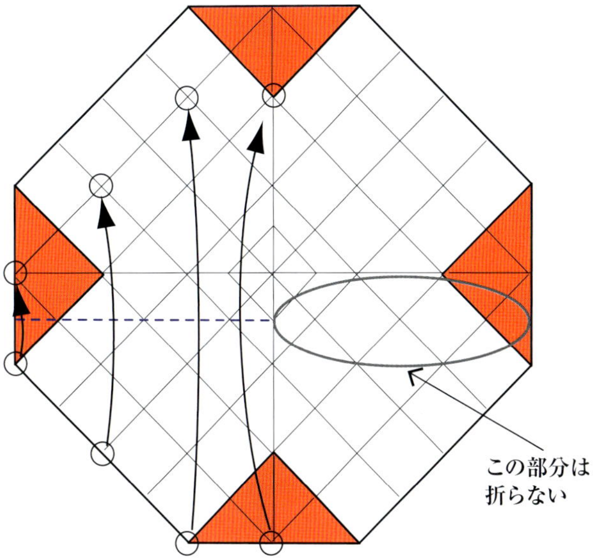

10 図に示した点と点を合わせ、
折り筋をつける。
右半分は折らないことに注意。

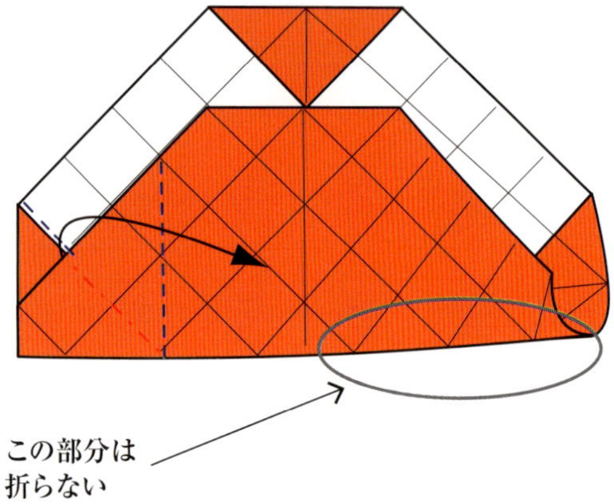

11 右に開いて袋折りをする。

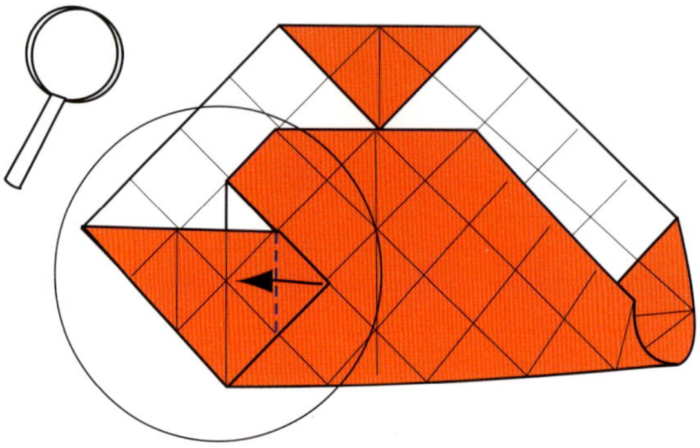

12 図のカドを左に折り返す。
円の部分を拡大する。

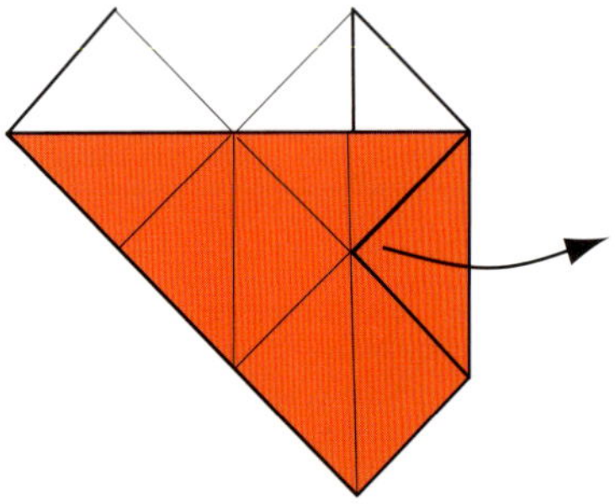

13 開く。

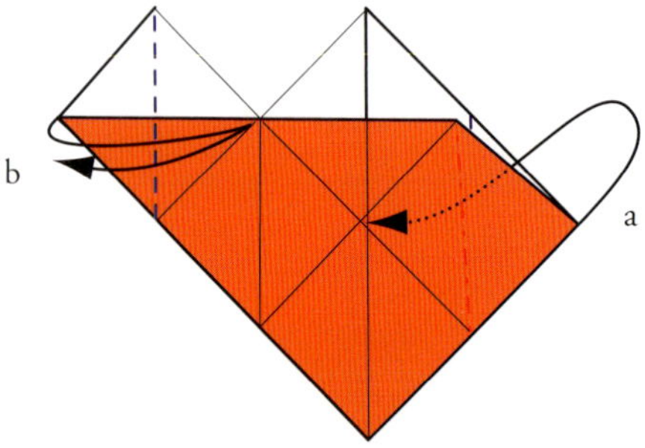

14 ⓐ中わり折り。
ⓑ図のカドを右に折り返して開く。

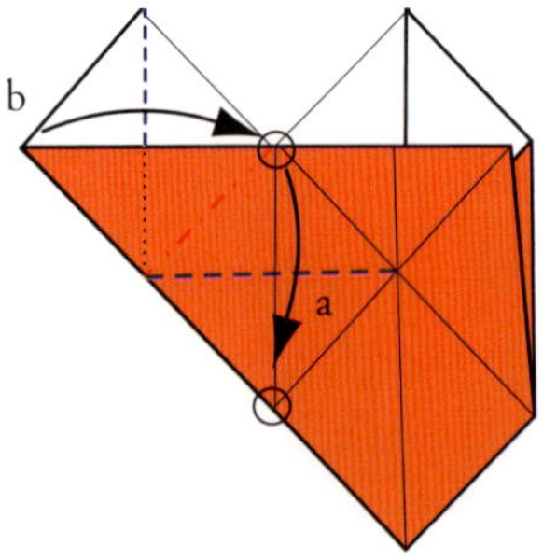

15 ⓐ印の2点を合わせて谷折りしたあと、ⓑ手順14ⓑの折り筋を使って引き寄せ折り。

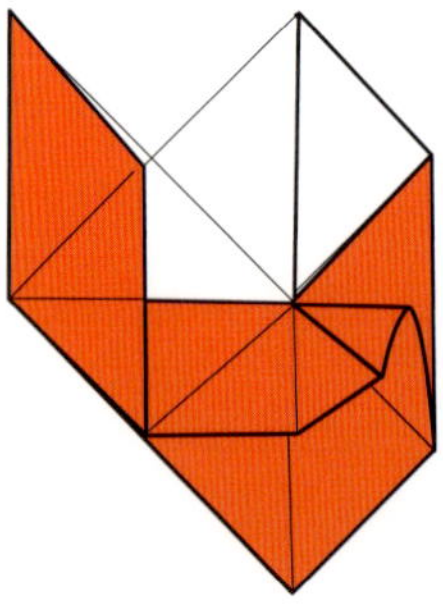

16 手順15で折った部分を開く。

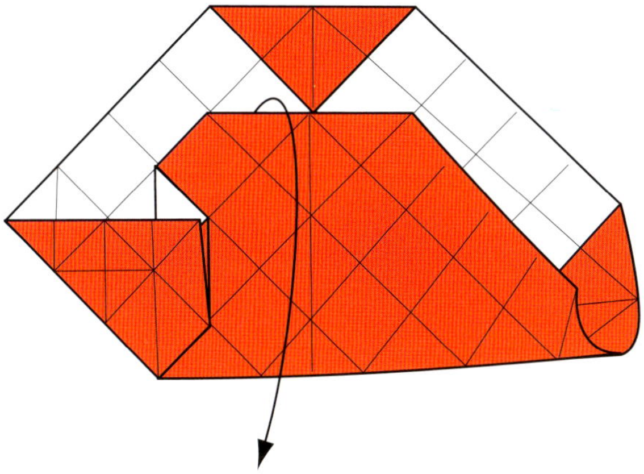

17 開く。

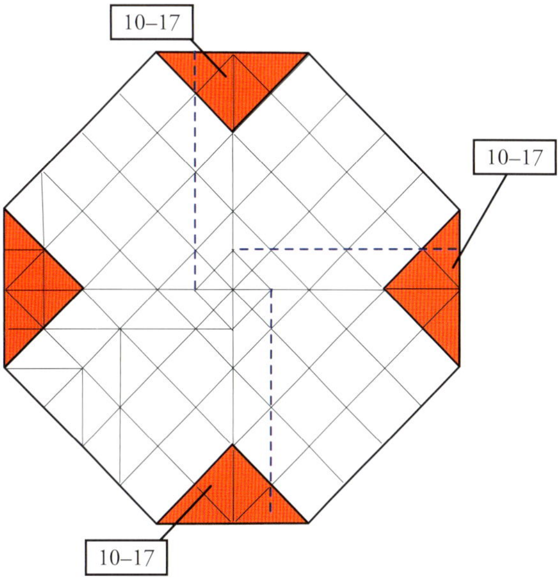

18 残り3カ所についても
手順10～17を行う。

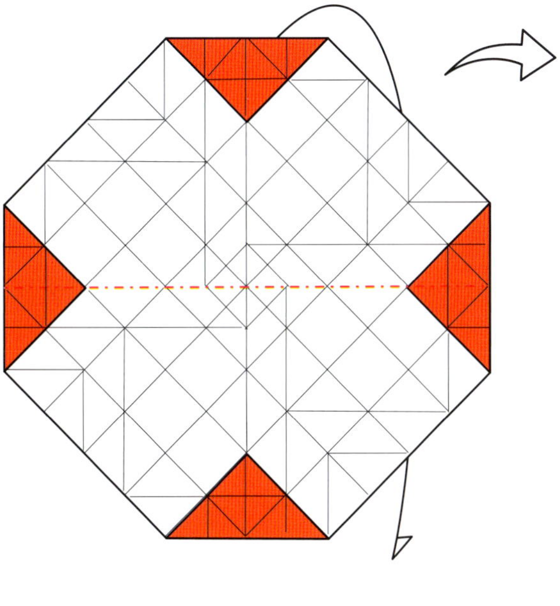

19 山折りで半分にたたむ。

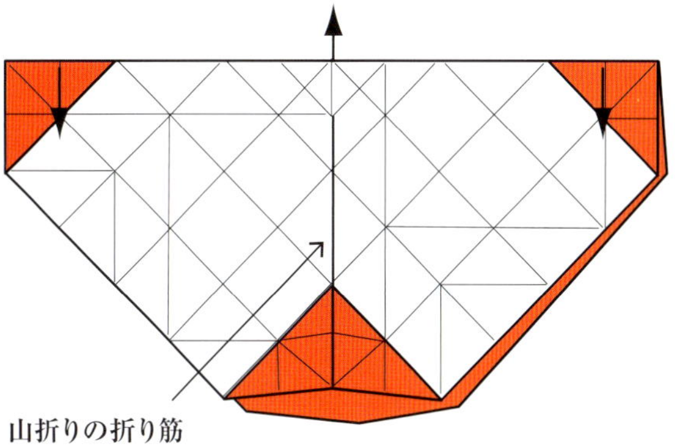

20 両端をつまんで下へやりながら、
真ん中を押し上げる。

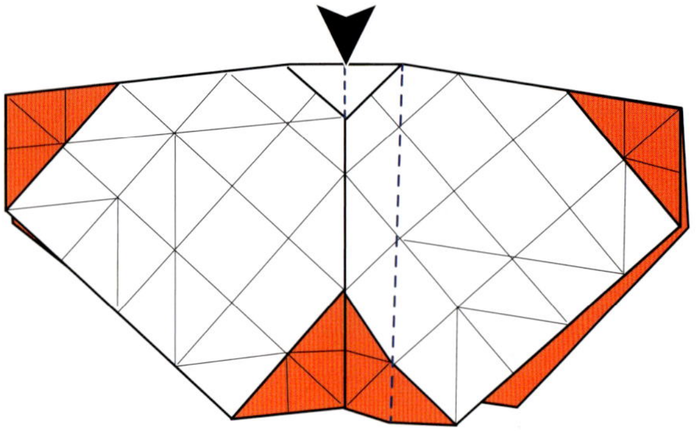

21 真ん中を押し、正方形の折り筋のフチが立つようにする。

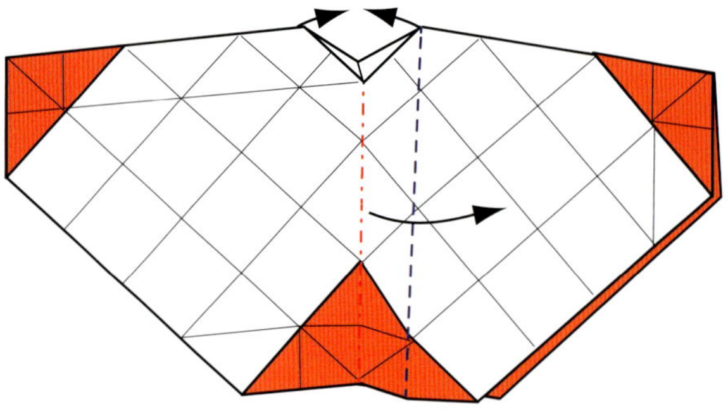

22 中央の正方形を半分にたたみながら、手前は右へ段折り、裏は左へ段折りする。

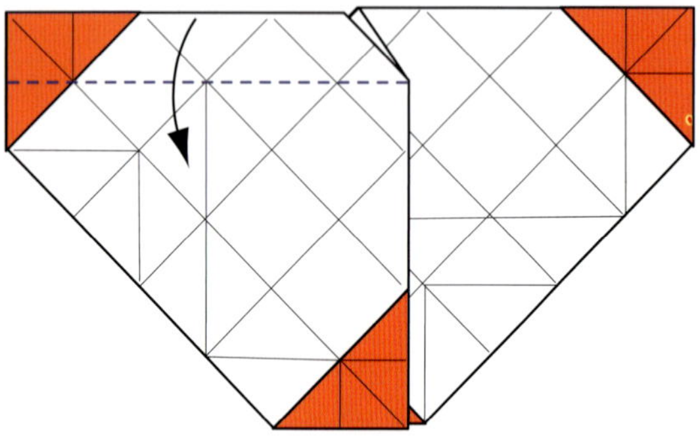

23 左上のフチを下に折る。

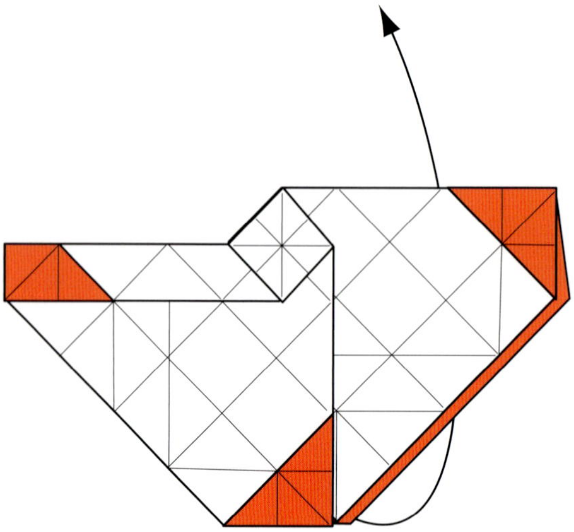

24 裏を上に向かって開く。

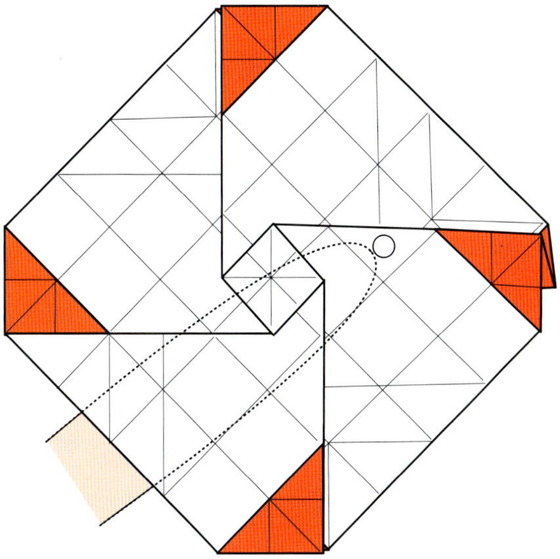

25 裏から段折りの内側に指を差し込む。

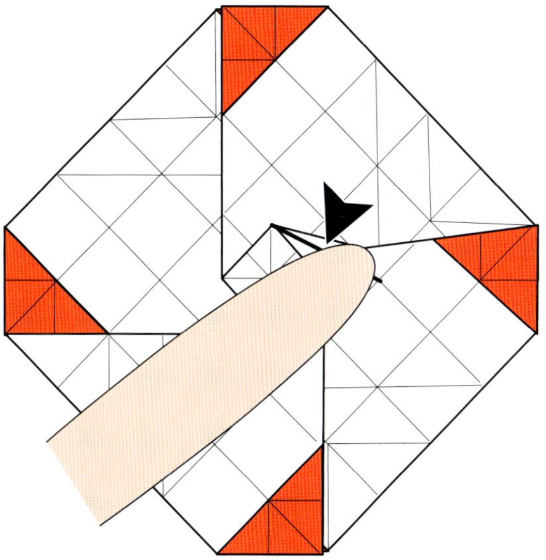

26 表から別の指も当て、2つの指で挟むように図の線の部分を平らにする。

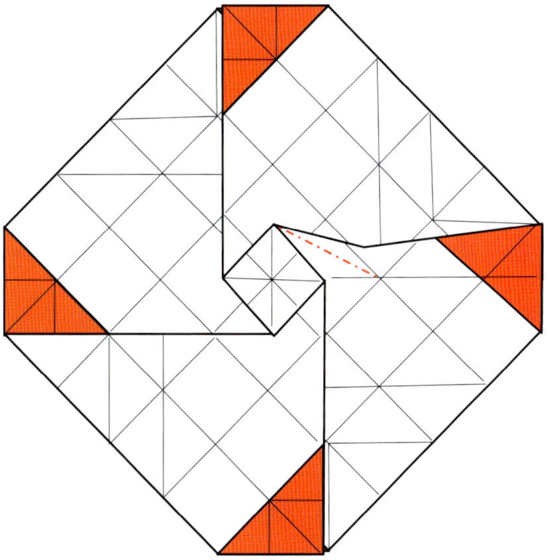

27 表からつまんで山折りする。

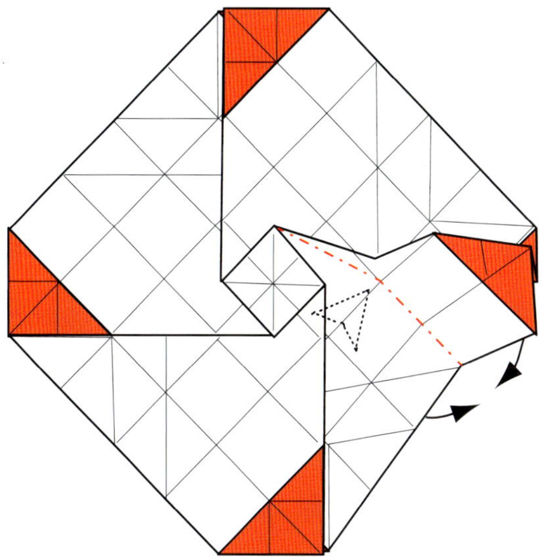

28 裏から指で押しながらつまみ、フチまで山折りを延長する。

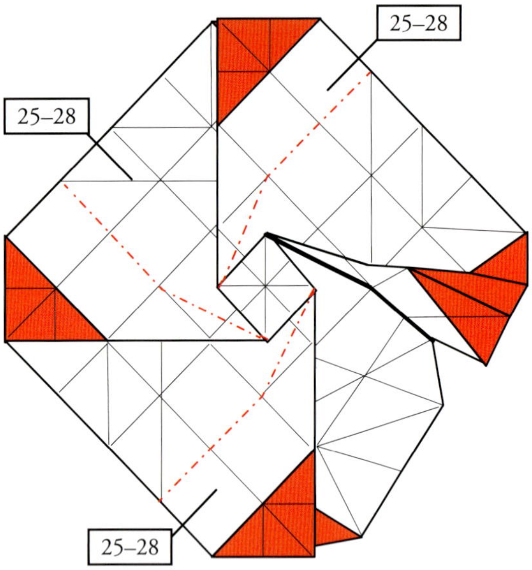

29 残り3カ所についても、手順25〜28を行う。

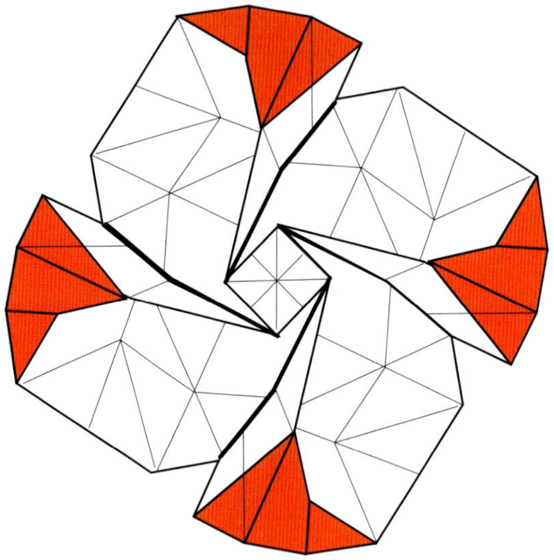

30 このようになる。

31 両手で左右の端を持って内側に押し、中心から時計回りにねじる。濃い実線（手順28の山折り）のところで4つの部分をそれぞれ2つに折りたたむように上に持ち上げ、順に中心に巻きつけていくとうまくいく。

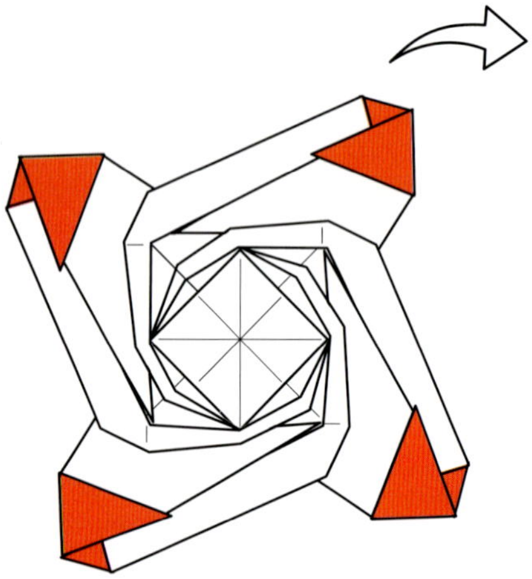

32 拡大する。

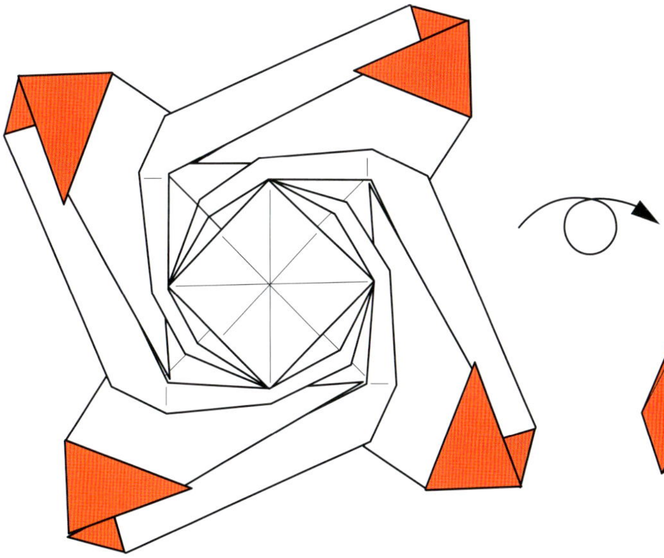

33 このようになる。裏返す。

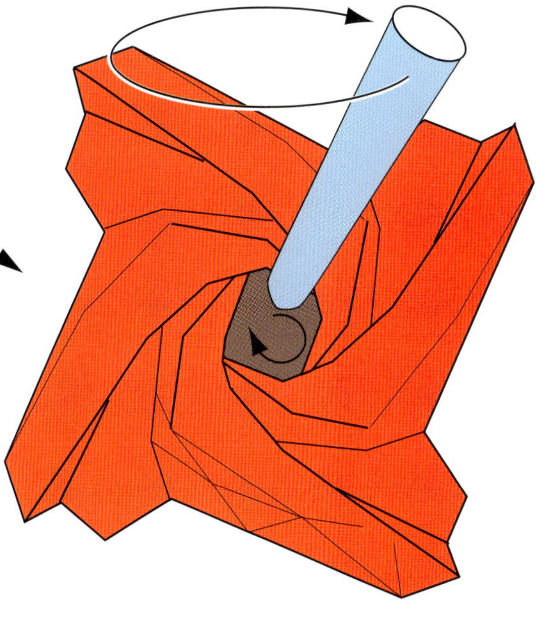

34 内側で折り目がきれいに重なっていないときは、ペンなどの細い棒できれいに整える。

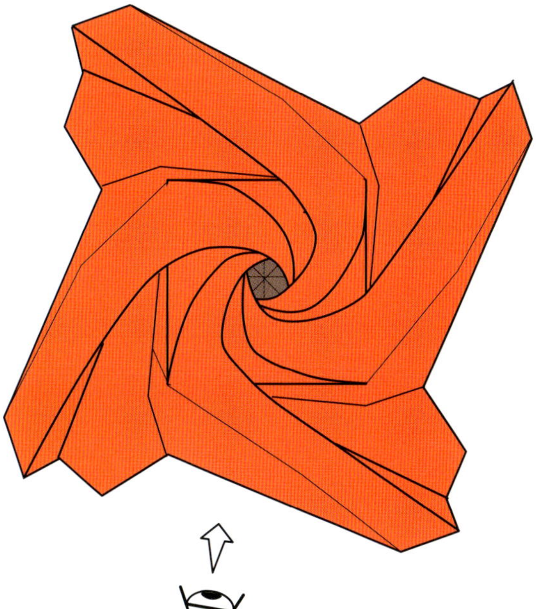

35 横から見た図を次に表示。

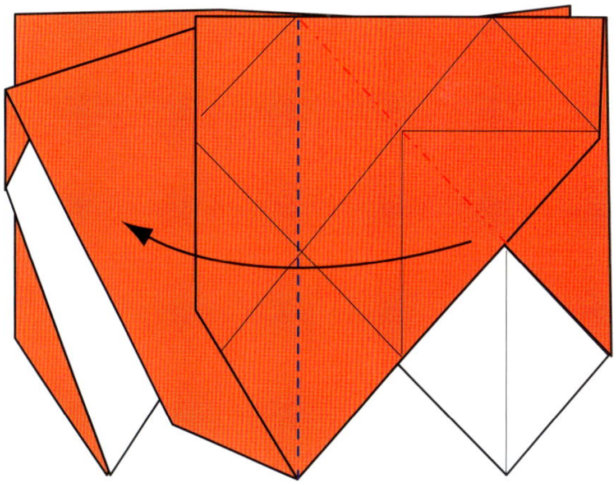

36 手順11と同じように開いて袋折りにする。

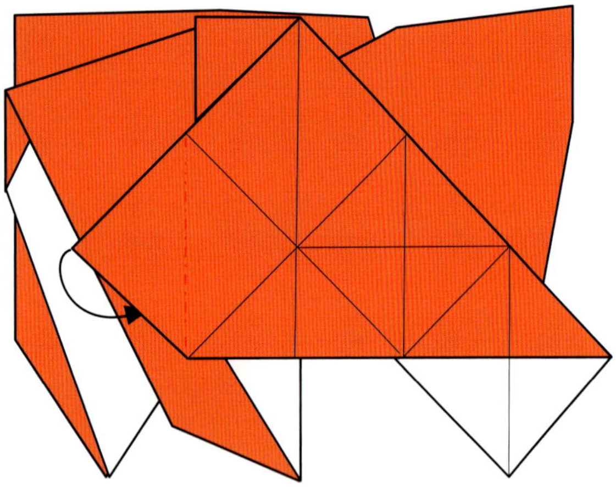

37 中わり折り。

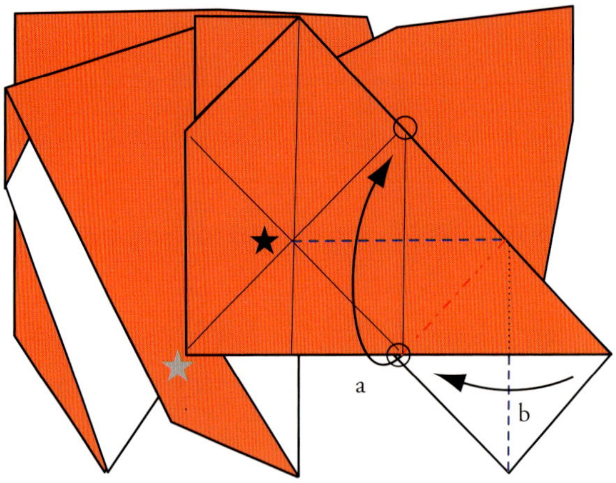

38 手順15と同じように、⒜印の2点を合わせて谷折りしたあと、⒝右を引き寄せ折り。

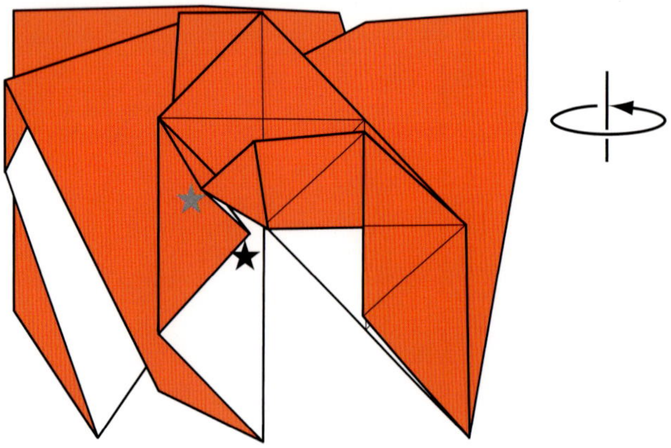

39 90度回転させる。

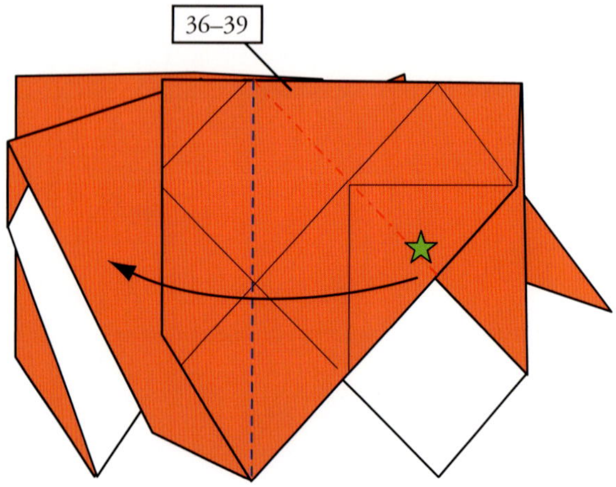

40 手順36〜39を繰り返す。

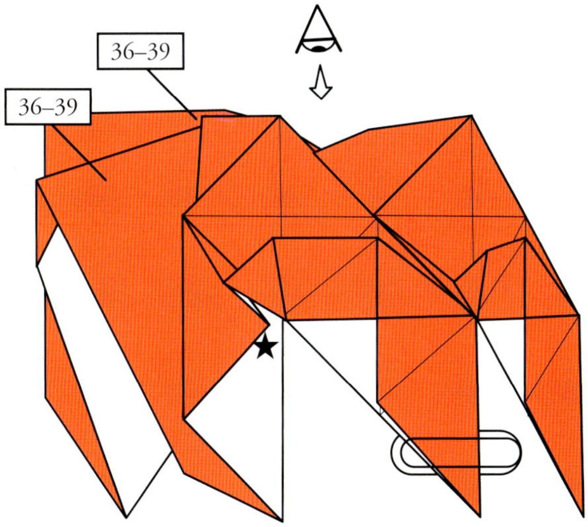

41 同様に、残り2カ所についても手順36〜39を行う。図のようにクリップで留めて紙が開かないようにするとよい。上から見た図にする。

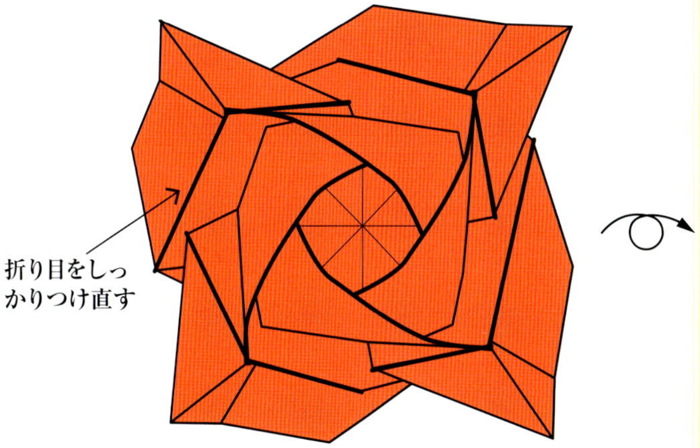

42 太線の折り目をしっかりつけ直す。裏返す。

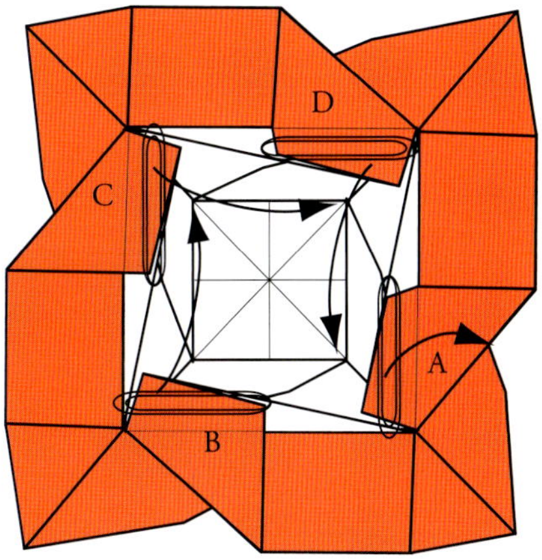

43 Aの部分を外へ開いてから、B、C、Dの順に内側に倒す。

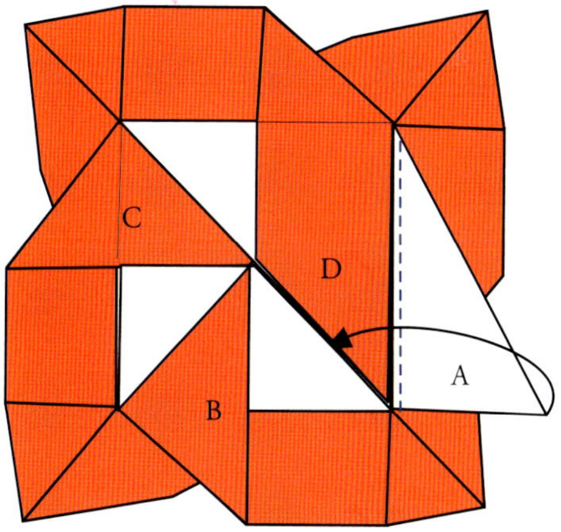

44 Aを内側に折り返し、先端をBの中に入れる。全体が開かないようにきれいにとまる。

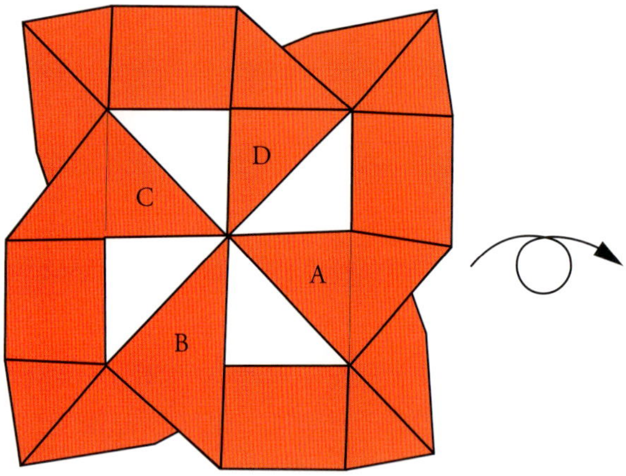

45 このようになる。裏返す。

46 花びらの先端に軽くカーブをつける。

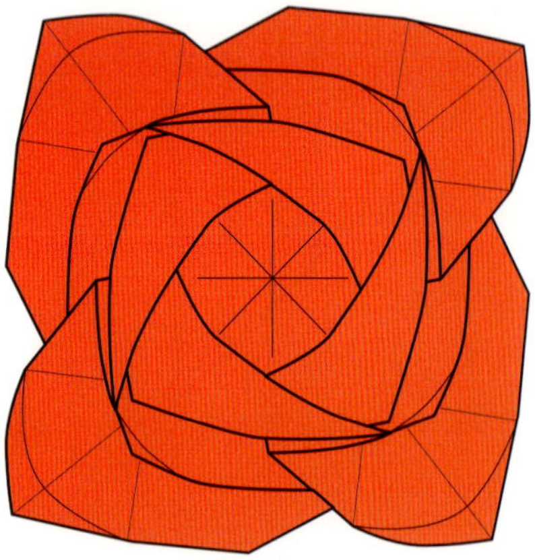

カワサキローズの出来上がり

葉

正方形の紙で折る。

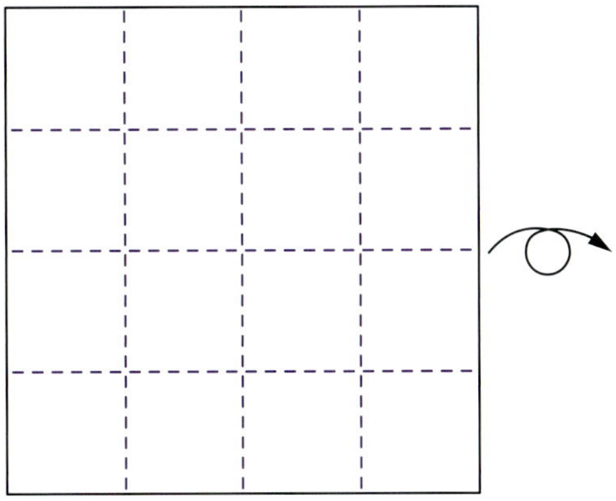

1 白い面を上にして置き、
辺を4等分する折り筋を
縦横につける。裏返す。

2 斜めの折り筋をつける。

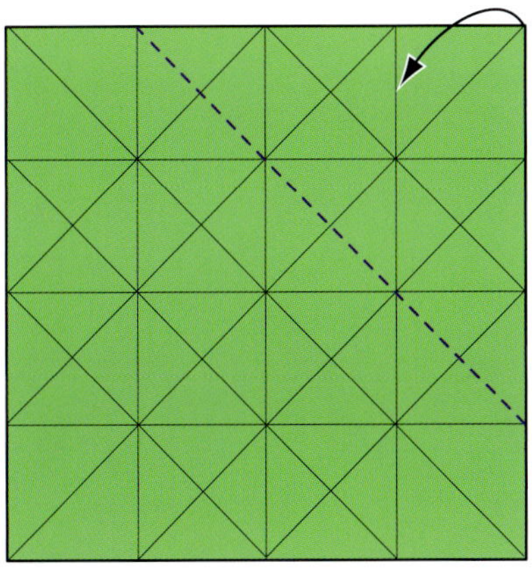

3 谷折りをして、右上のカドを
持ち上げる。

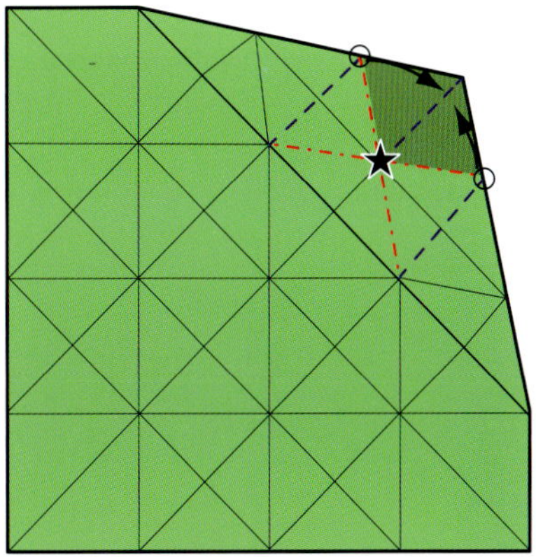

4 印の2点を合わせながら
折り筋に従ってたたみ、
★の点を持ち上げる。

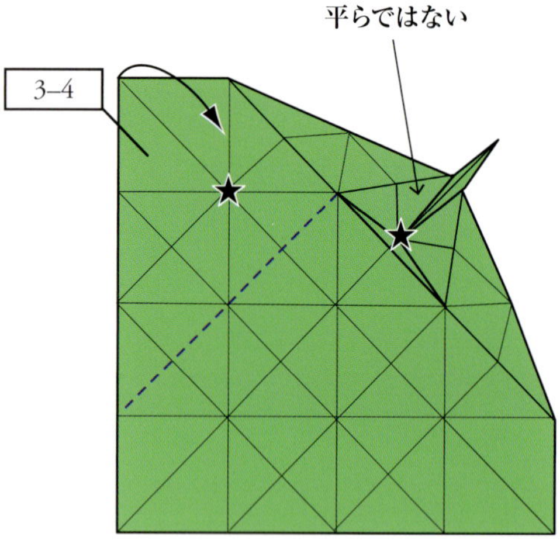

5 左上のカドにも、
手順3〜4を行う。

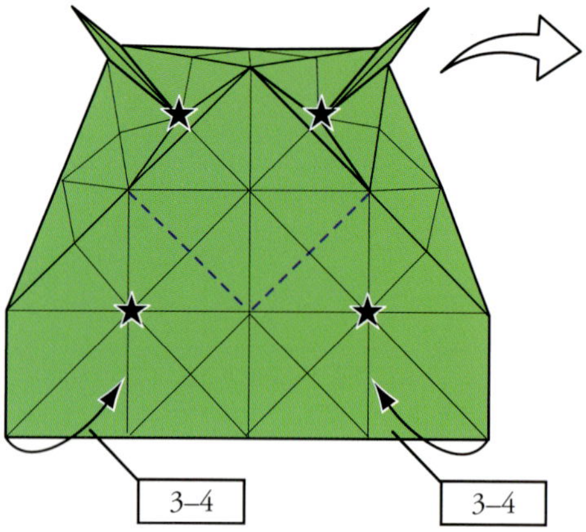

6 残り2つのカドについても、
同様に手順3〜4を行う。

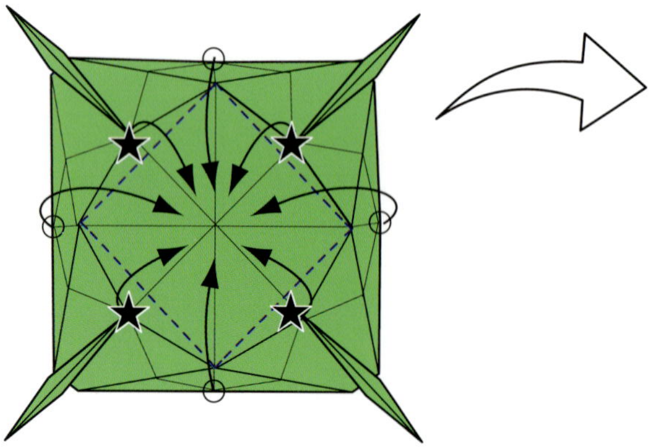

7 丸印および★の点を
中心に集める。

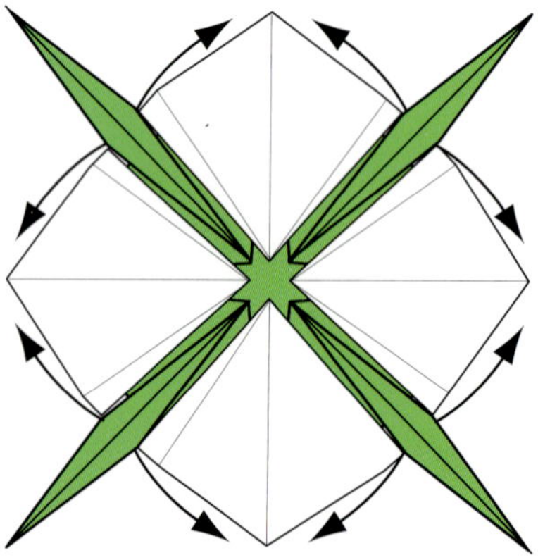

8 放射状に立っている4つの部分を
開き、平らにする。

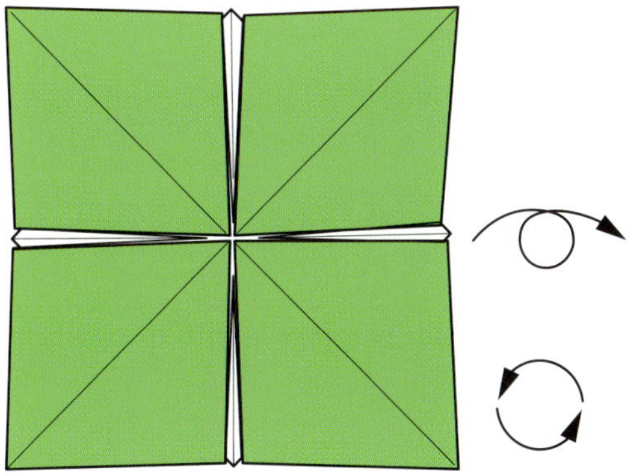

9 このようになる。裏返して、
カドが上になるように置き直す。

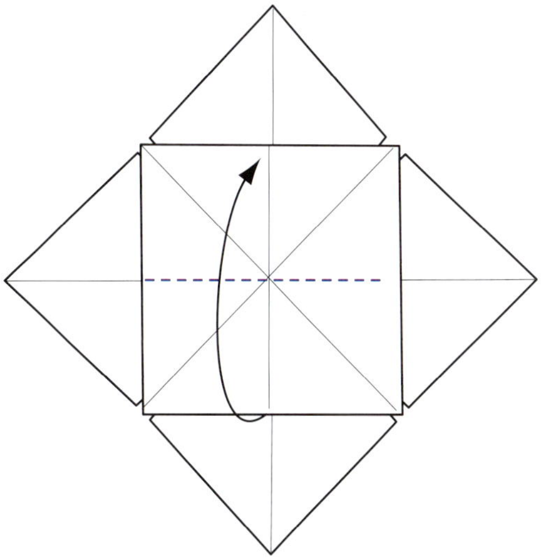

10 上に折り返す。

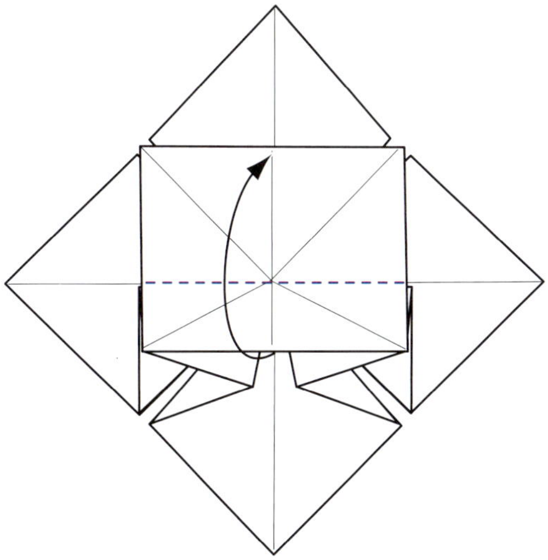

11 途中経過。

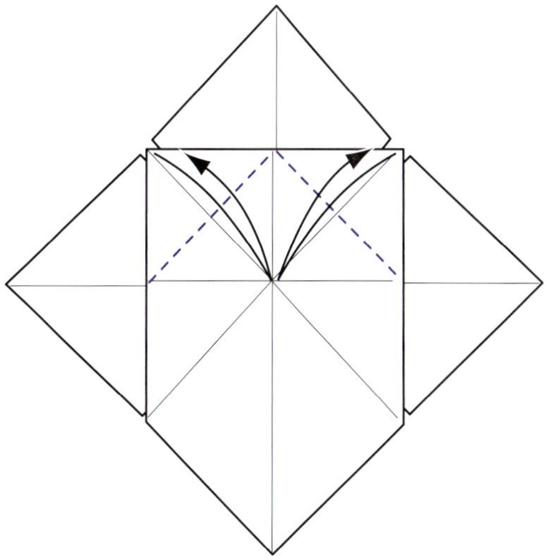

12 左右のカドを中心に合わせ、
折り筋をつける。

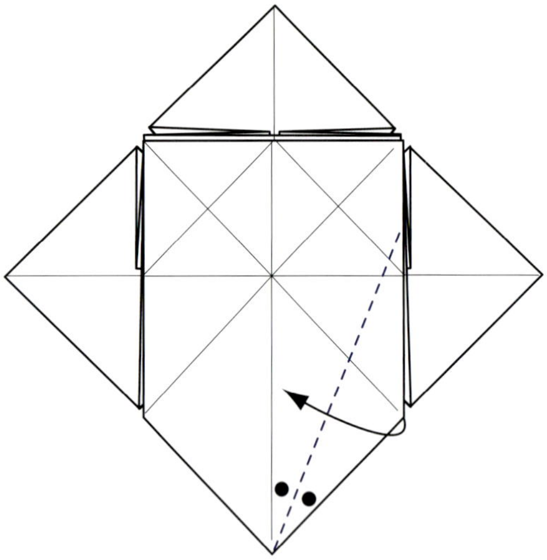

13 角度を2等分するように折る。

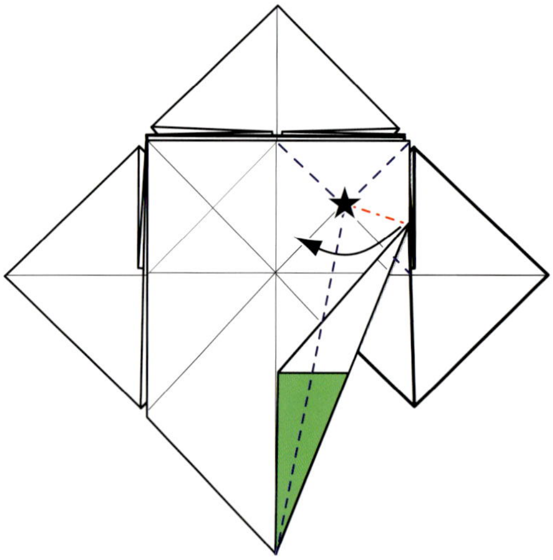

14 さらに角度を2等分するように折りながら、右上のカドを持ち上げる。

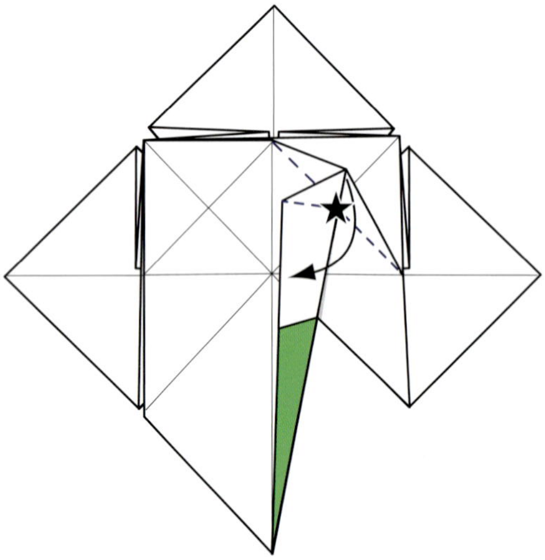

15 持ち上げた右上のカドを、中心に合わせて折る。

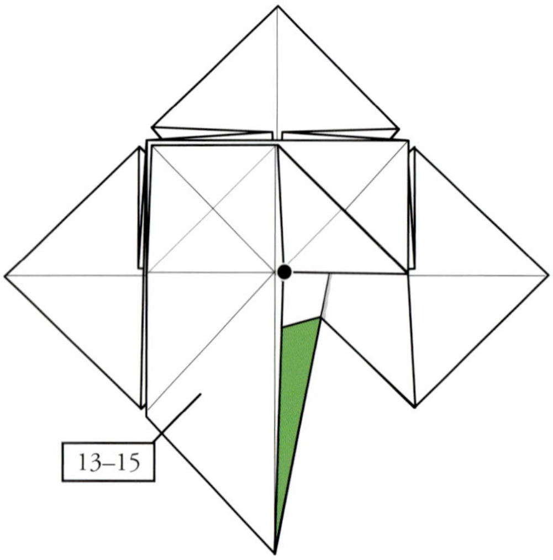

16 左側にも手順13～15を行う。

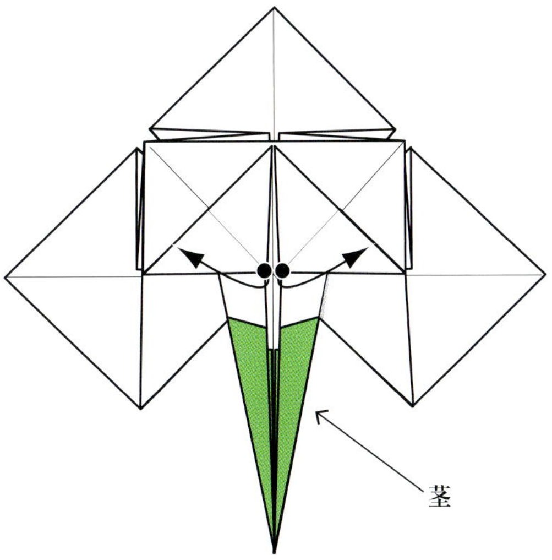

17 ●の2つのカドを少し開く。

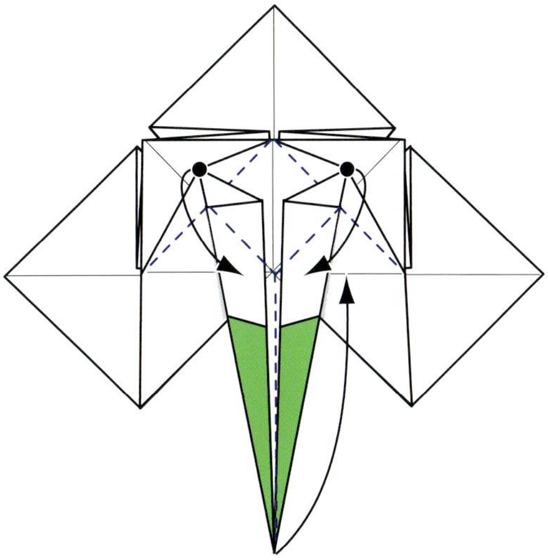

18 下に伸びた茎を半分に折りたたみ、手順17でゆるめたカドのあいだから立ち上げる。カドはふたたび中心に戻す。

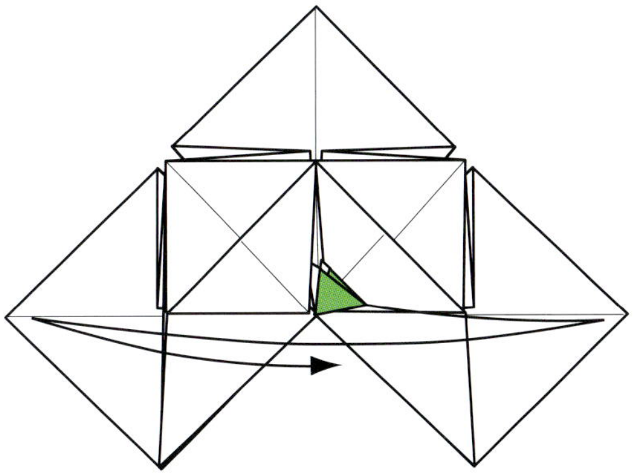

19 立ち上がっている茎を左右に順に折り、しっかりと折り筋をつける。

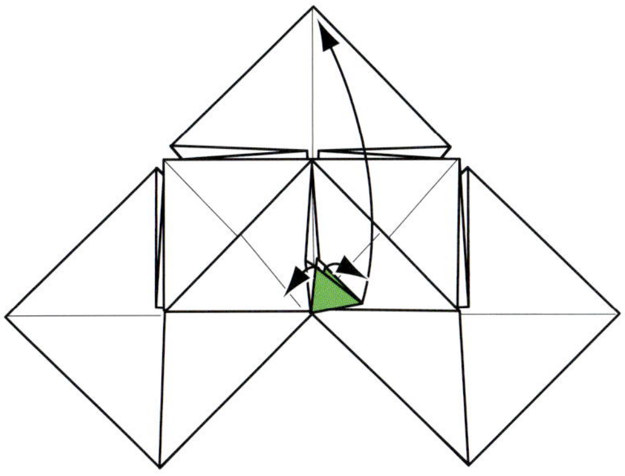

20 茎を開いて、上向きに倒しながら袋折り。

バラについて

多年生の木本《もくほん》植物であるバラ属は何千年も前から栽培されていて、5000年前の中国ですでに作られていたという記録があります。たくさんある品種の多くは観賞用ですが、中には香りのために栽培され香水の原料として欠かせないものもあります。色によって花言葉が異なり、赤いバラが「愛」を表すことは有名ですが、ピンクが「感謝」、オレンジが「切望」「熱狂」、白が「純粋」であることはあまり知られていないかもしれません。

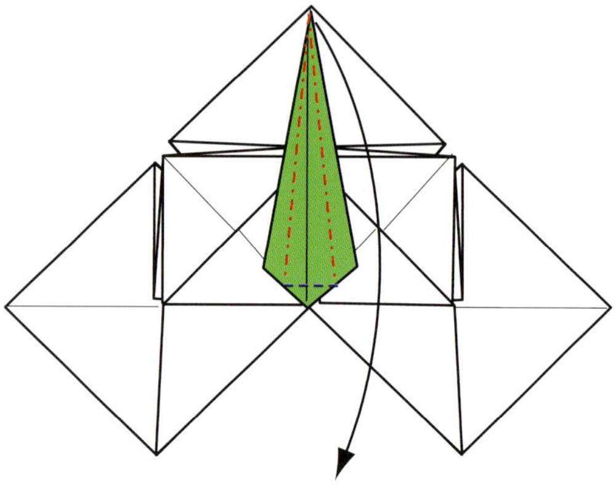

21 花弁折りで茎を細くしながら下へ折る。

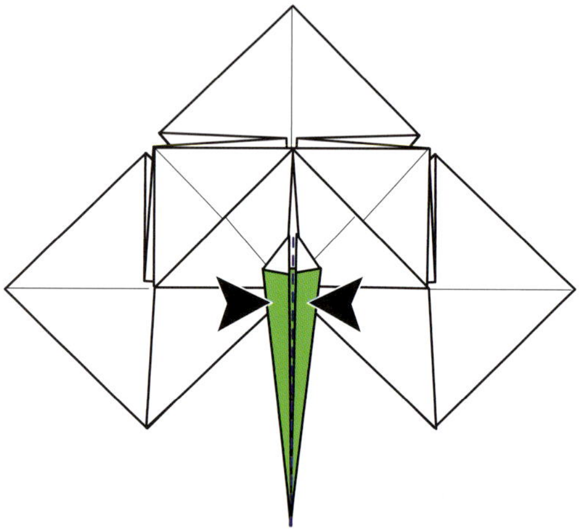

22 茎を左右から中心に向かって半分にする。

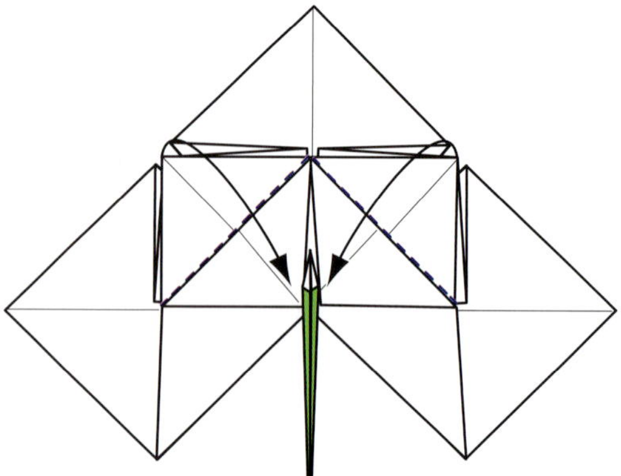

23 左右のカドを中心に向かって折る。

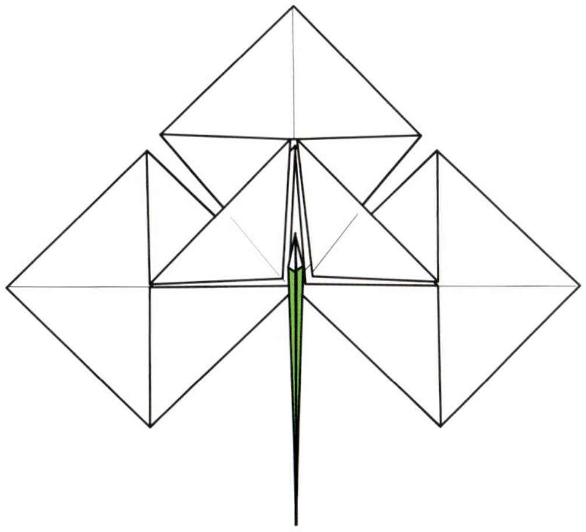

24 このようになる。

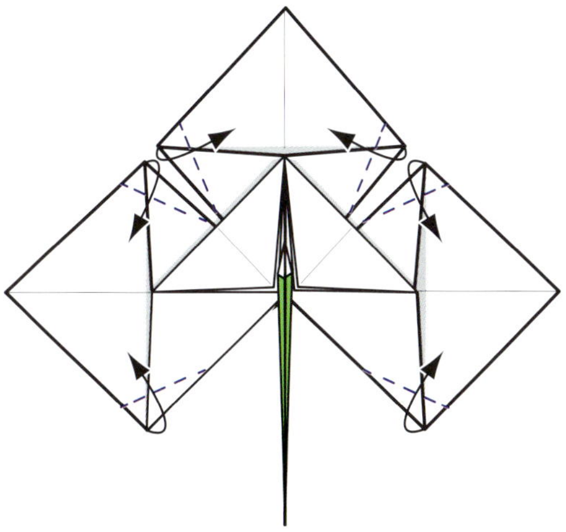

25 葉の形を作る。それぞれの葉の左右のカドを谷折りする。

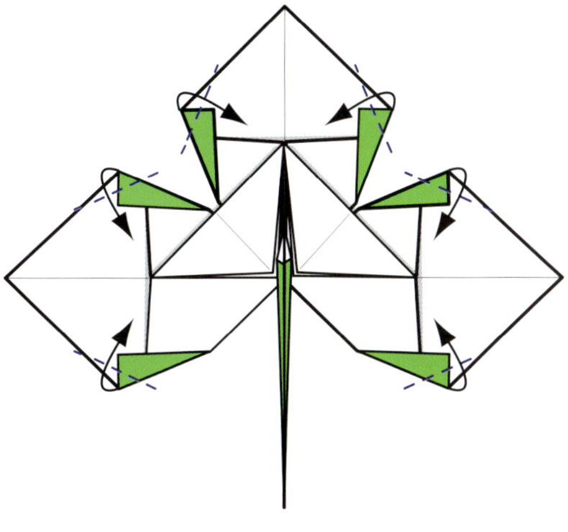

26 手順25で折った部分と角度がそろうように、左右対称に谷折りする。

27 拡大した図を次に示す。

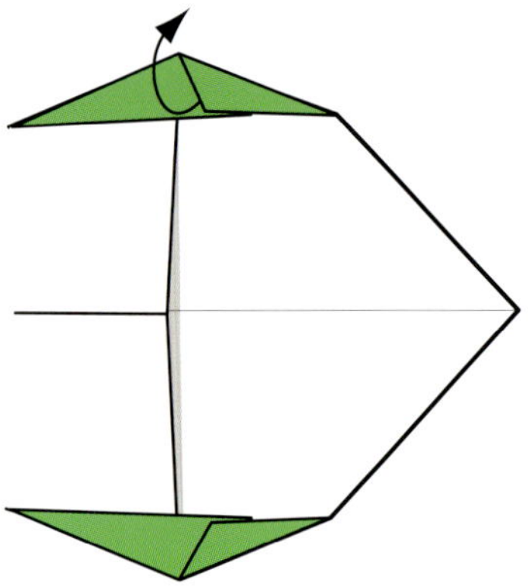

28 開く。

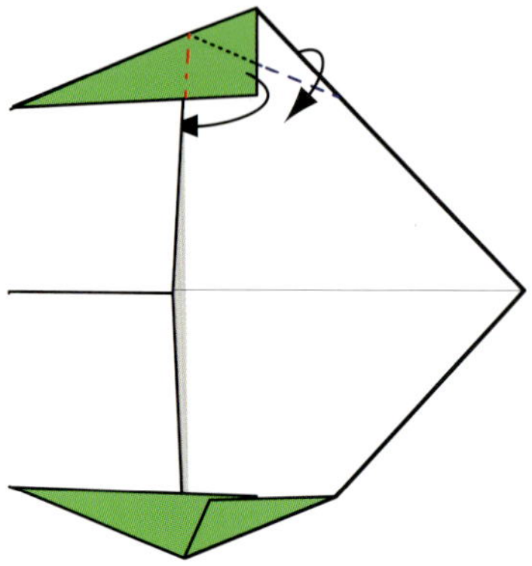

29 折り筋に従って内側に折り込む。しっかりとまる。

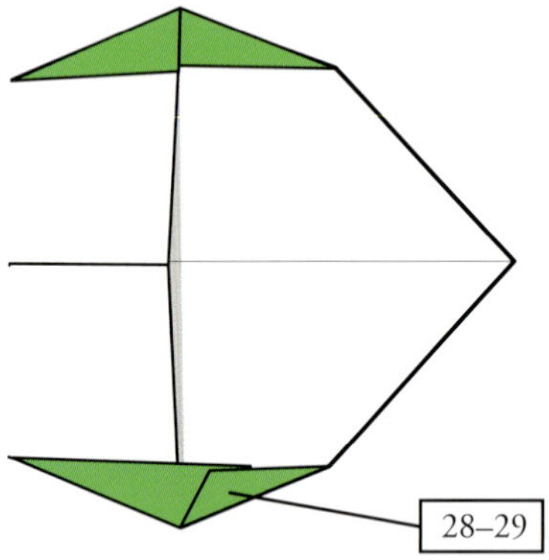

30 すべてのカドに手順28～29を行う。

31 裏返す。

葉の出来上がり

組み立て

好みに従って葉の上に花の位置を定め、糊づけする。

カワサキローズの出来上がり

ラン

デザインと図：アレクサンダー・オリヴェロス・アヴィラ

　アレクサンダー・オリヴェロス・アヴィラはコロンビアのボゴタ在住の折り紙創作家で、旅行ガイドおよび環境教育家でもあります。1995年に折り紙を始め、2002年に創作を開始しました。音楽と自然を愛する彼は動物や植物を好んで作り、その作品はシンプルでそれほど難しくありません。表と裏で色の違う紙を使って折るのを得意としています。

「このランは2003年にデザインしたものです。友人のアルド･マルセル（140ページ参照）の作品に触発されて作りましたが、折り上げるプロセスは少し違います。ランの栽培家であるシーザー・ウェンゼル氏の作った品種を模した写真の作品は、色の違う2枚のリサイクルペーパーを糊で貼り合わせて使いました」

――アレクサンダー・オリヴェロス・アヴィラ

この作品には、20cm四方の紙が1枚と25cm四方の紙が2枚必要。前者は花用で、後者のうち1枚は半分に切ってそれぞれを葉に、もう1枚は茎用に切り分ける。花用の紙は、裏表で色が違うものを用意する。

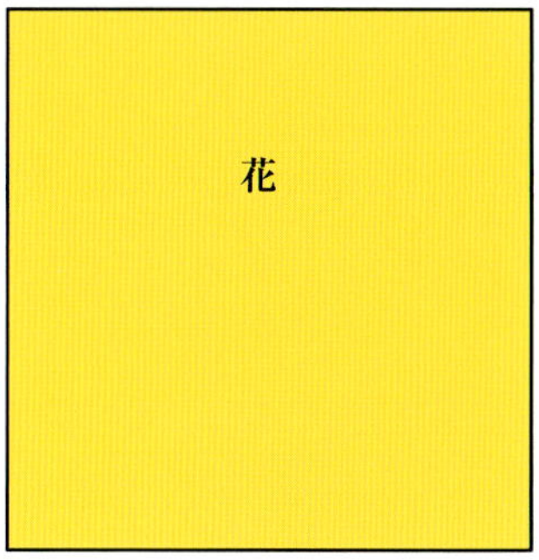

20cm四方の紙

25cm四方の紙

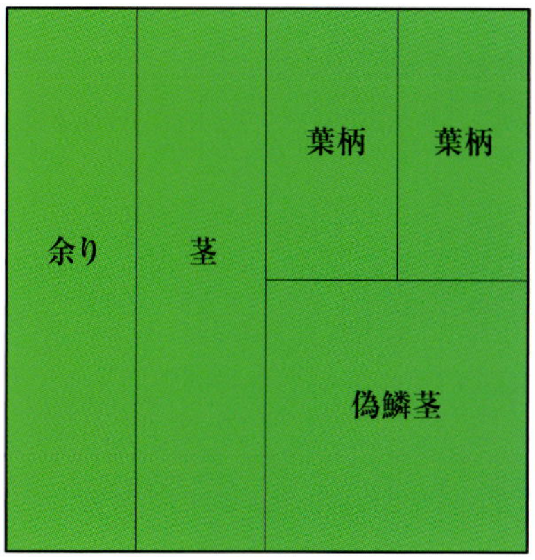

25cm四方の紙

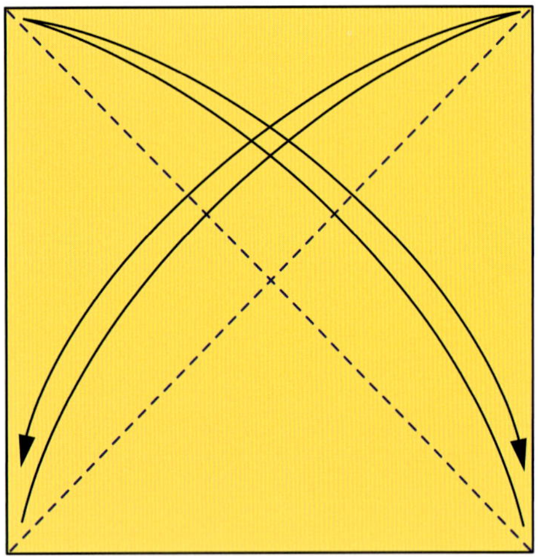

1 唇弁の色を表にして置き、対角線の折り筋を2本つける。

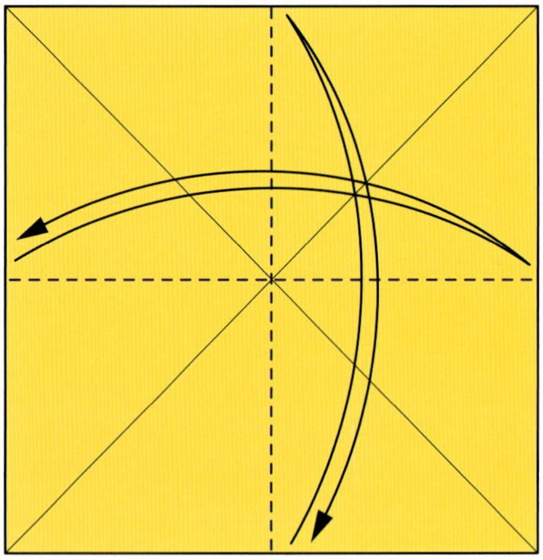

2 辺を2等分する折り筋を縦横につける。

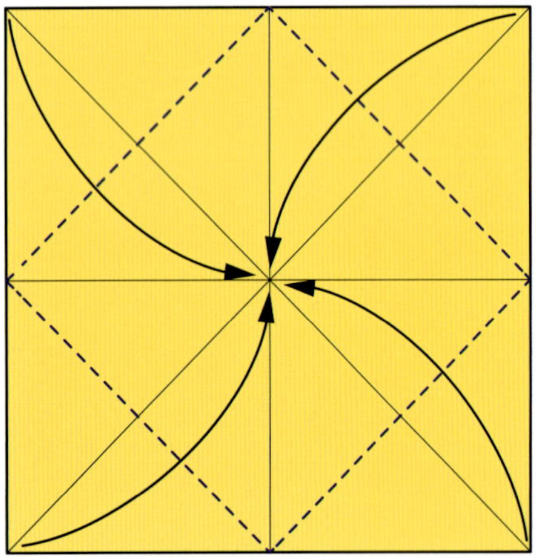

3 4つのカドを中央に合わせ、座布団基本形に折る。

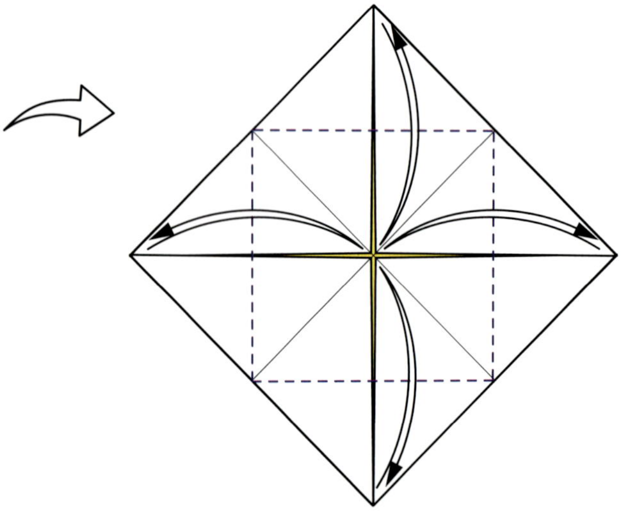

4 ふたたび座布団基本形に折り、開く。

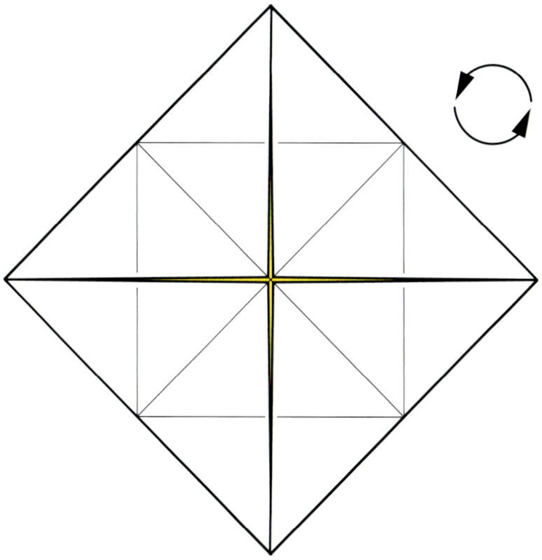

5 向きを変える。

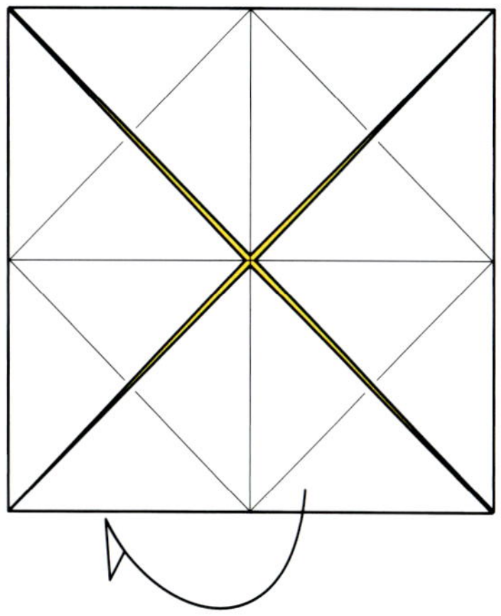

6 下の1枚を裏に向けて折り直す。

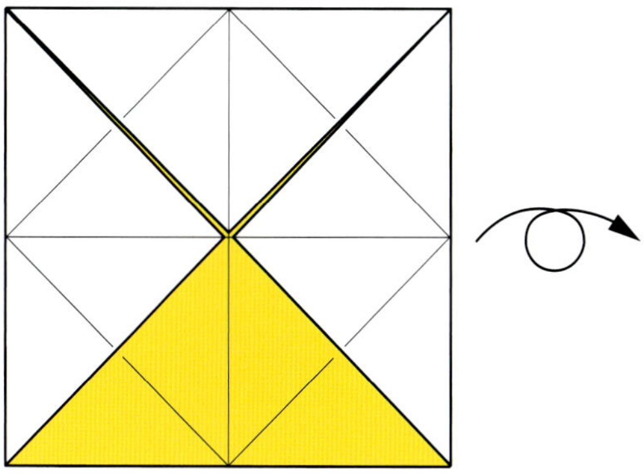

7 裏返す。

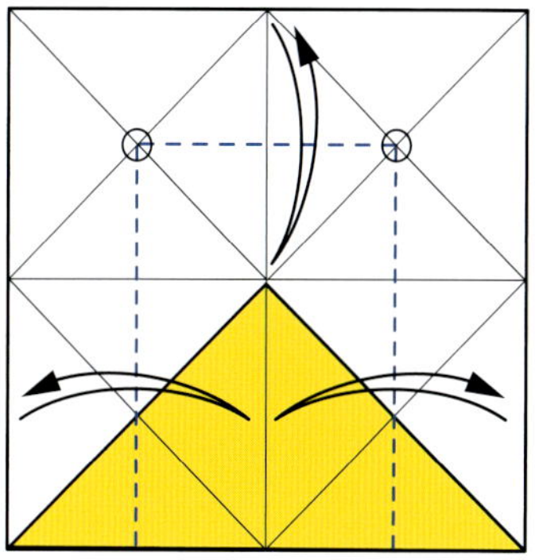

8 図の位置に折り筋をつける。

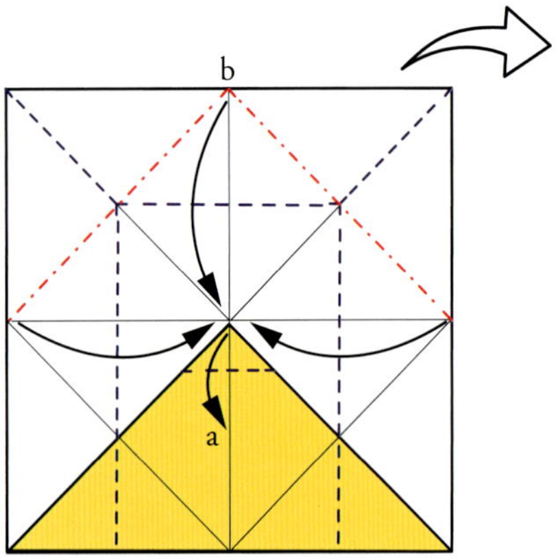

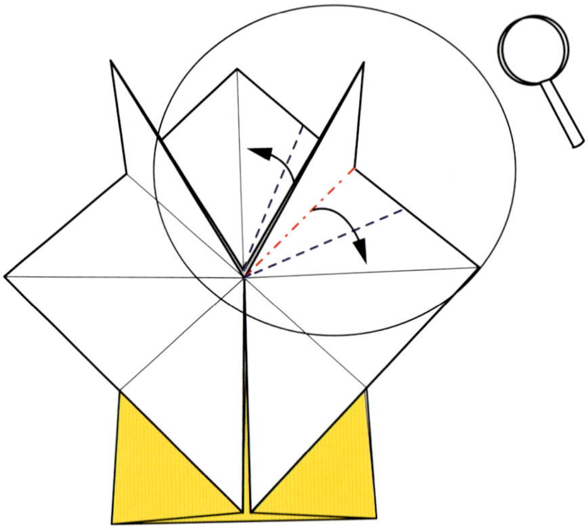

9 (a)色つきの三角の先端を下に折り返し、(b)図のように折りたたむ。同時に裏側から紙を開く。

10 立っている部分を折り筋に従って左右に開く。

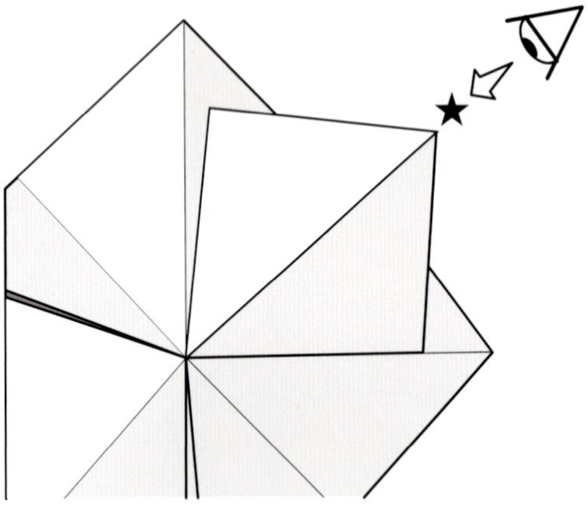

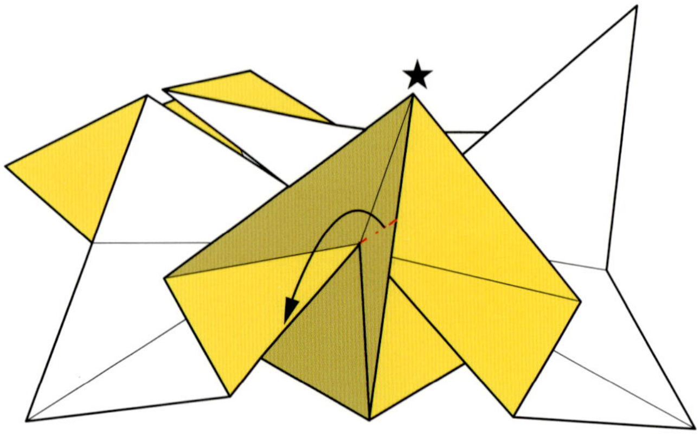

11 平らにする途中。★の方向から内側を見た図を次に示す。

12 ★を頂点とする中央に立っている部分を山折りで左に倒し、完全に平らにたたむ。

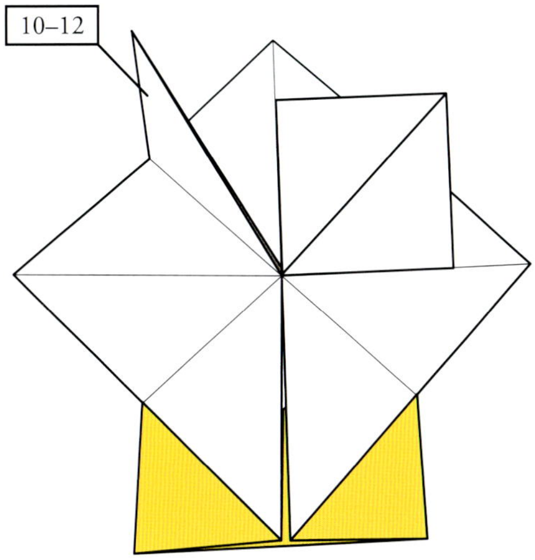

13 左側にも、左右対称にして手順10〜12を行う。

14 裏返す。

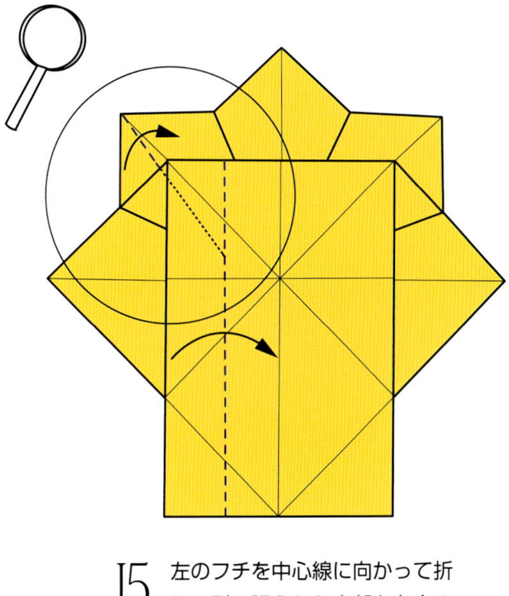

15 左のフチを中心線に向かって折り、引っ張られた上部を左上のカドまで折る（平らにはならない）。円の部分を拡大する。

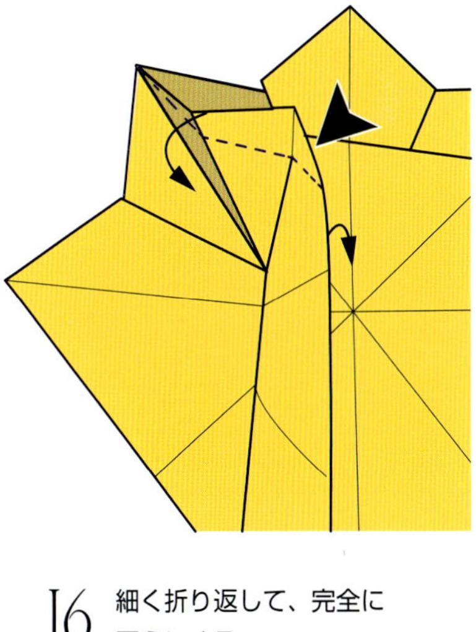

16 細く折り返して、完全に平らにする。

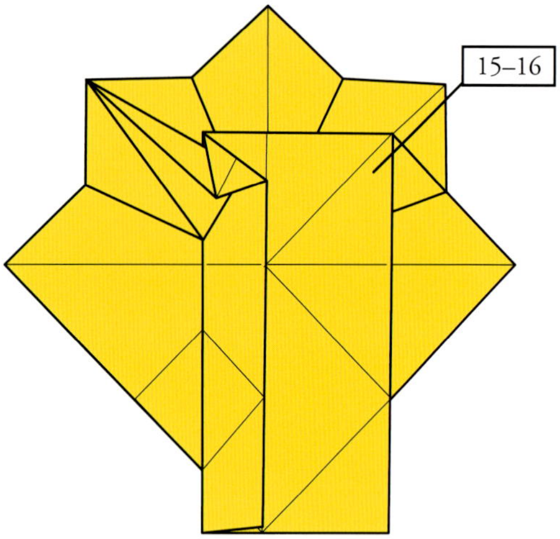

17 右側にも手順15〜16を行う。

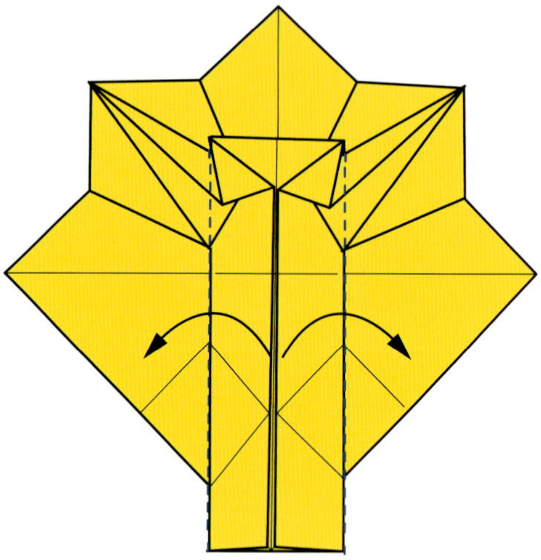

18 外に向かって開く。

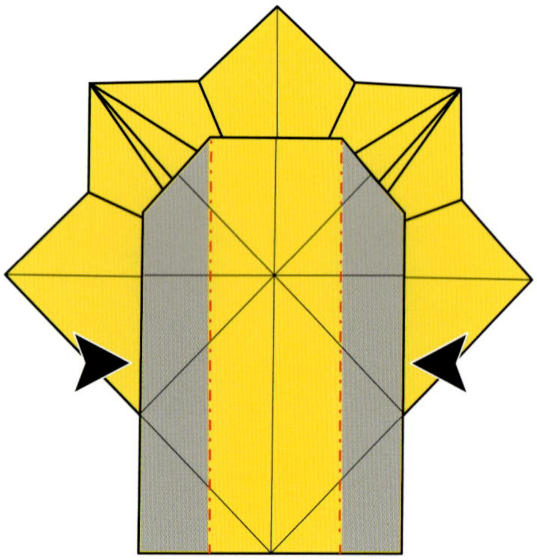

19 グレーの部分を沈め折りにする。
上の左右のカドは閉じた沈め折りになる。

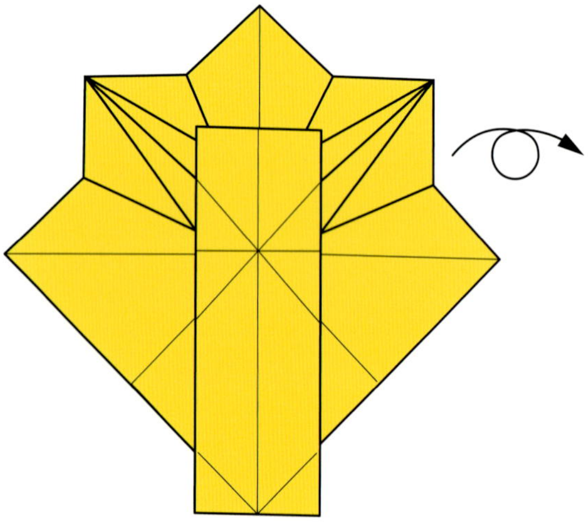

20 裏返す。

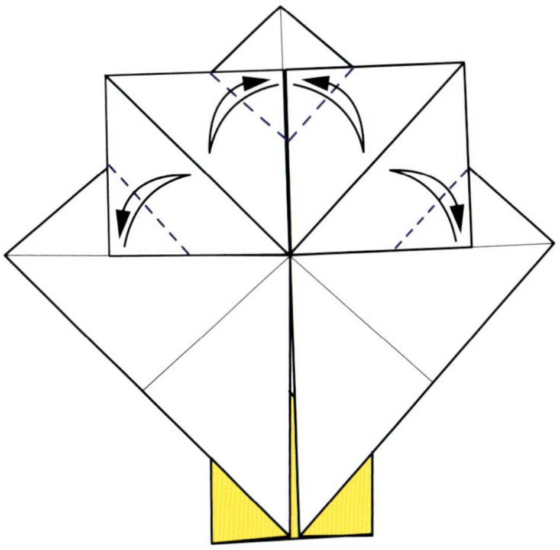

21 図の位置に折り筋をつける。

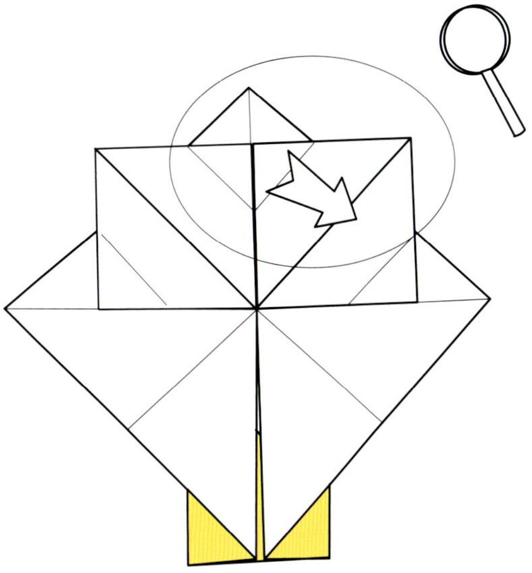

22 右に向けて開く。詳しい折りたたみ方は次に示す。

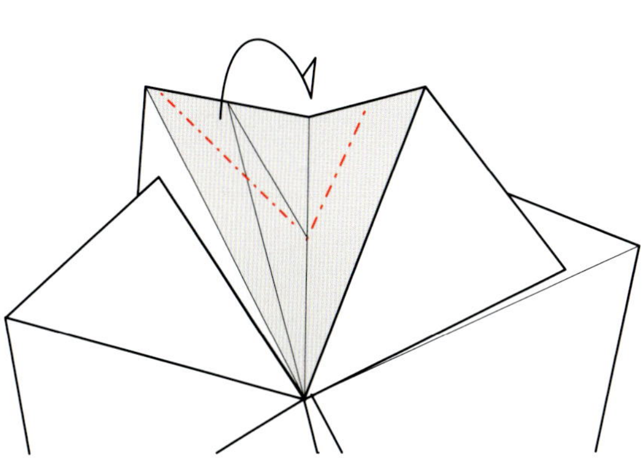

23 手順21の折り筋（右の山折り線）と、カドから少しずれたところにつながる山折り線で、中わり折りにしていく。まだ平らにはならない。

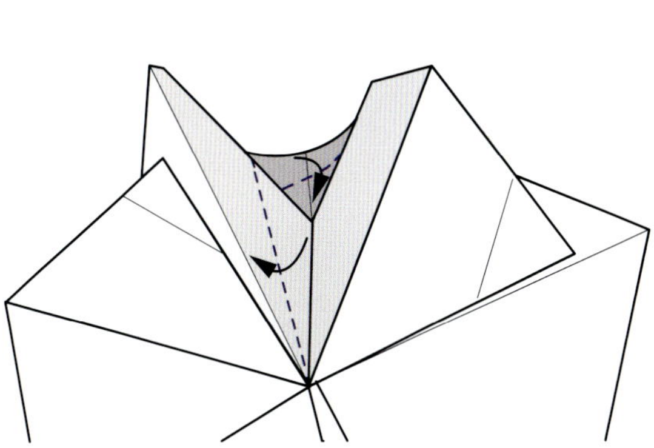

24 2本の山折り線の交点を左に倒して、裏側をつぶしながら完全に平らにする。

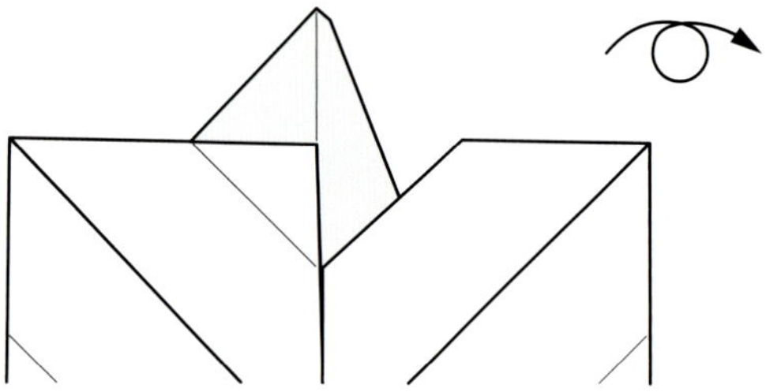

25 裏返す。

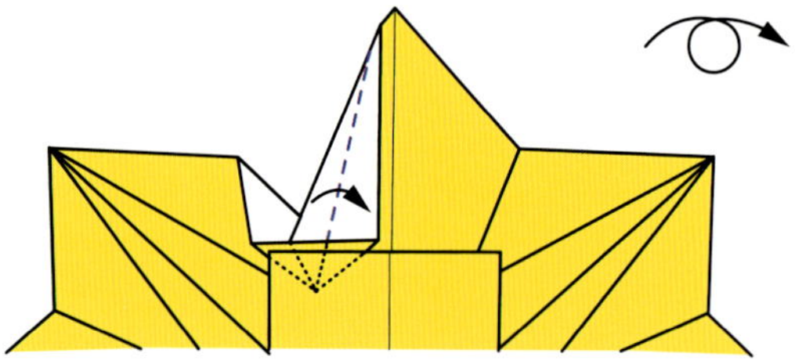

26 中心に向かって谷折りをして
細くする。裏返す。

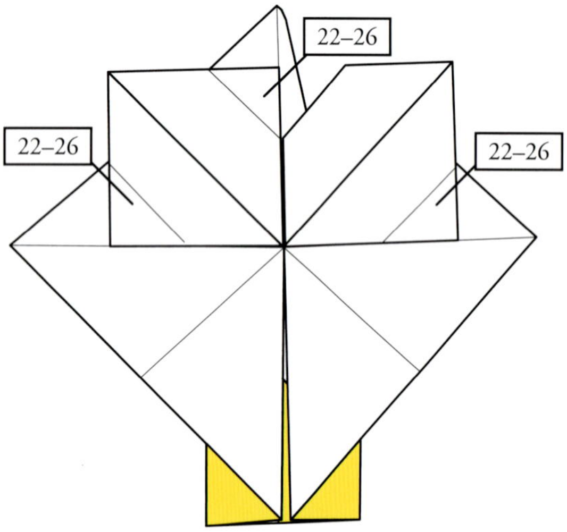

27 手順21で折り筋をつけた残り
3カ所にも手順22〜26を行う。

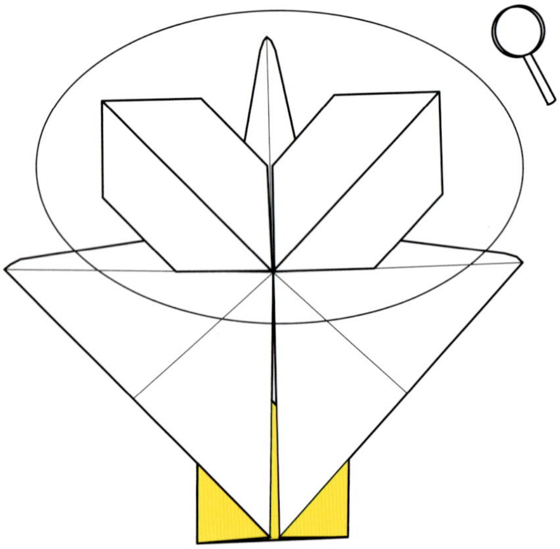

28 丸く囲った部分を詳しく示す。

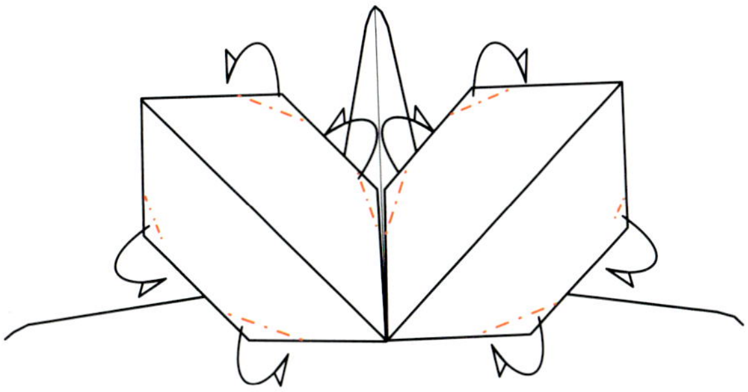

29 カドを裏へ折って丸くして、
花びらの形を整える。

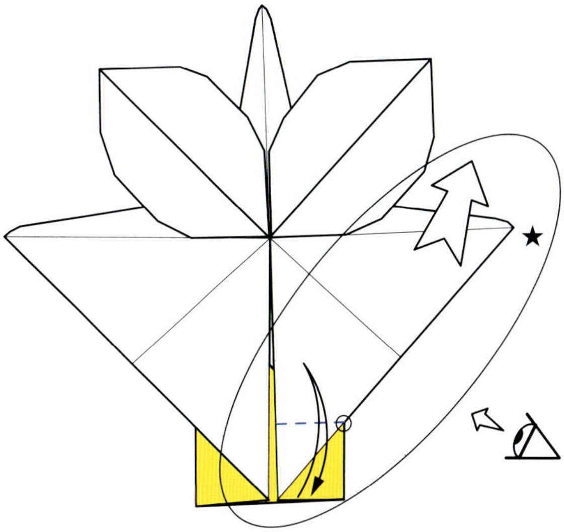

30 右下に折り筋をつける。
右を持ち上げながら内側を見る。

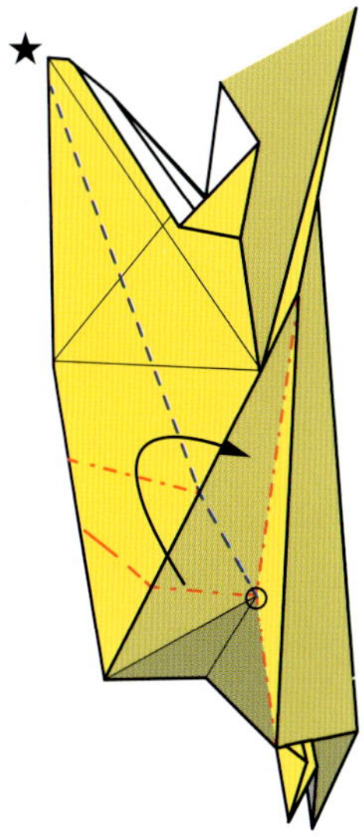

31 ○と★をつなぐ線を谷折りし、唇弁の
色が表に出るように折りたたむ。

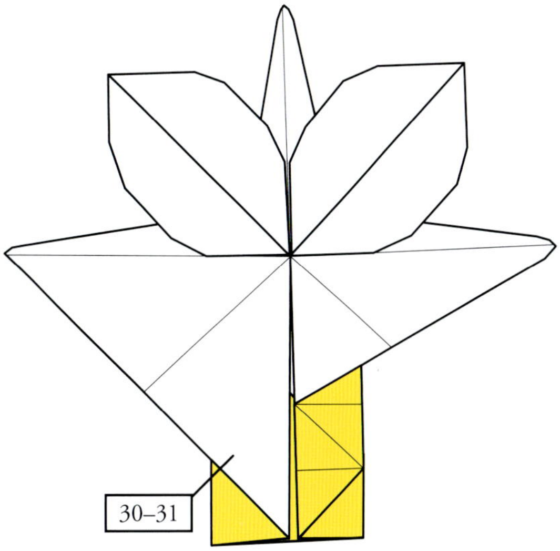

32 左側にも手順30～31を行う。

33 このようになる。

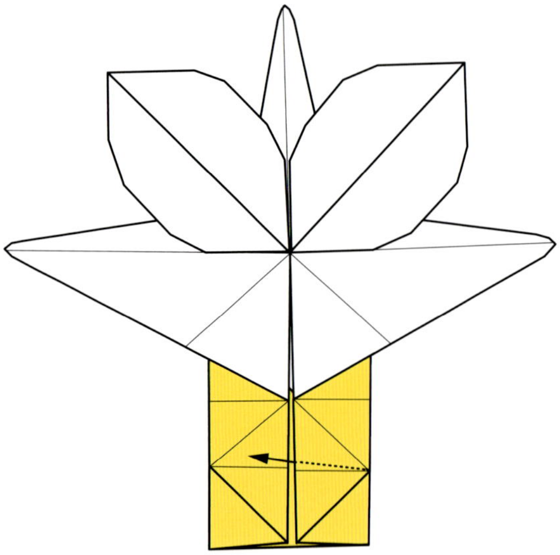

34 右の内側から三角形に折り込まれている紙を引き出す。

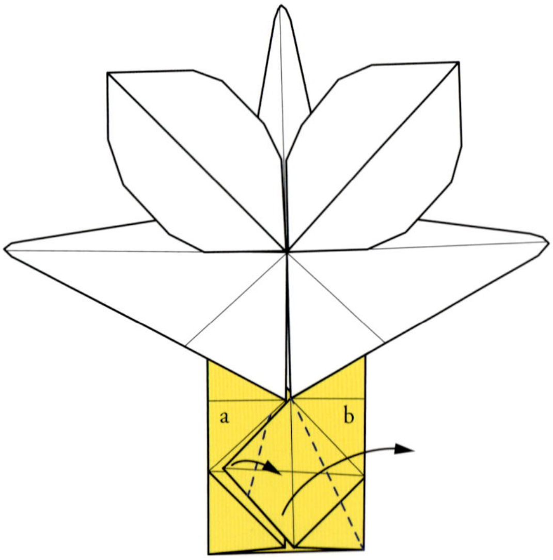

35 ⓐ左の谷折り線をまず折り、ⓑ続いて右の谷折り線を折って右に開く。

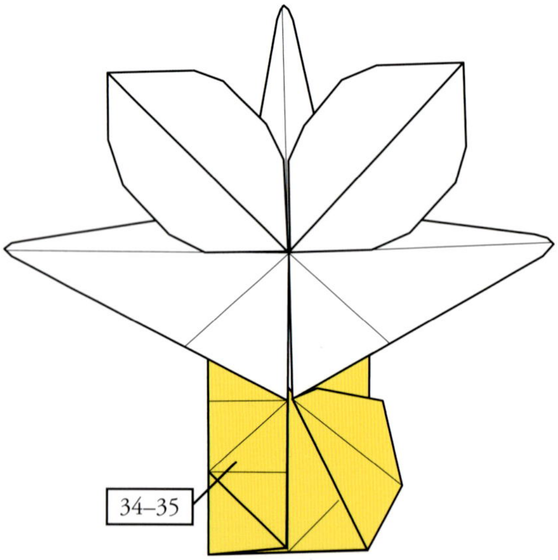

36 左側にも手順34～35を行う。

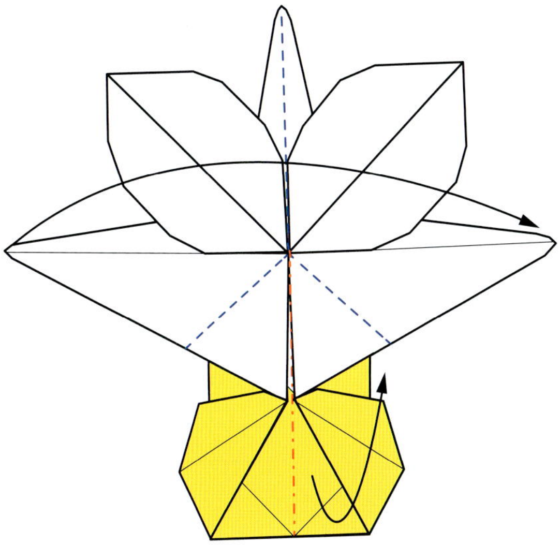

37 唇弁を持ち上げながら、
右に向かって半分にたたむ。

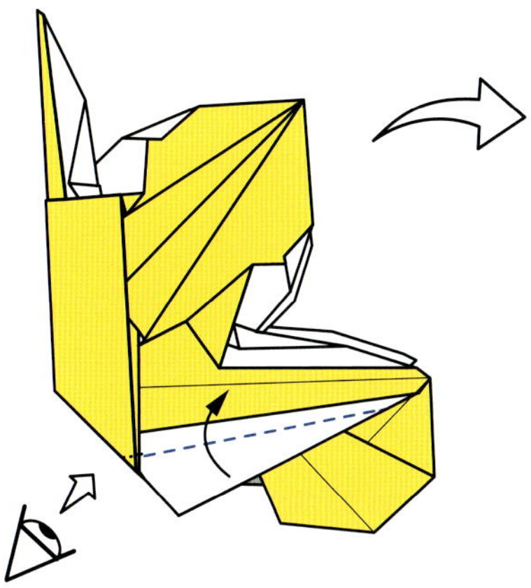

38 側がく片となる部分を谷折りで
細くする。裏側も同様にする。
唇弁の下から見た図を次に示す。

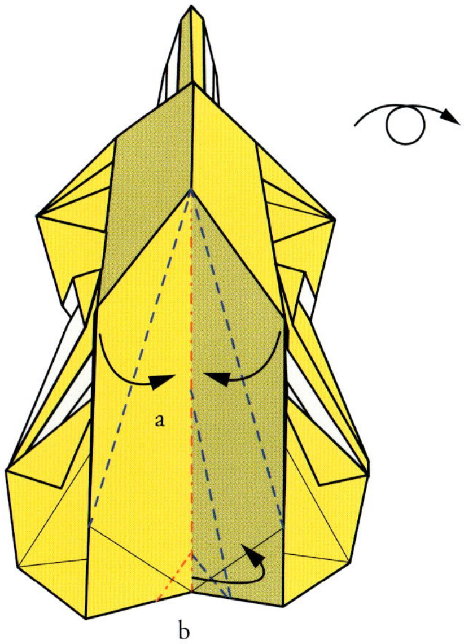

39 ⓐ中わり折りの中でさらに段折りのように折り返しながら、ⓑ縦に長い三角形を右に向けて折り、最後に下辺の真ん中で小さな三角を右に向けて折って紙を固定し、裏返す。

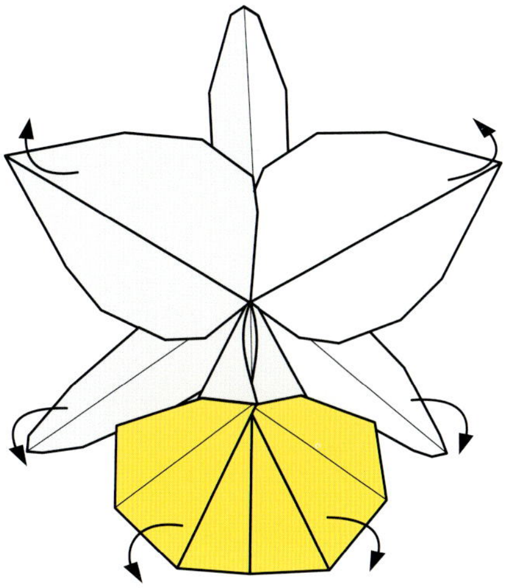

40 花びらを外に向けてカールさせる。
側がく片と唇弁の形を整える。

ランの花の出来上がり

葉

25cm四方の緑色の紙を使用。
葉を2枚作るので、半分に切っておく。

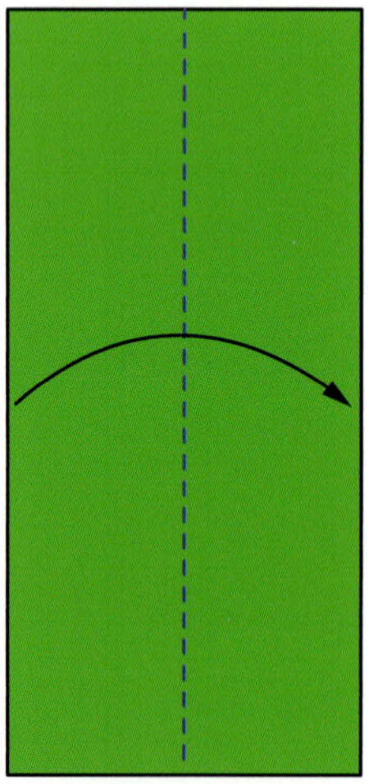

1 縦半分に折る。

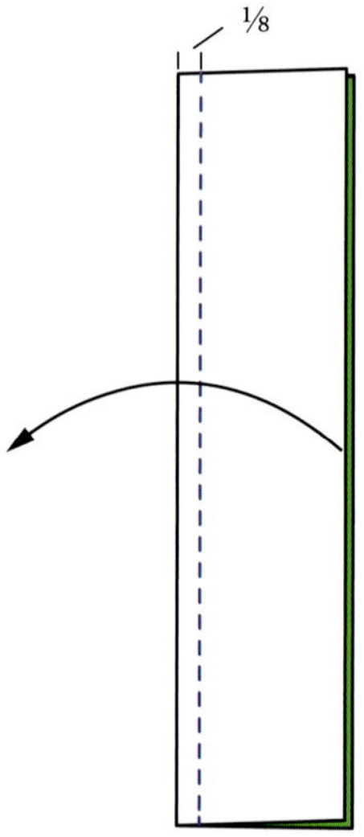

2 折りたたんだ幅の約8分の1の
ところで、上の紙を左に折り返す。

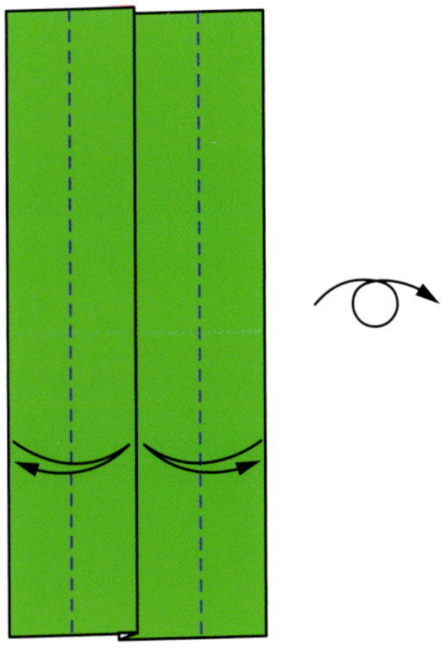

3 左右のフチを中心に合わせて、
折り筋をつける。裏返す。

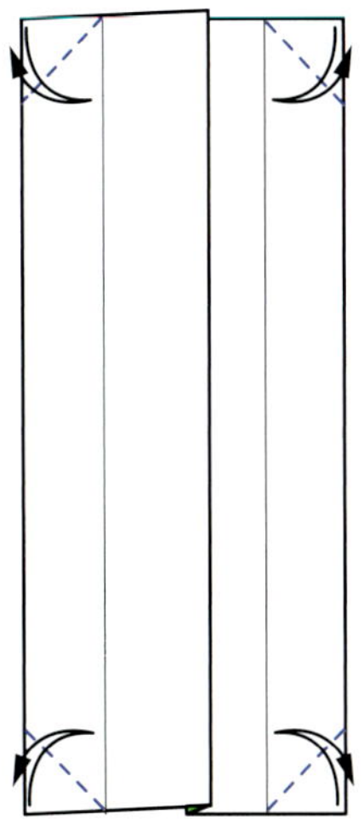

4 4隅に折り筋をつける。

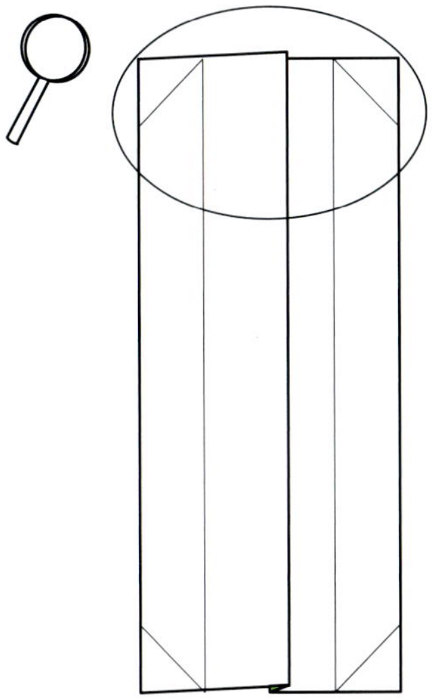

5 囲んだ部分を拡大する。

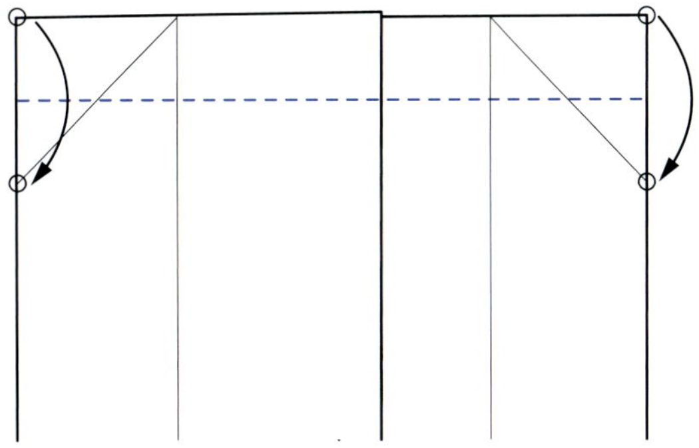

6 左右のカドを印の点に
合わせて折る。

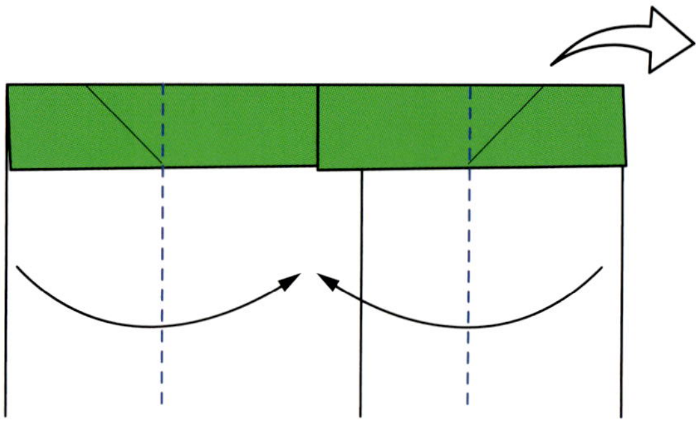

7 左右のフチを中心に
合わせて折る。

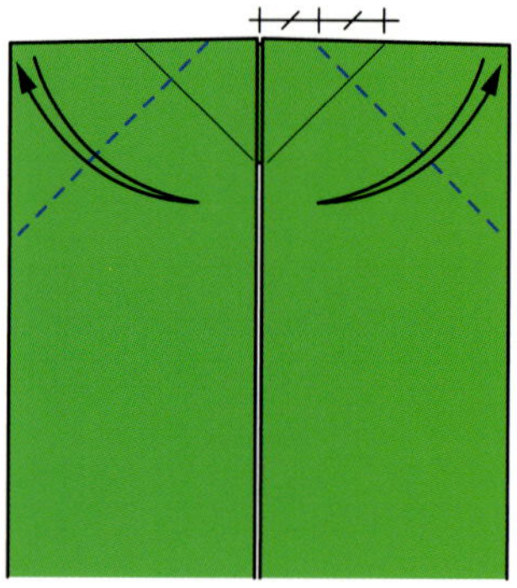

8 左右のカドを図の位置に
合わせて折り筋をつける。

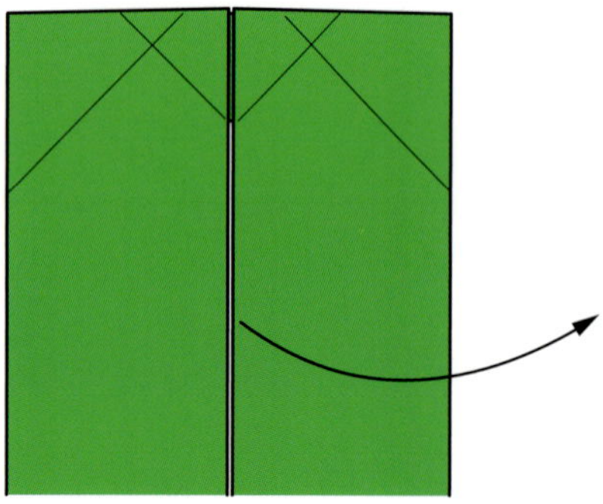

9 右だけ開く。

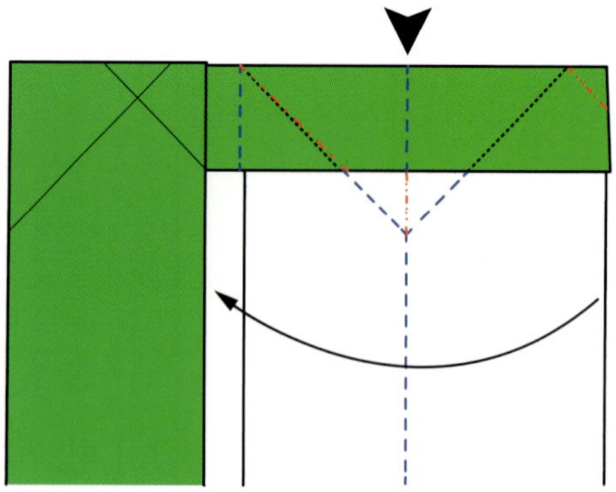

10 折り筋に従って折りたたむ。

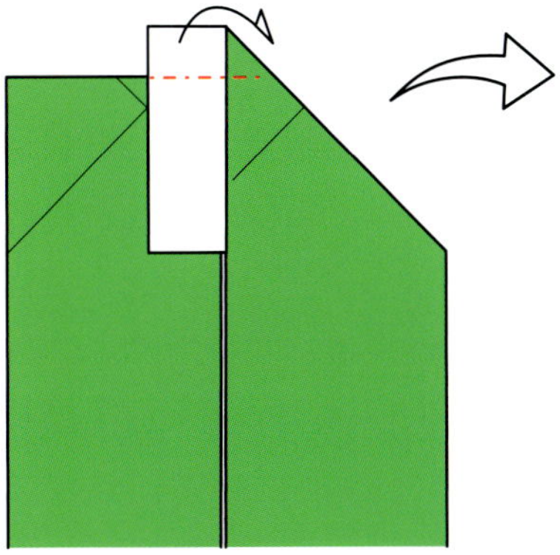

11 山折りで内側に折り込む。

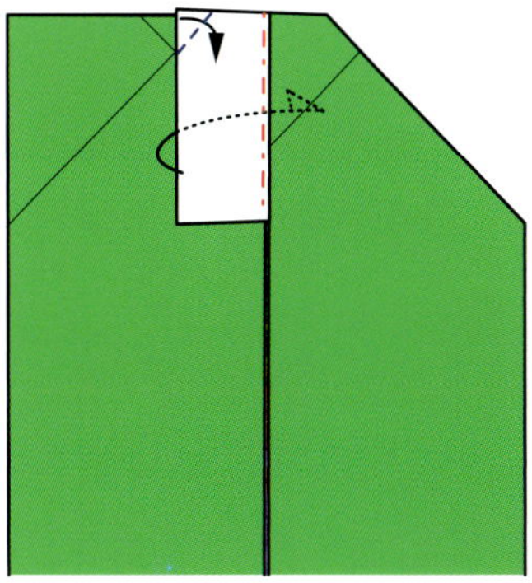

12 三角に小さく谷折りしてから、
白い部分を内側に折り込む。

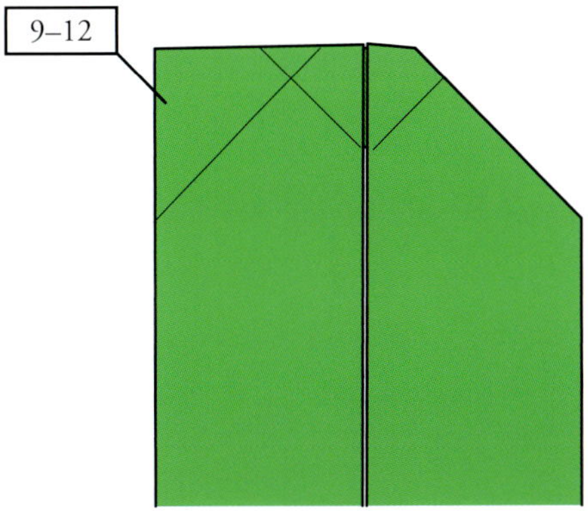

13 右側にも手順9〜12を行う。

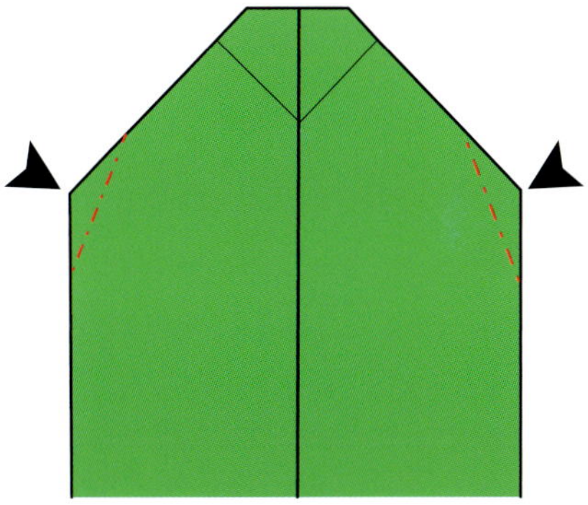

14 左右のカドを閉じた
沈め折りにする。

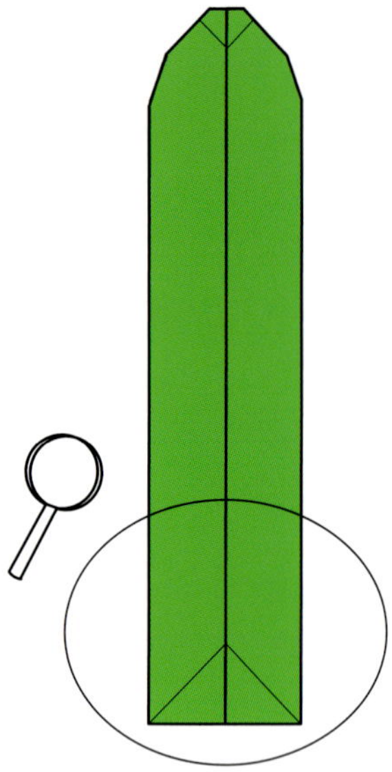

15 囲った部分を拡大する。

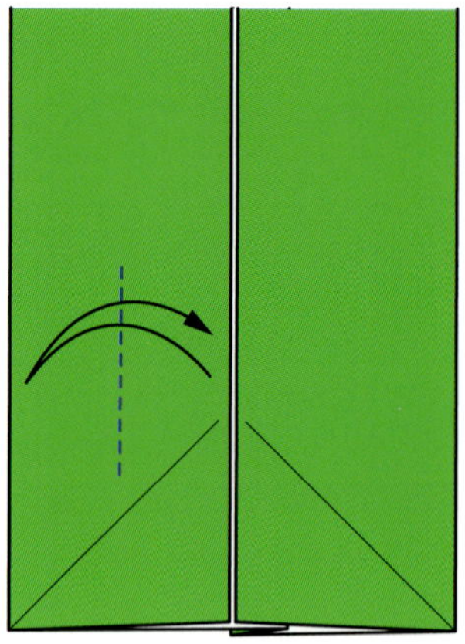

16 中心から左のフチに向かって開き、
つまんで折りあとをつける。

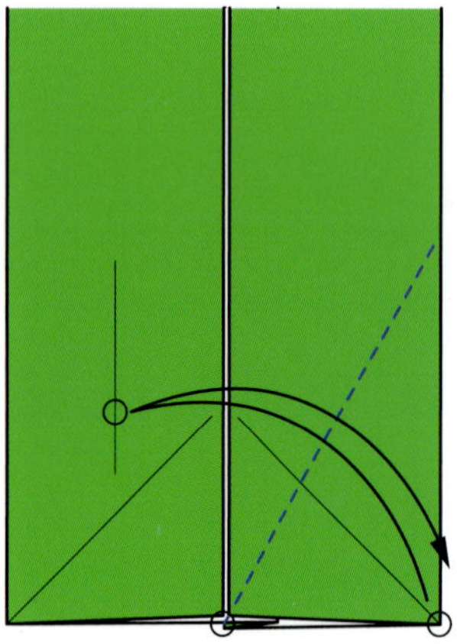

17 右下のカドを折りあとに
合わせて折り筋をつける。

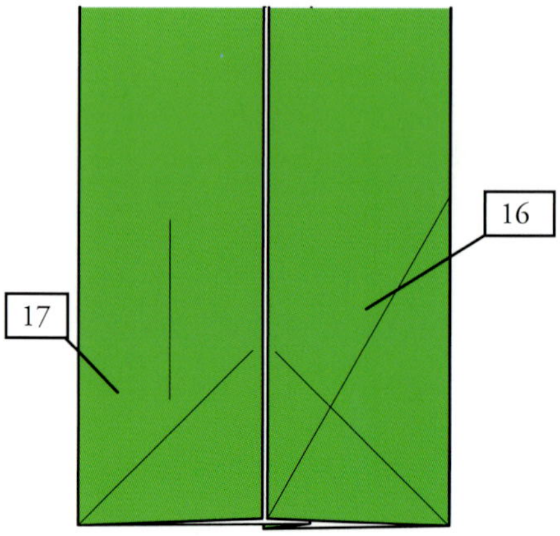

18 右側にも手順16～17を行う。

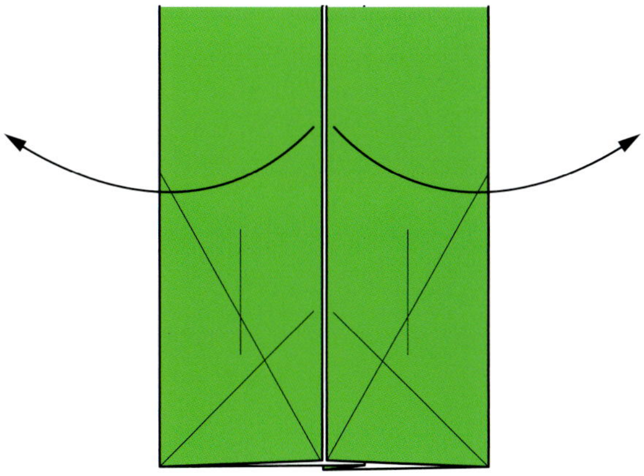

19 左右に開く。

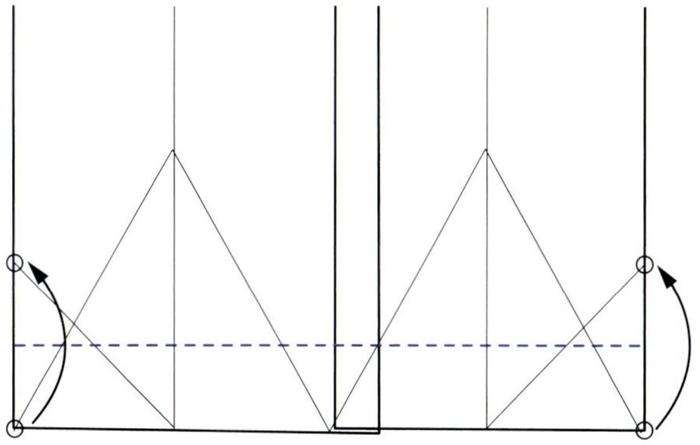

20 左右のカドを印の点に合わせて谷折りする。

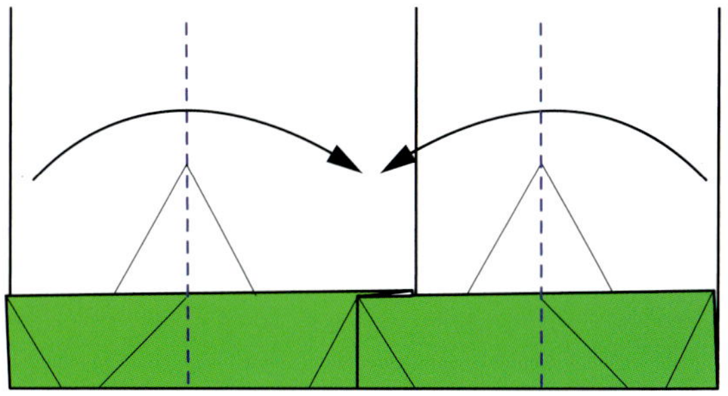

21 左右のフチをふたたび中心に戻す。

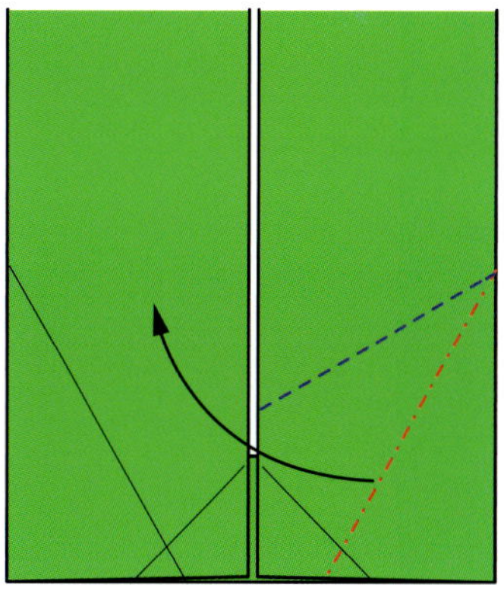

22 折り筋を使って引き寄せ折りをする。

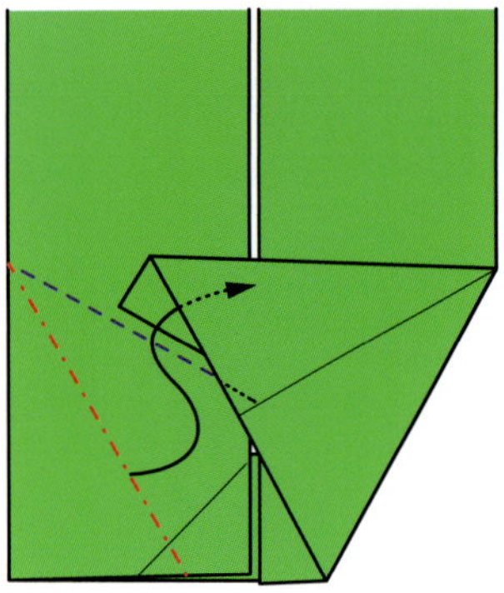

23 左側も引き寄せ折りをする。
右側の引き寄せ折りの内側に
入れるように重ねる。

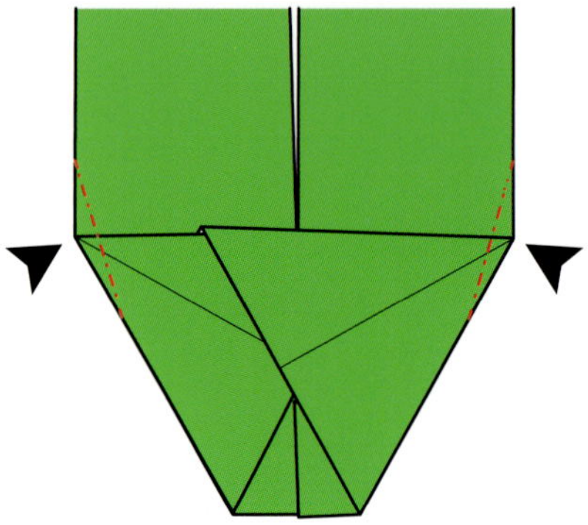

24 印のカドを閉じた沈め折りに
して、なだらかな線にする。

25 茎用の紙から切り出した葉柄用
の長方形を丸めて筒状にする。

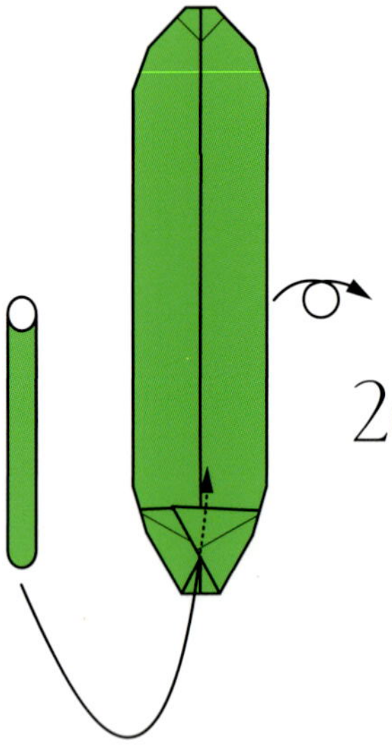

26 葉の下端の内側に、
丸めた葉柄を
差し込む。

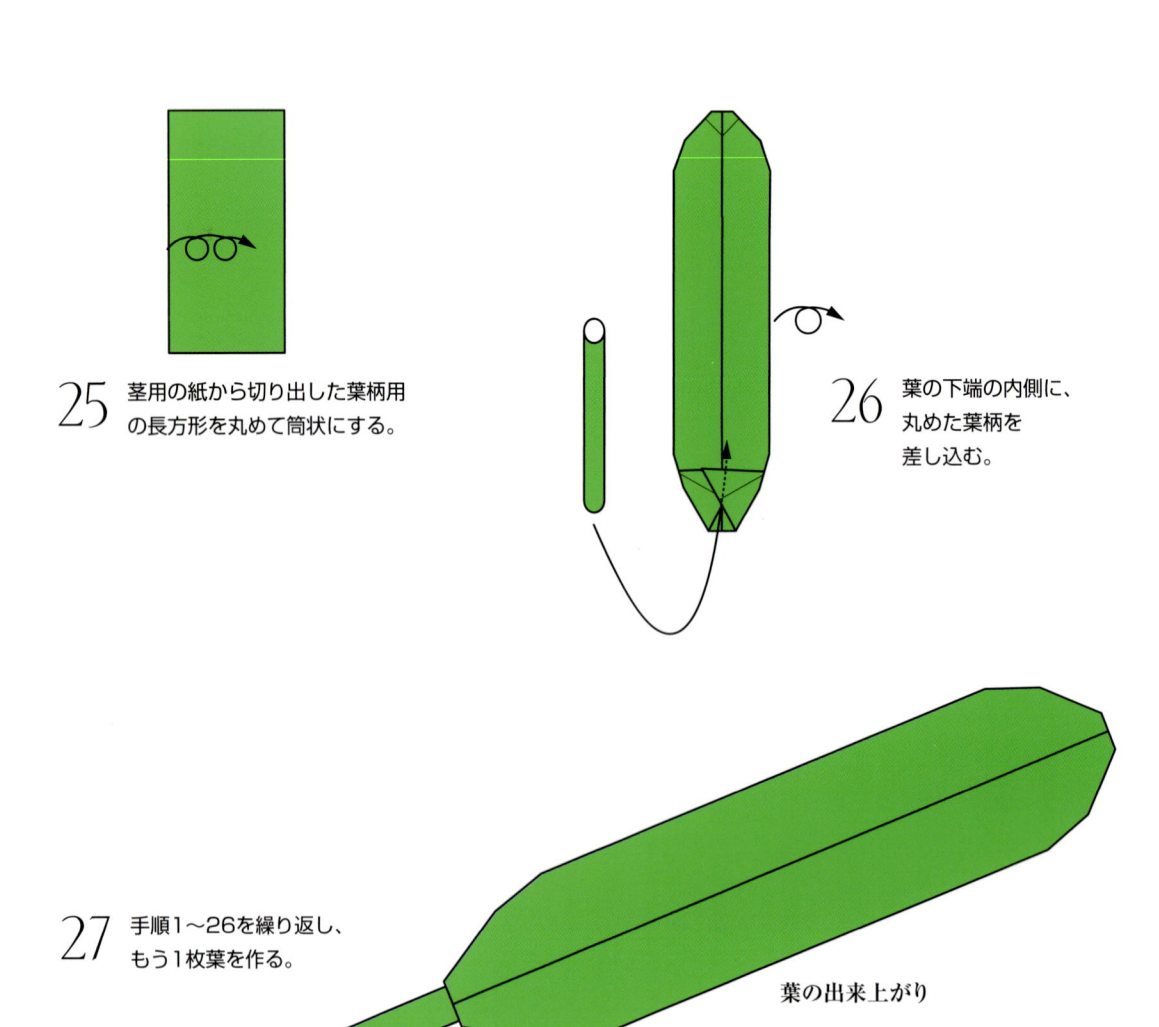

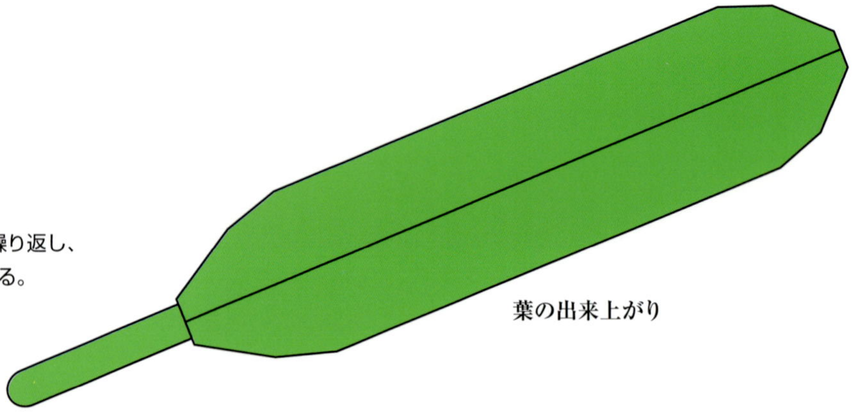

葉の出来上がり

27 手順1～26を繰り返し、
もう1枚葉を作る。

茎

茎用の紙から切り出した
長方形を使用。

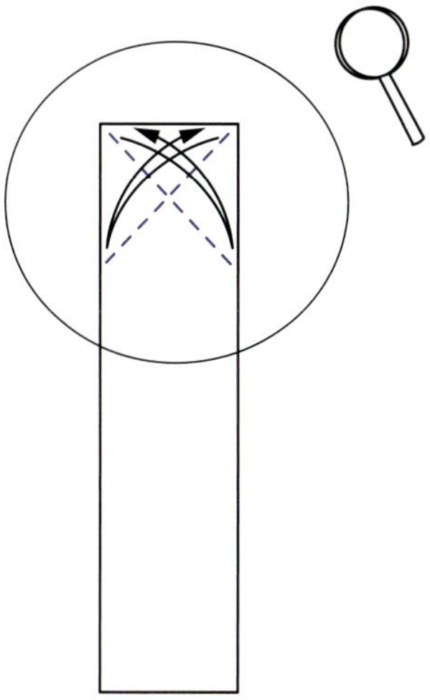

1 上部に斜めの折り筋を2本つける。
円の部分を拡大する。

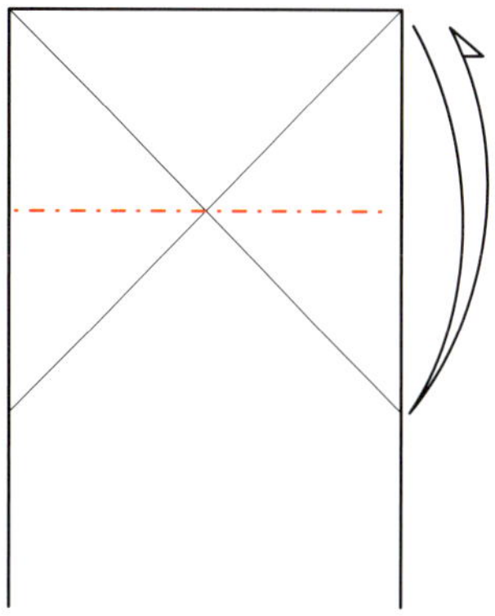

2 折り筋の交点を通るように
山折りして開く。

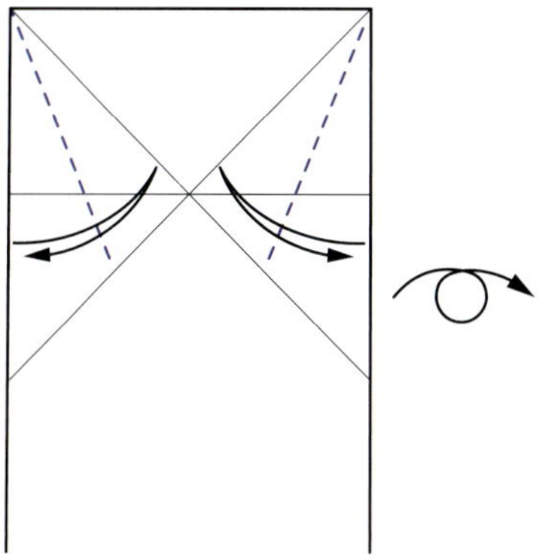

3 半分の角度で折り筋をつける。
裏返す。

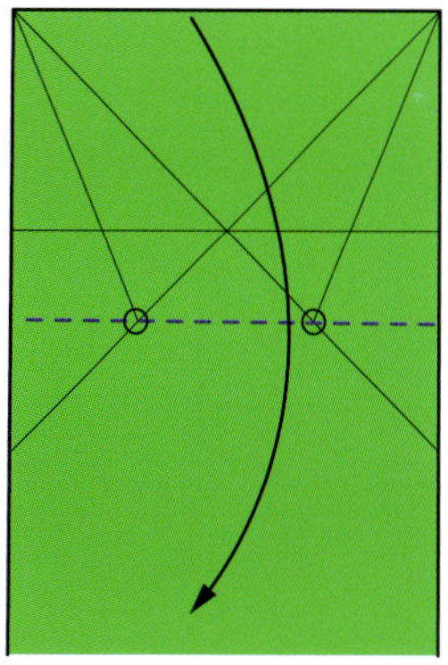

4 印の2点を通るように
谷折りする。

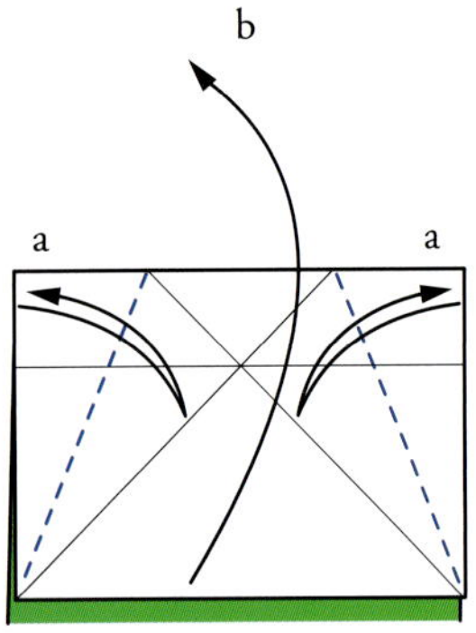

5 ⓐ半分の角度で折り筋をつけ、
ⓑ手順4で折った部分を開く。

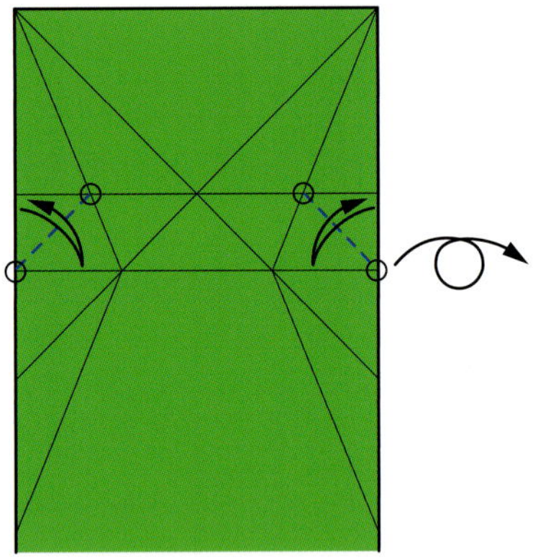

6 印の2点を結んだ折り筋を左右につけ、
裏返す。

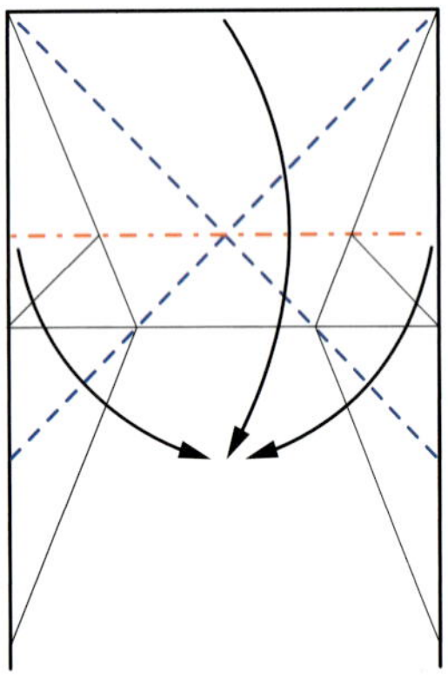

7 風船の基本形に折りたたむ。

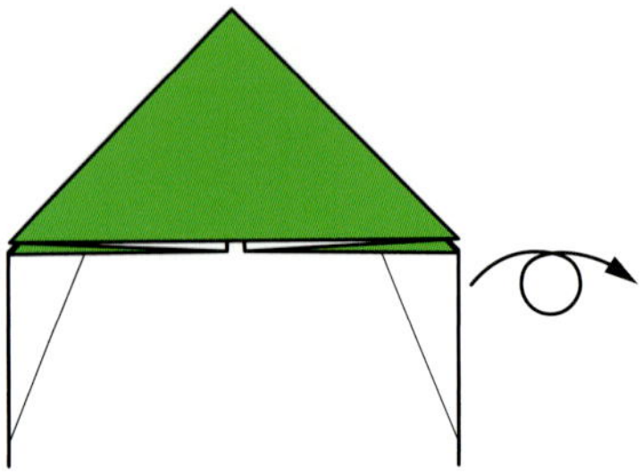

8 裏返す。

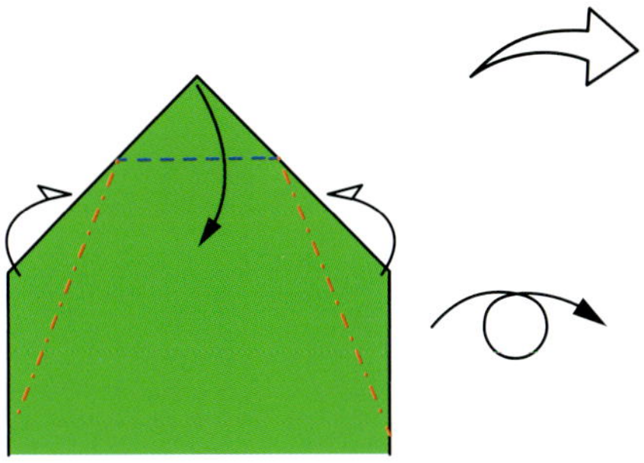

9 左右のカドを裏へ折り、上のカドを下に折ってから、裏に折られていた部分を反転させるように開く。平らにはならない。裏返す。

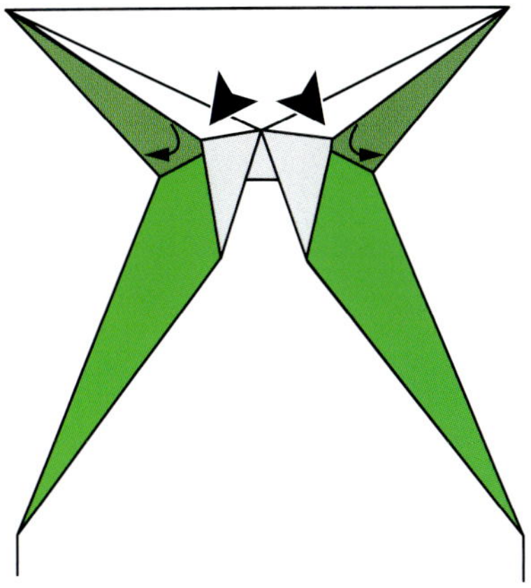

10 平らになるよう図のように押さえて折る。

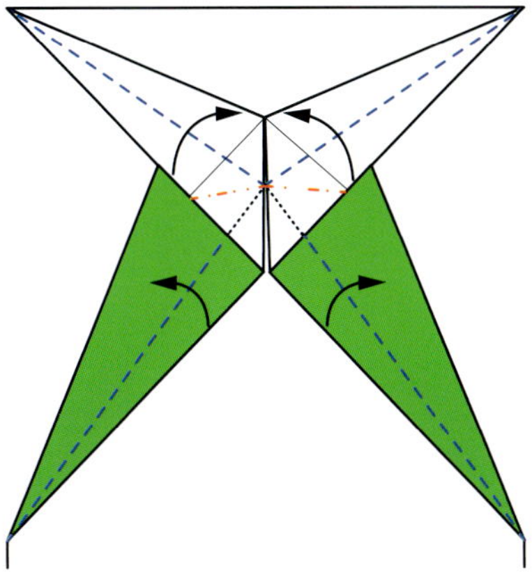

11 図の部分を谷折りして引き寄せ折り。

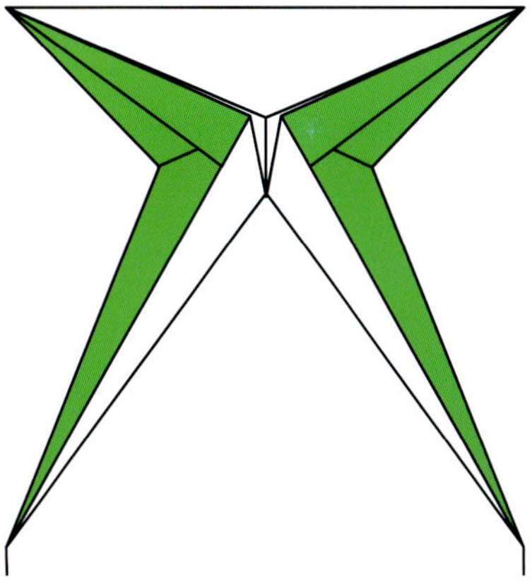

12 このようになる。

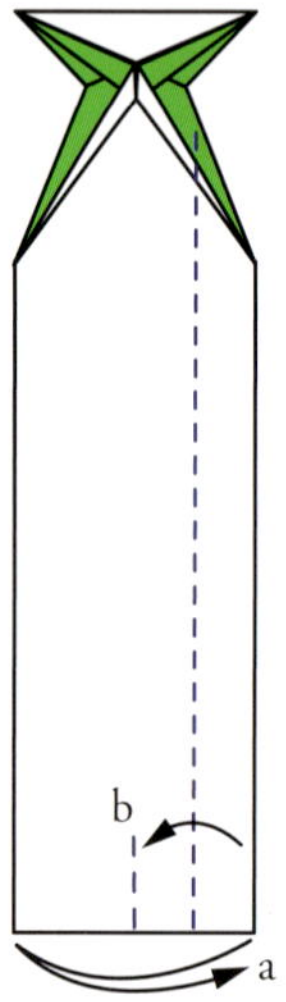

13 ⒜左右のフチを合わせ、下の端だけつまんで折りあとをつける。⒝右のフチをその折りあとに合わせて折る。

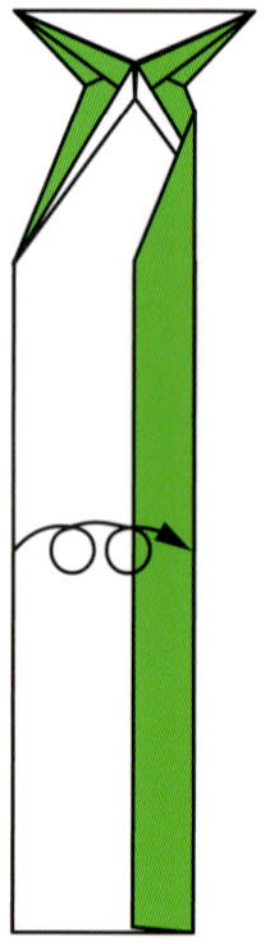

14 左のフチを右に向かってクルクルと転がして、茎を細く形作る。

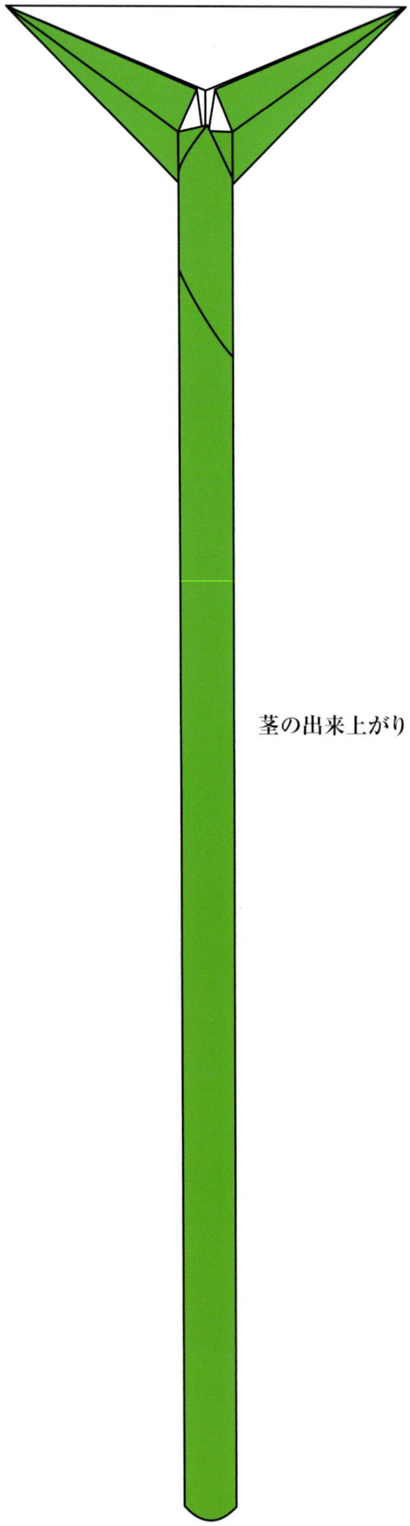

茎の出来上がり

偽鱗茎

茎用の紙から切り出した、偽鱗茎用の正方形を使います。

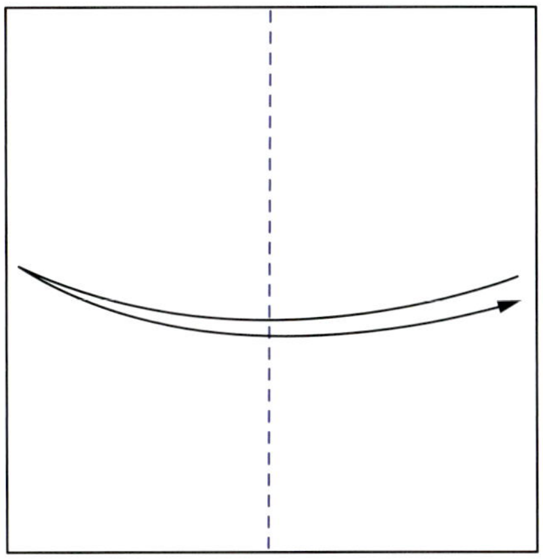

1 白い面を上にして置き、
縦半分の折り筋をつける。

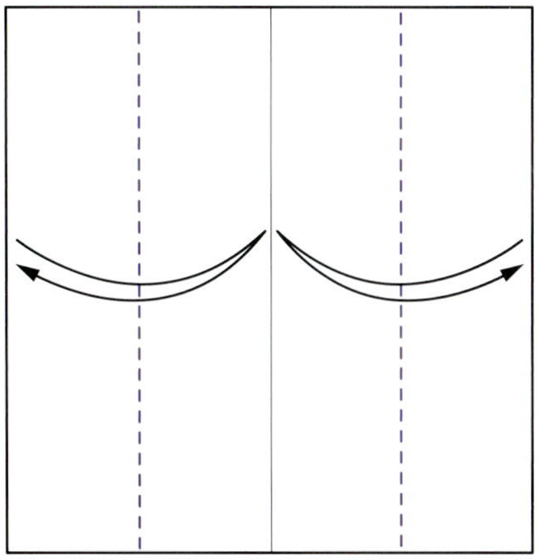

2 左右のフチを中心に合わせて、
折り筋をつける。

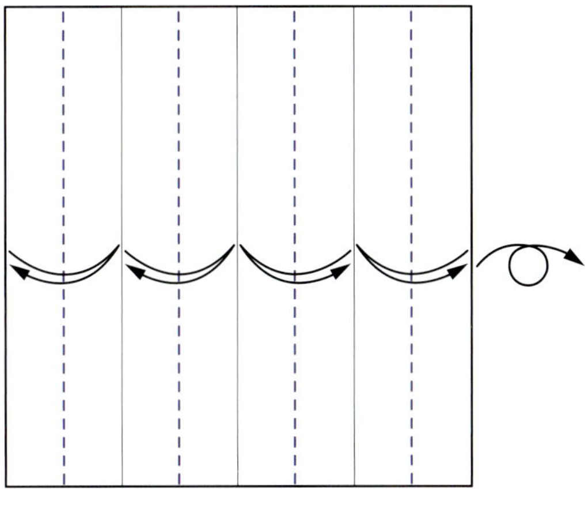

3 さらに折り筋間を2等分する
折り筋をつける。裏返す。

4 4隅に折り筋をつける。

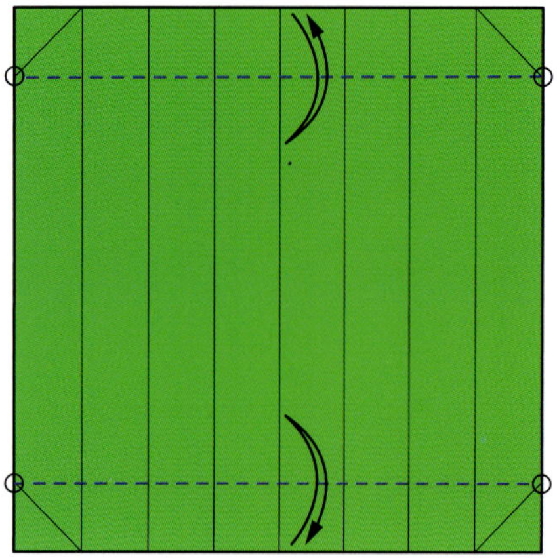

5 印の2点を通る折り筋を、
上下につける。

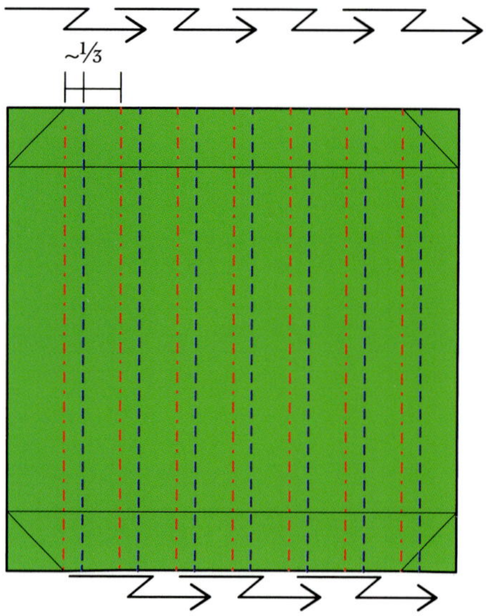

6 山折りの折り筋をしっかりとつけ直し、
それぞれ少しずらしたところを谷折り
して、すべて段折りにする。

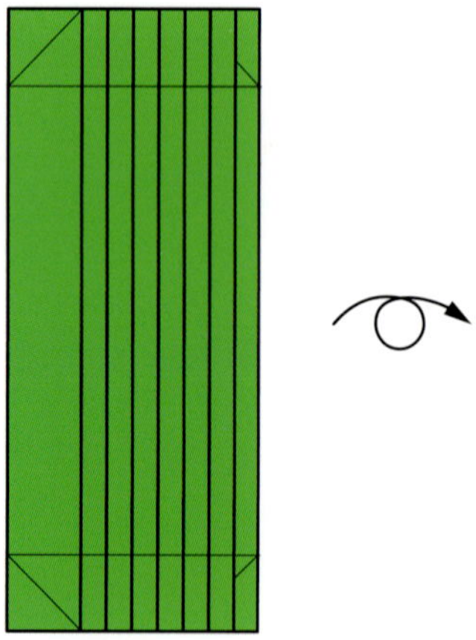

7 裏返す。

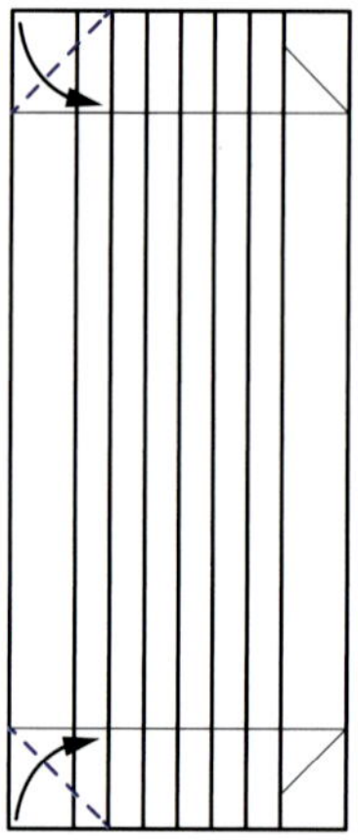

8 左の上下のカドを
谷折りする。

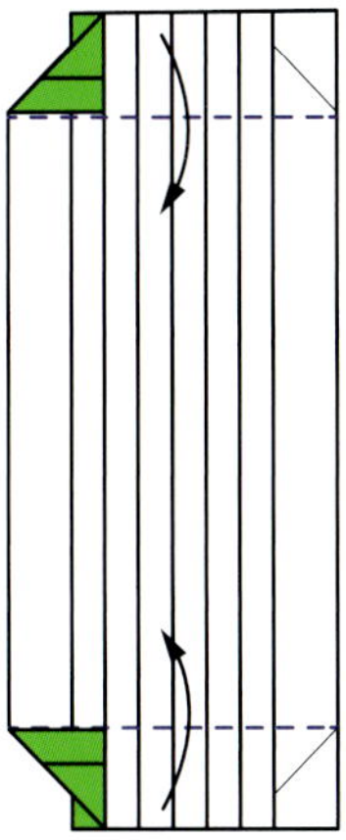

9 折り筋に従って、上下のフチを内に向けて谷折りする。

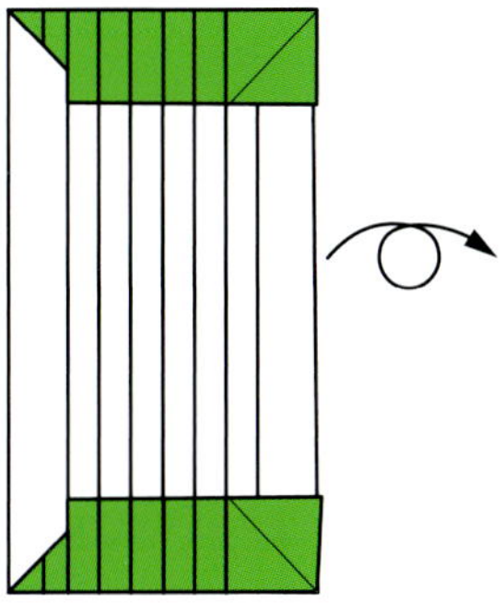

10 裏返す。

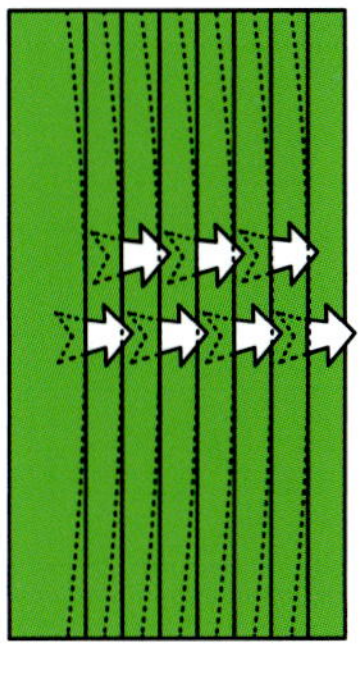

11 段折りの真ん中付近を少し広げ、丸く立体的にする。

ランについて

ラン科には何千もの品種があります。ランと聞くと繊細な熱帯植物を思い浮かべがちですが、実は南極大陸以外のどこにでも自生するとてもたくましい植物で、北極圏を含めすべての気候帯に存在しています。多くは花の鑑賞や香りを楽しむために栽培されていますが、1つだけ、食用の香りとして誰もが知っている品種があります。実は、バニラビーンズはランなのです。英語の「オーキッド」はギリシャ神話に由来しています。ニンフとサチュロスの息子であるオルキスは、酔っぱらってディオニソスの女官に襲いかかったすえ、殺されてしまいます。けれどものちに、神が彼を花に変えたということです。

ランは種類によってさまざまな花言葉がありますが、共通しているのは繊細な美しさと優美さです。

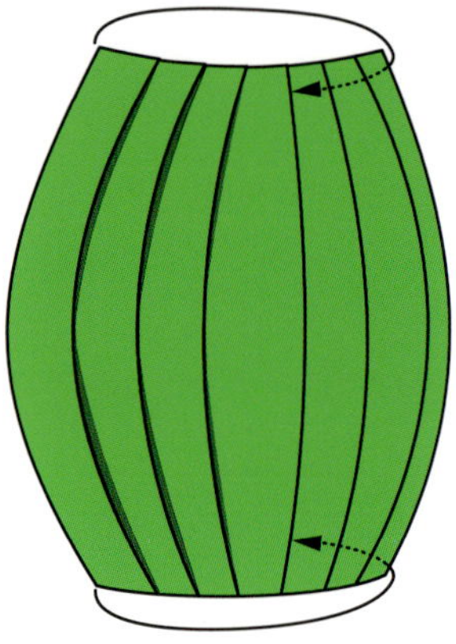

12 一方のフチをもう一方のフチの二重になった部分に差し込んで筒状にする。

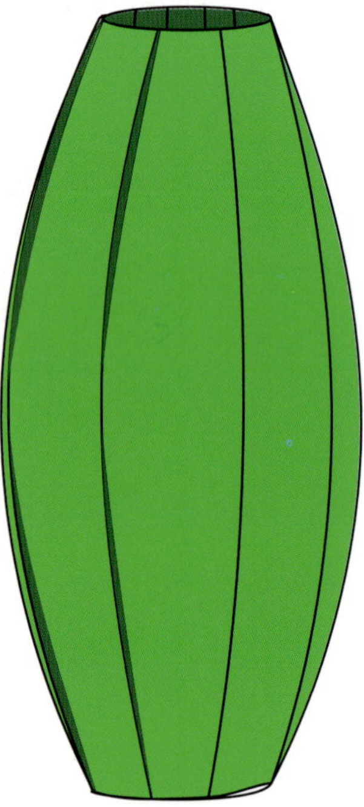

偽鱗茎の出来上がり

組み立て

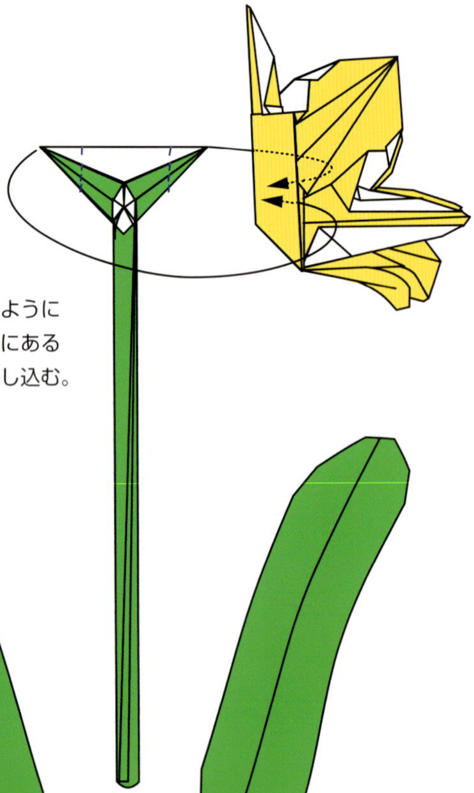

1 茎の上部を図のように折り、花の裏側にある袋状の部分に差し込む。

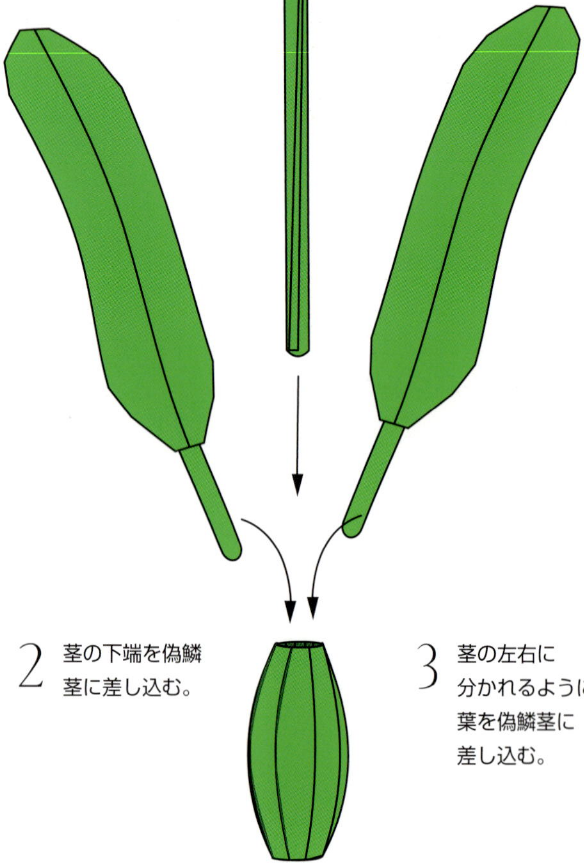

2 茎の下端を偽鱗茎に差し込む。

3 茎の左右に分かれるように葉を偽鱗茎に差し込む。

ランの出来上がり

百日草

デザイン：アルド・マルセル
図および制作：マルシオ・ノグチ

「花を作るのにはずっと複数の紙を使っていましたが、1枚の紙だけで花びらのたくさんある花を折れないかと2005年に考え始めました。そして生まれたのがこの作品です。
さまざまな紙で折ってみましたが、今のところ、ギフト用のラッピングホイルと薄葉紙を糊で貼り合わせたものが一番うまく折り上がります。けれど今でも、薄くて丈夫な紙を見つけるたびに試してみることにしています。今は薄葉紙を3枚貼り合わせたもので何かできないか試行錯誤しているところです」

——アルド・マルセル

アルド・マルセルは北ニカラグア在住の植物生物学者で、ツアーガイドや環境教育家としても活動しています。初めて折り紙に触れたのは子供の頃でしたが、大人になって紙を折る楽しみと自然や植物への愛を結びつけられるようになってから、本当に熱中するようになりました。お気に入りの題材はもちろん植物や花ですが、幾何学的な形やユニット折り紙による構成を追求することにも興味を抱いています。折り紙を人に教えるのが大好きなので、いつか折り紙の本を出版したいと夢見ています。

花には35cm四方の紙を使用。

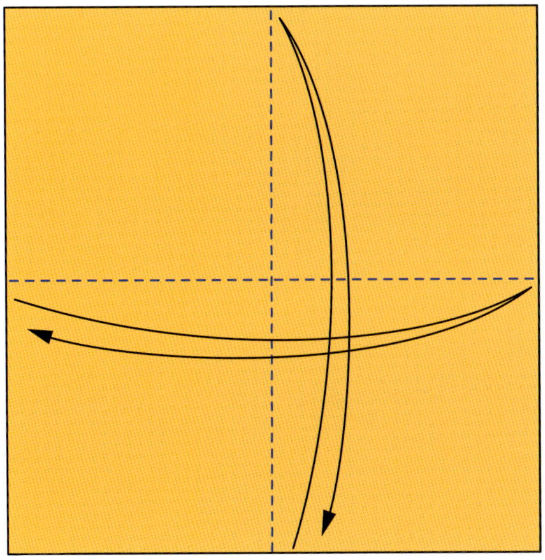

1 辺を2等分する折り筋を縦横につける。

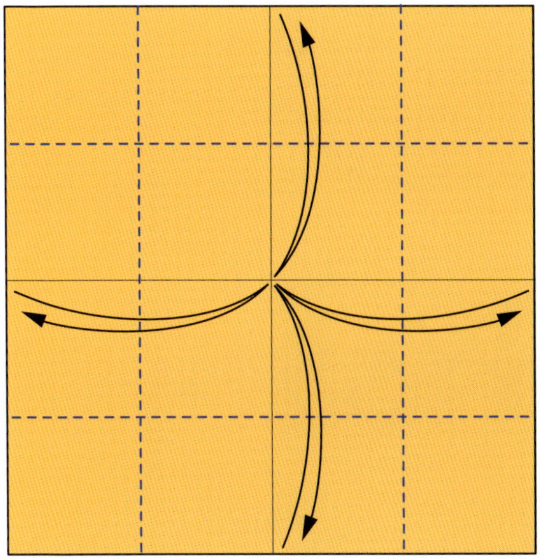

2 さらに2等分する折り筋を縦横につける（4等分線）。

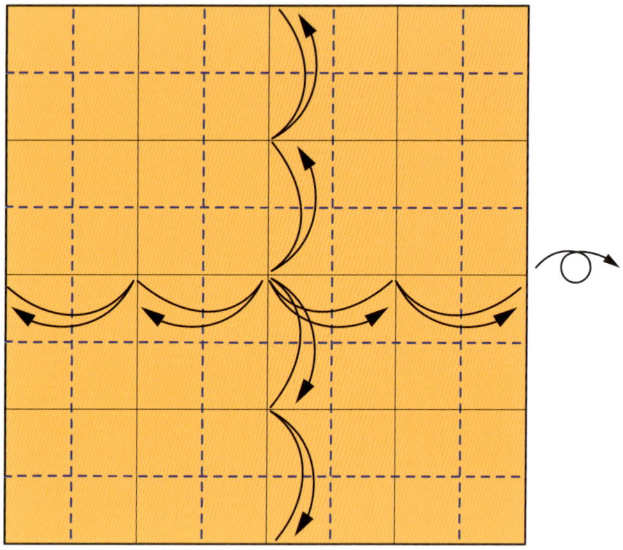

3 さらに2等分する折り筋を縦横につける（8等分線）。裏返す。

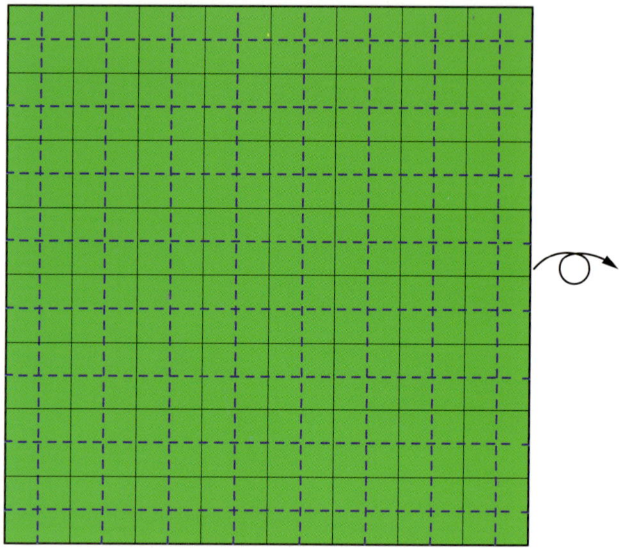

4 さらに2等分する折り筋を縦横につける（16等分線）。裏返す。

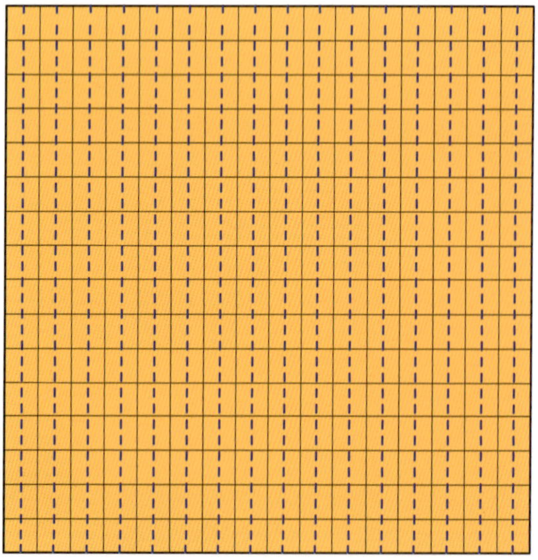

5 さらに2等分する折り筋を縦にだけつける（32等分線）。

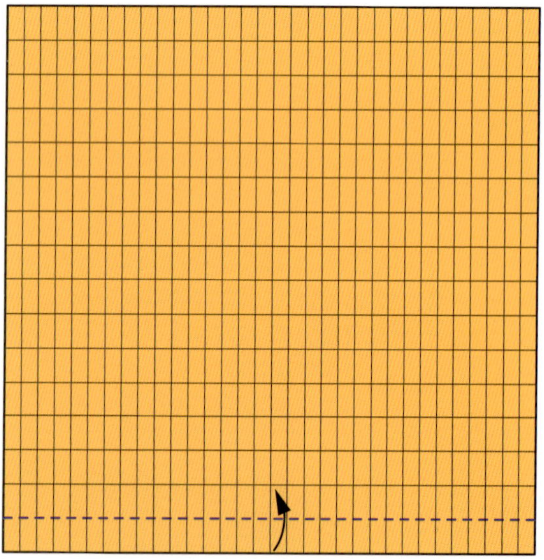

6 下辺に一番近い横の折り筋を谷折りする。

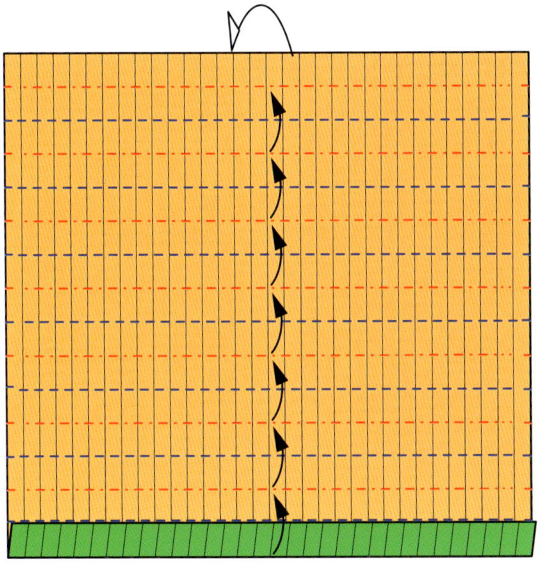

7 下辺に一番近い横の折り筋を谷折りし、そのあとは山折り谷折りを交互に繰り返しながら上まで折りたたむ。

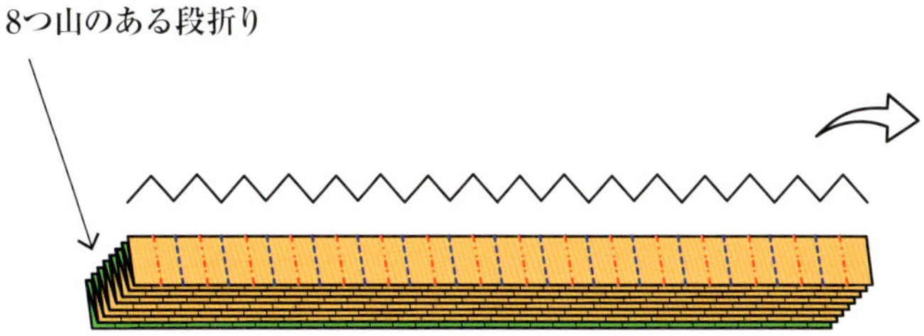

8 8つ山のある段折りが出来上がる。今度は横に段折りしていく。

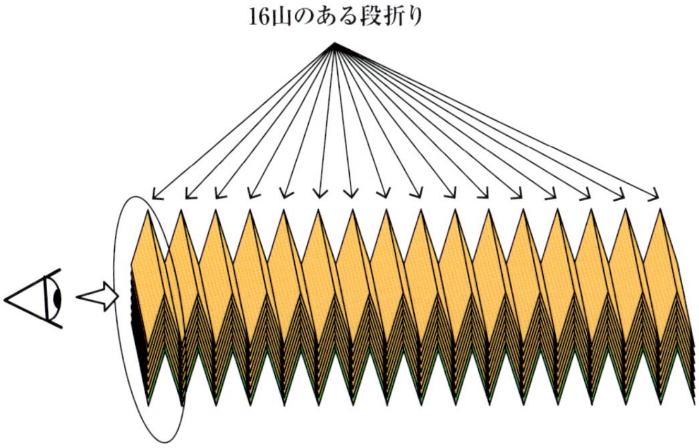

9 折りたたんだものを横から見る。8山1組の段折りが奥に向かって16連なっている。

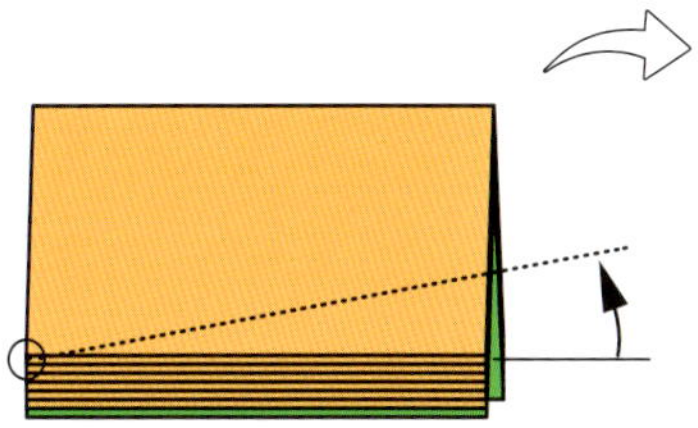

10 1組目の段折りを表示。1つ目の山を、図のように少しずらして折り直す。奥に続く残り15組についても、1つ目の山を同様に折り直す（1組目と角度をそろえる）。

百日草について

キク科の植物で、アメリカ南西部、メキシコ、中央アメリカ原産です。英語名の「ジニア」は、新世界でこの花を発見し持ち帰ったドイツ人植物学者ヨハン・ゴットフリート・ジンにちなんでつけられました。長い茎の先に鮮やかな色の花を1輪つけますが、花色のバリエーションは非常に豊富です。チョウやハチドリなど蜜を吸う生き物を多く引きつけるので、受粉の季節に庭に植える花として人気があります。色によって花言葉が違い、例えば真紅は「不変」、白は「善良」、黄色は「思い出」です。

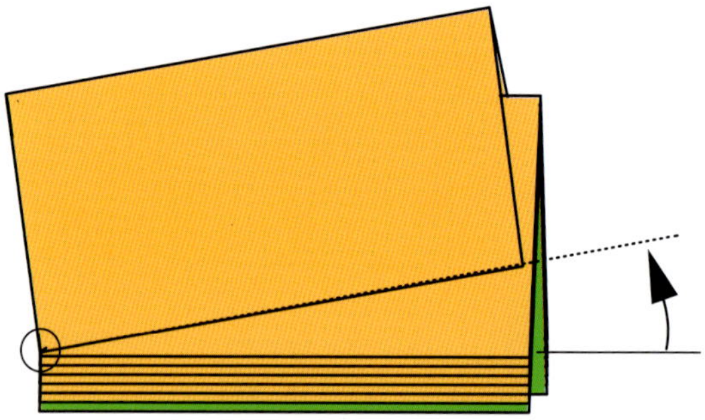

11 1組目の2つ目の山を、少しずらして折り直す。奥の15組についても同様にする。

12 7つ目の山まで16組分すべてずらし終わったときに、だいたい90度の角度になるようにする。ずらし終わったところは手順13の図の通り。

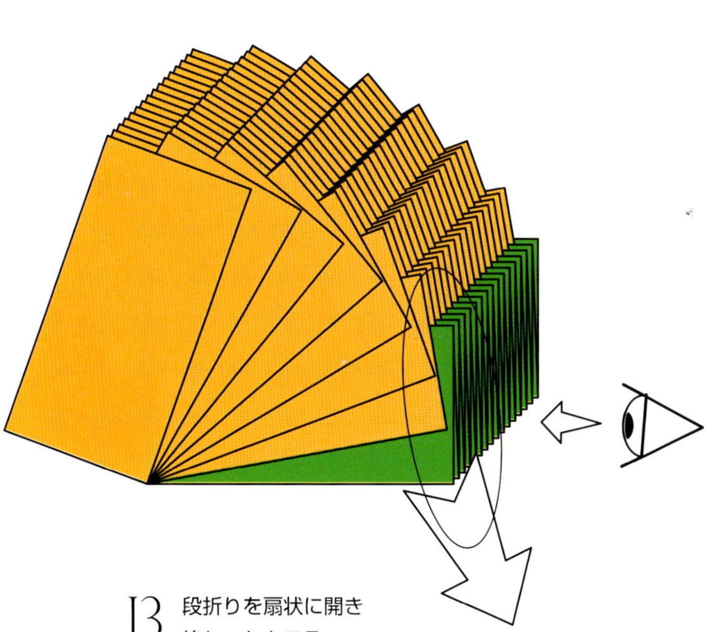

13 段折りを扇状に開き
終わったところ。
次に8組目を折り直すので、
図の方向に向きを変える。

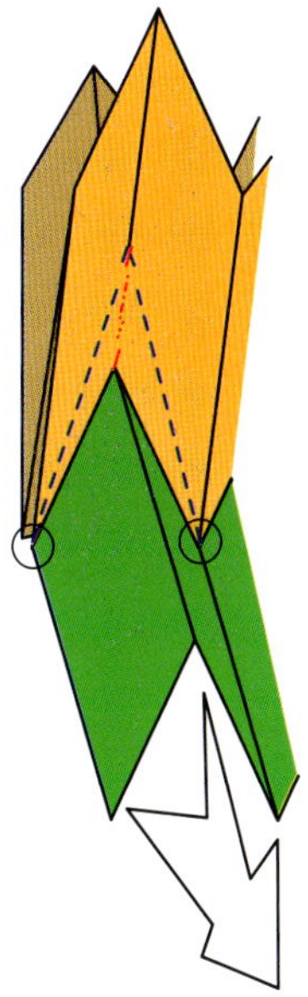

14 8組目を7組目と垂直になるように折り直し、15山分そろえて平らにする。

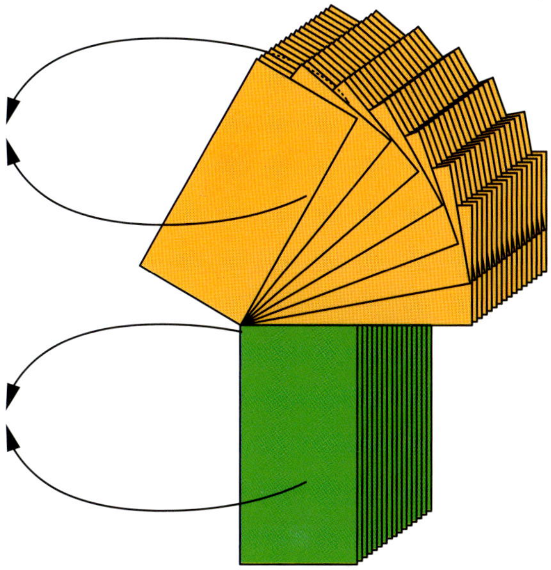

15 上部と下部それぞれについて
表と裏を合わせる。

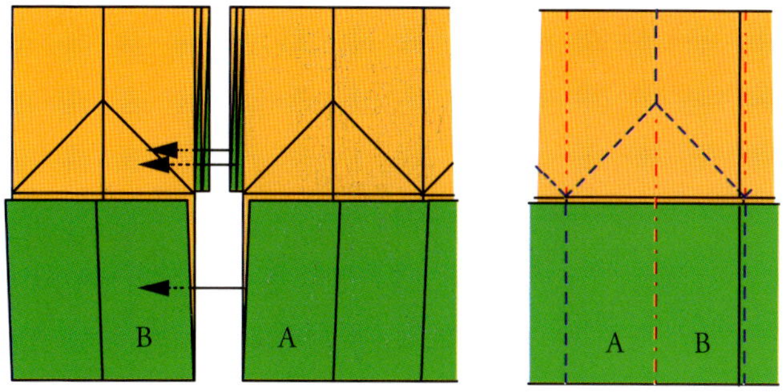

16 表と裏の段折りをそれぞれ開き、一方の端をもう一方の内側に入れる。それからもう一度段折りを折り直せば、円筒状にしっかりととまる。

17 裏側を見る。

18 立っている8段目をひねりながら倒して中央にまとめる。手順19の図を参照すること。

19 裏返す。

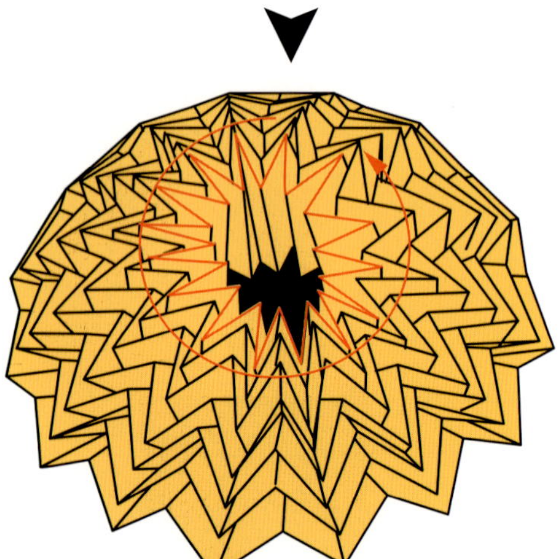

20 一番内側の層の段折りも、手順18と同じようにひねりながら中央にまとめる。

百日草の出来上がり

写真で百日草の花と組み合わせている葉の作り方は179ページ参照

ケマンソウ

デザイン：ダニエル・ロビンソン　図：アンドリュー・ハドソン

ダニエル・ロビンソンはアメリカのニュージャージー州ペニントン在住の工業デザイナーで、折り紙歴は25年に及びます。その作品は本や雑誌で発表されているほか、世界中の博物館や美術館に展示されています。創作のインスピレーションを自然から得ている彼の作品は、動植物の外観を忠実に写し取ると同時に鋭く本質をとらえていて、折り紙を愛好する人たちが楽しんで折れるものとなっています。何の変哲もない1枚の紙がどんどん形を変えていくさまこそ刺激的でワクワクする折り紙の醍醐味と考え、作品そのものより折る過程を楽しむというのが彼の信念です。

「この作品は、40.6㎝四方の手漉きの折り紙用紙で作りました。アバカ繊維100%のものです。長く細い茎と繊細な花の両方をシンプルな折り方で表現できるようにするのがテーマでした。また、蕾が開いていくプロセスを見せたかったので、1本の枝に咲き加減の異なる花を並べました。花がその重みで自然に垂れ下がっているさまを表現できるよう、工夫して仕上げてください」

——ダニエル・ロビンソン

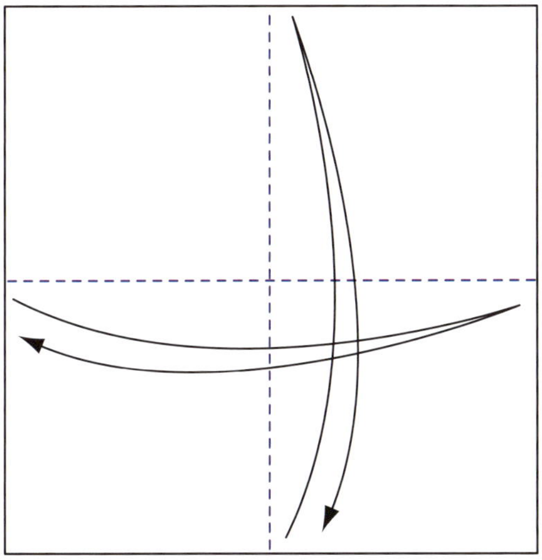

1 白い面を上にして、辺を2等分する折り筋を縦横につける。

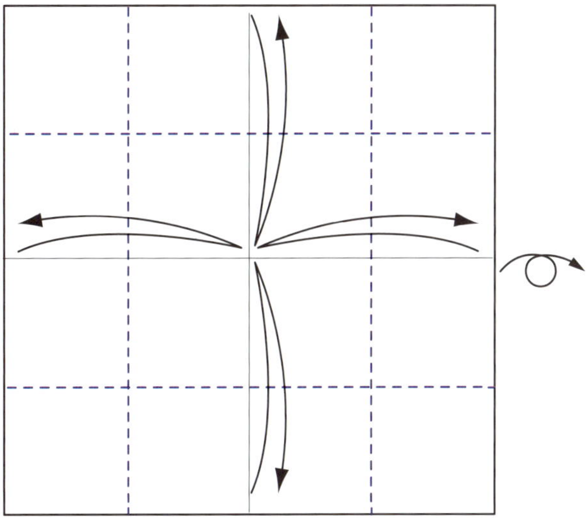

2 さらに2等分する折り筋を縦横につける。裏返す。

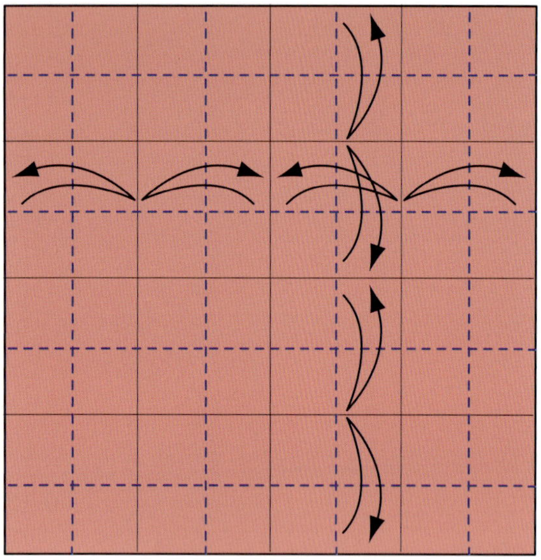

3 辺を8等分する折り筋を
縦横につける。

4 図の位置に斜めの折り筋を
つける。

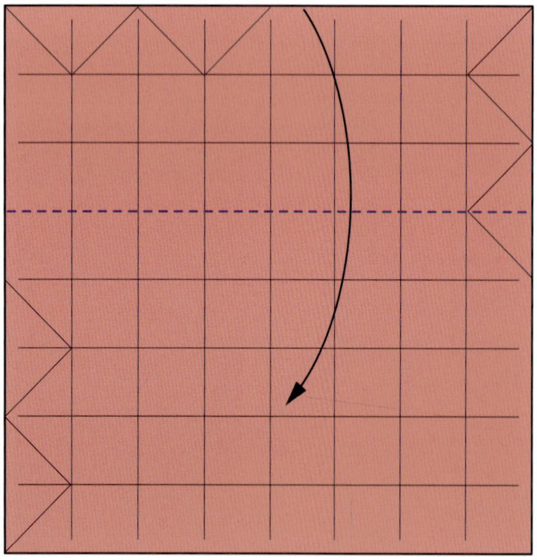

5 上から3番目の折り筋で
谷折り。

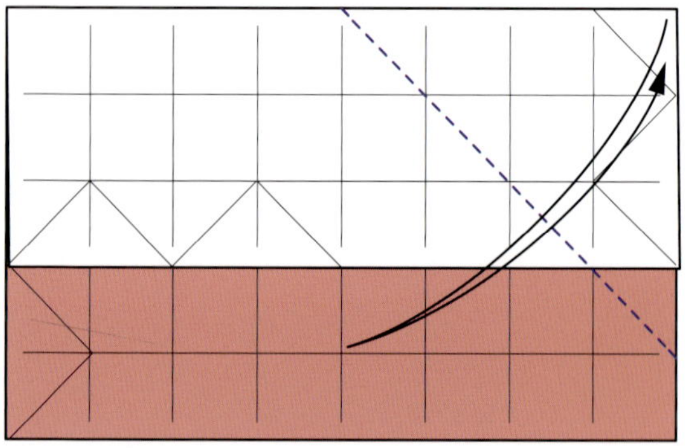

6 斜めの折り筋をつける。

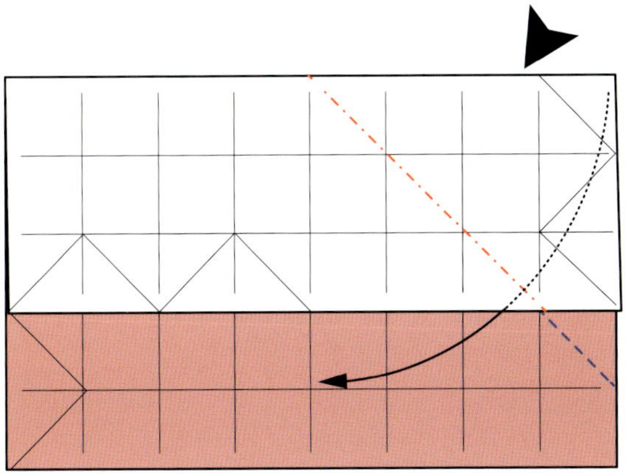

7 中わり折りをする。

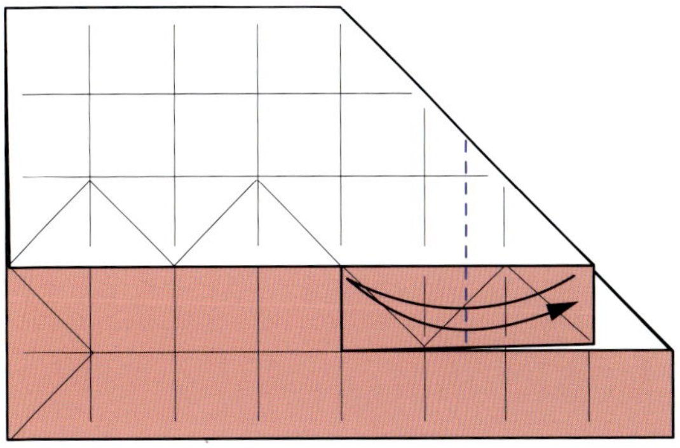

8 上の1枚に折り筋をつける。

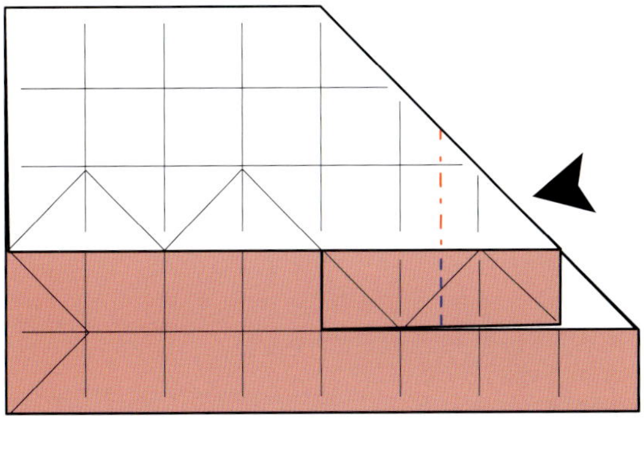

9 中わり折り。

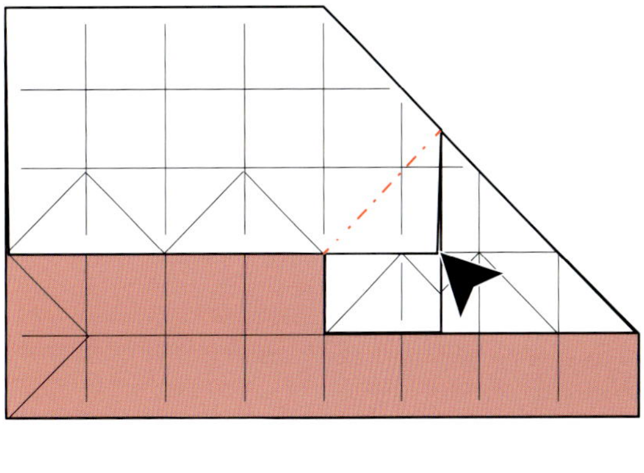

10 中わり折り。

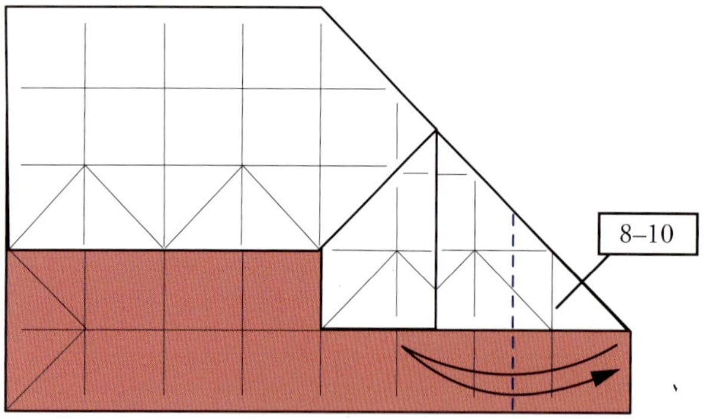

11 下の部分にも手順8〜10を行う。

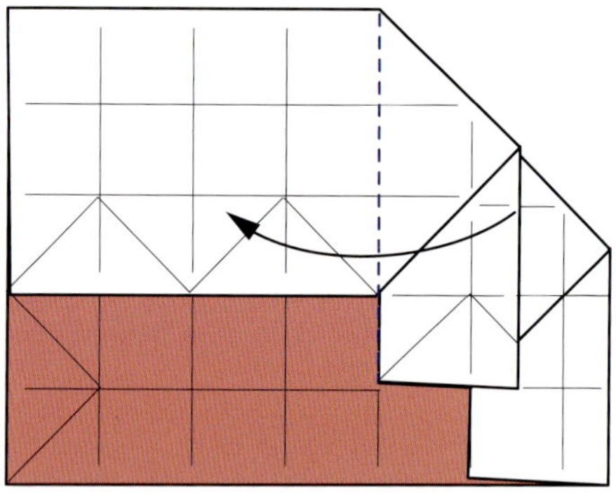

12 左にめくる。

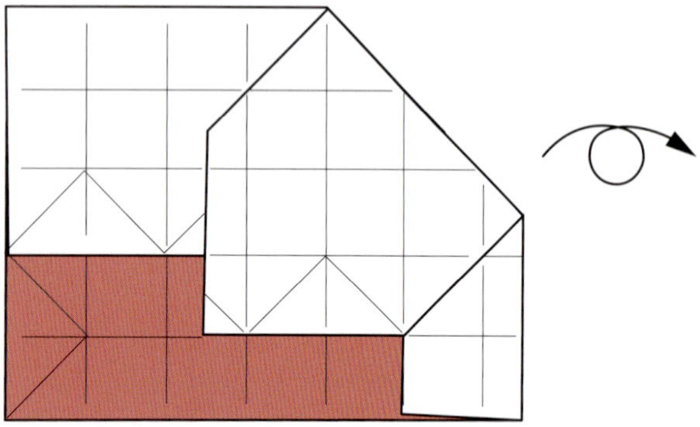

13 裏返す。

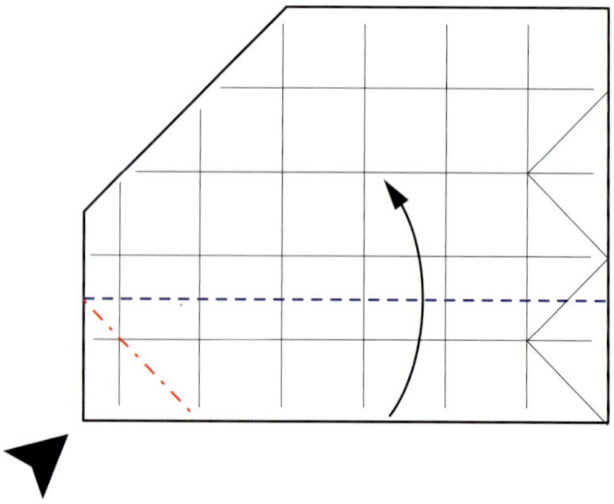

14 下辺を折り上げながら
左端を袋折りする。

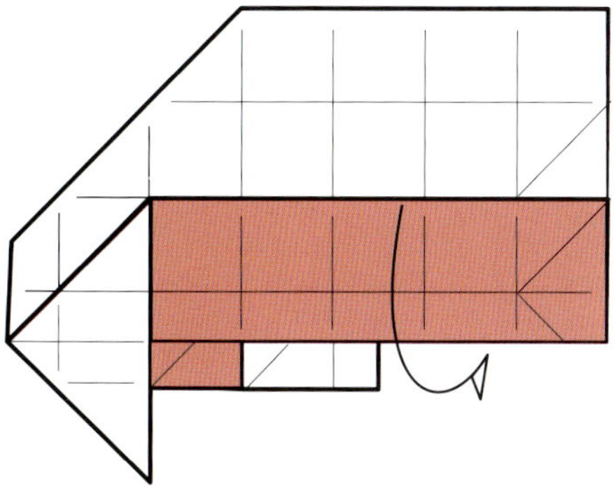

15 色つきの部分を反転させるように裏に折る。

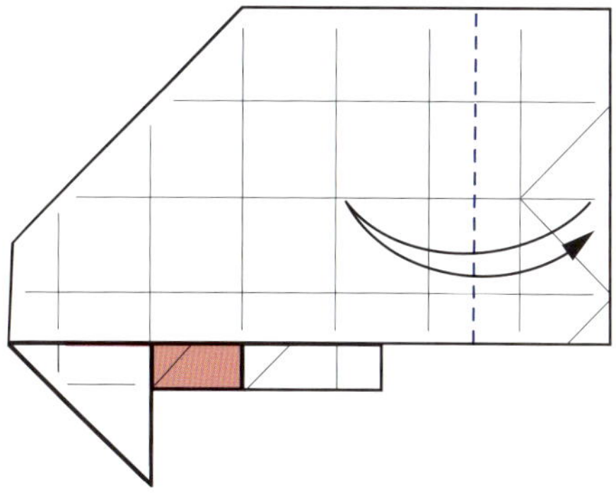

16 折り筋をつける。

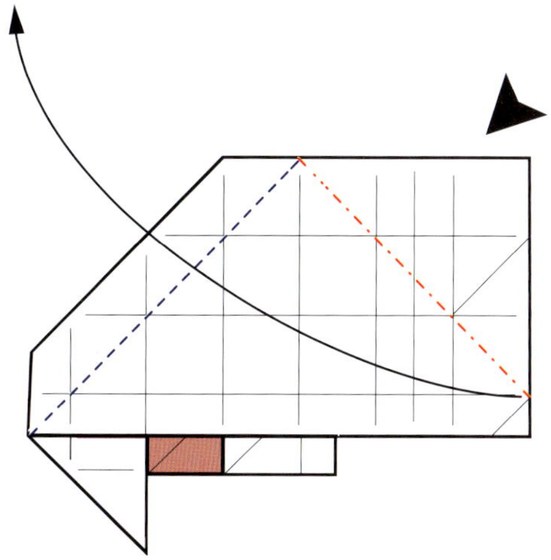

17 手前の1枚を谷折りで上に開きながら、山折りで左にたたむ（引き寄せ折り）。

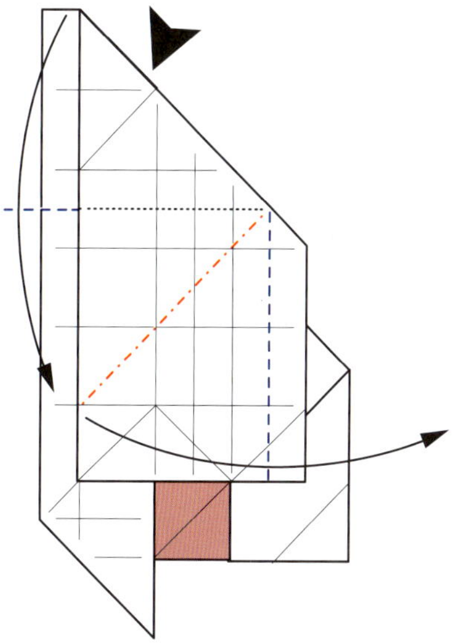

18 谷折りで右に開いてから、山折りで下にたたむ（引き寄せ折り）。

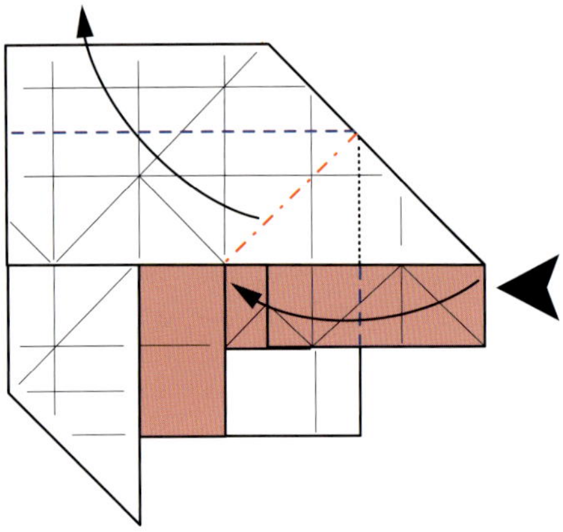

19 谷折りで上に開きながら、谷折りで左にたたむ（引き寄せ折り）。

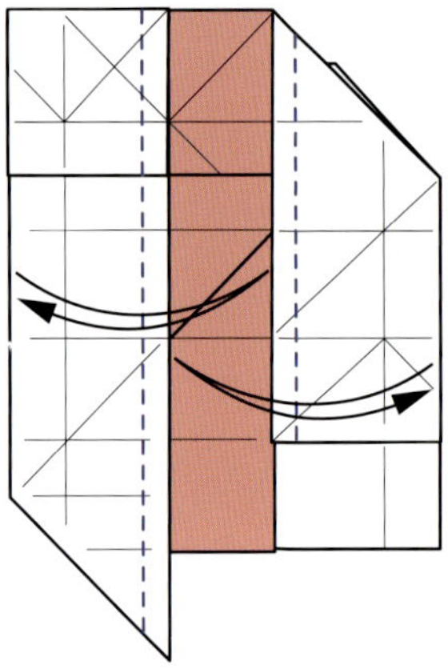

20 左右のフチをそれぞれ図の位置に合わせて折り筋をつける。

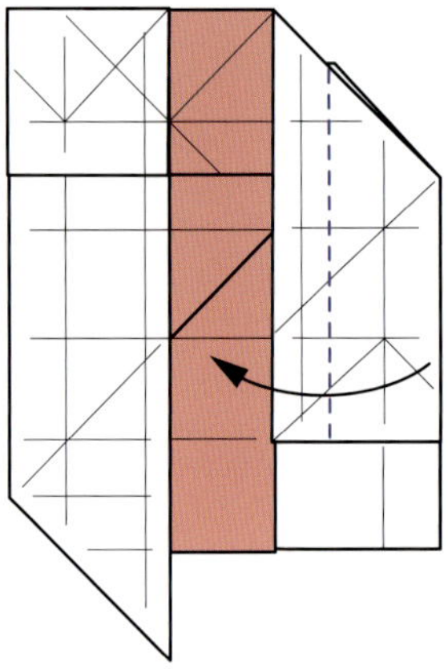

21 上の1枚を開けるところまで左にめくる。

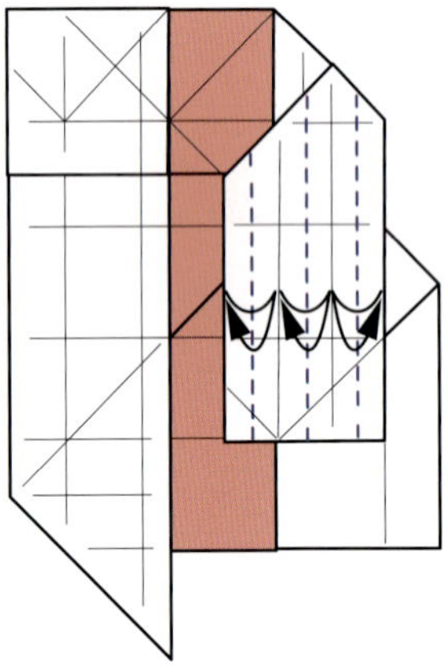

22 図の部分を6等分する折り筋をつける。

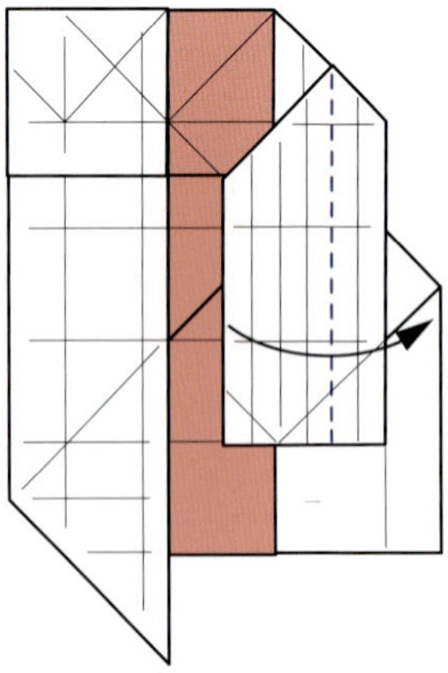

23 手順21で左にめくった部分を右に戻す。

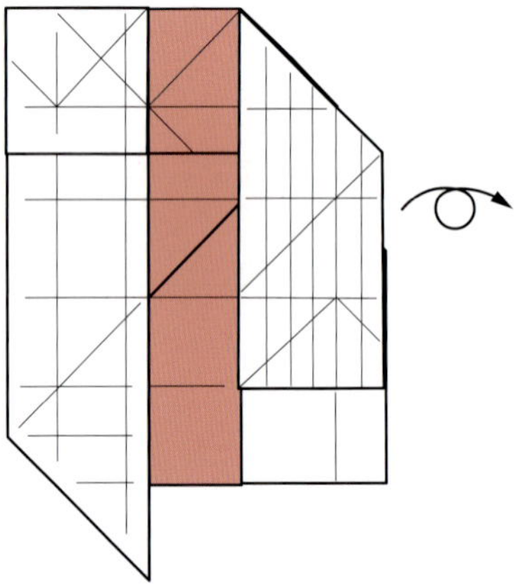

24 裏返す。

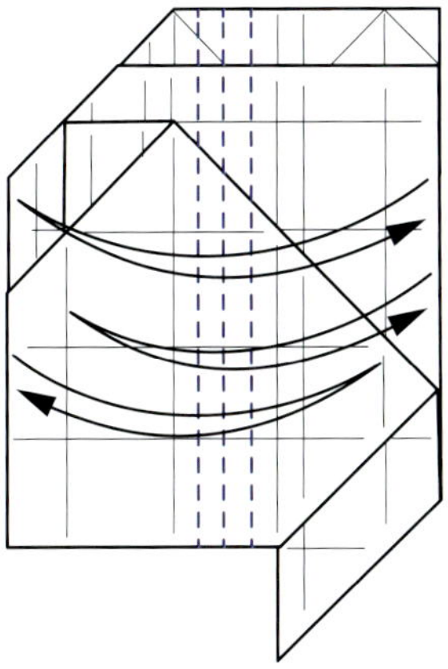

25 表から裏まですべての紙に折り筋をつける。

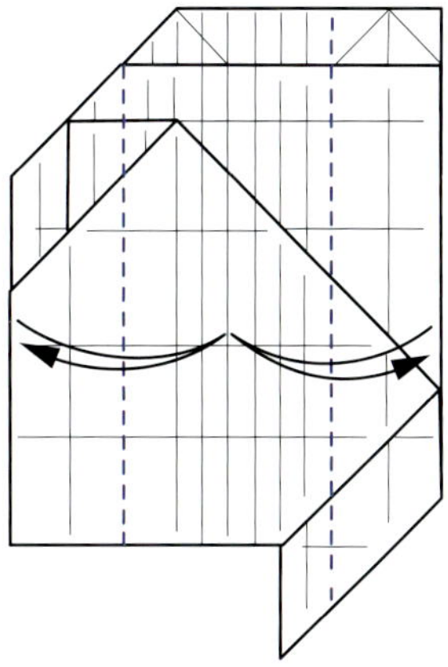

26 表から裏まですべての紙に折り筋をつける。

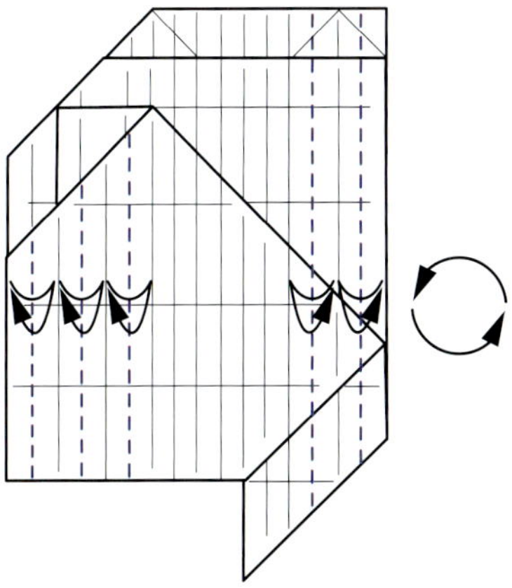

27 折り筋をつけ、向きを変える。

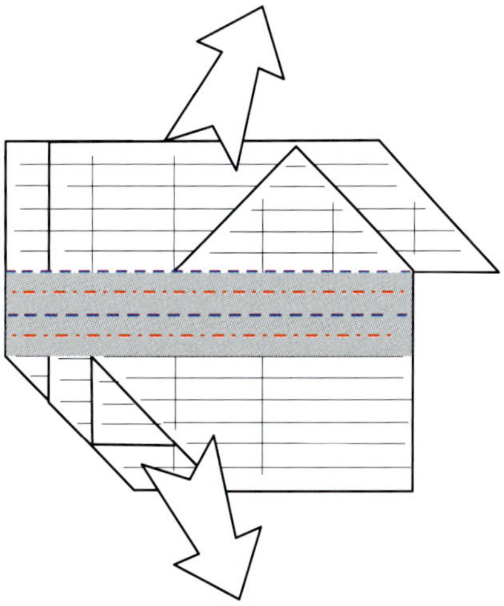

28 いったんすっかり開いてから、グレーの部分を段折りする。展開図を次に示す。

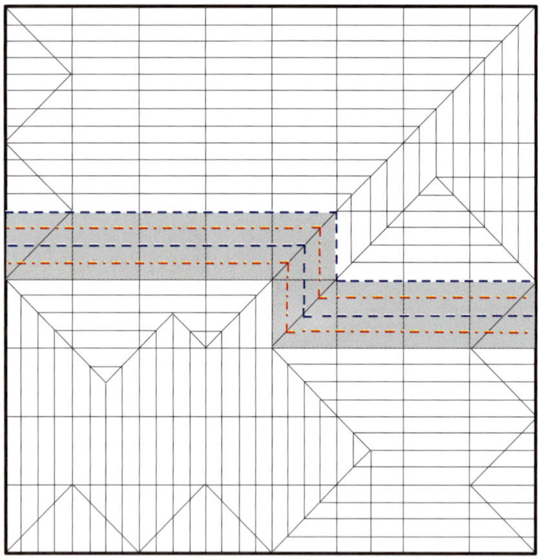

29 このように段折りする。

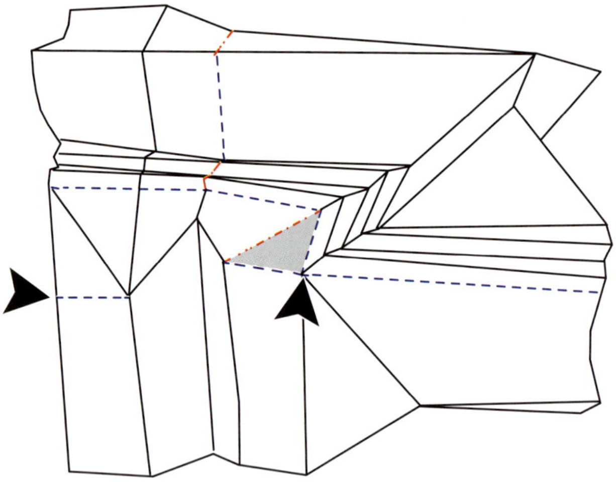

30 ついている折り筋に従ってたたんでいく。まず図中央の黒い矢印のところを押し込んで下半分を引き上げながら、グレーの三角形の山折り線のところで左側を右に折り返すようにしてたたむ。図には新しい折り筋、あるいは前と変わった折り筋のみを表示している。

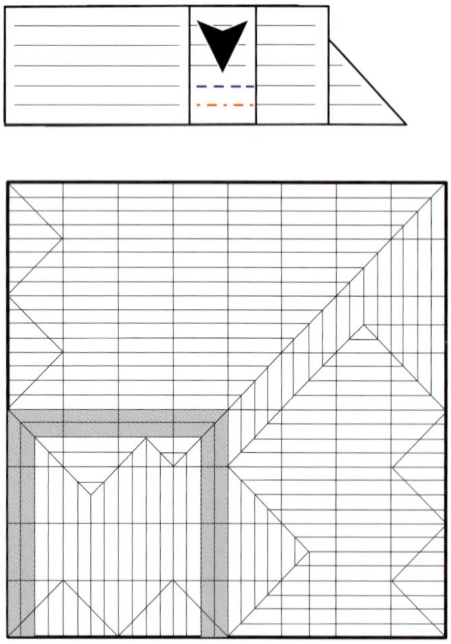

31 2番目の折り返し部分を開く沈め折りにする。これ以降手順34まで折り図の下の展開図に、沈め折りを行う部分をグレーで色づけして示す。

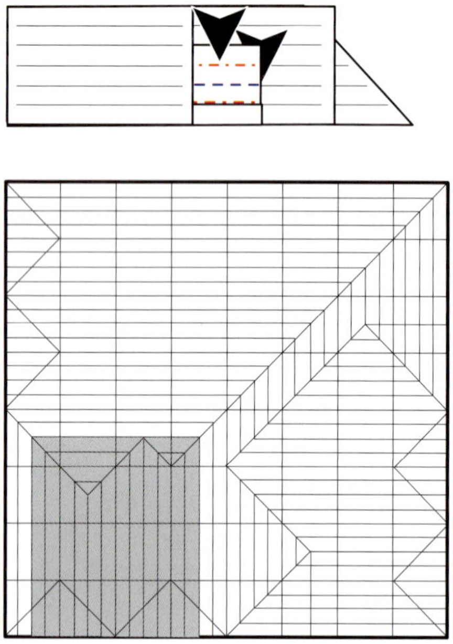

32 2番目の折り返しの2カ所を開く沈め折り。展開図のグレーの部分を参照。

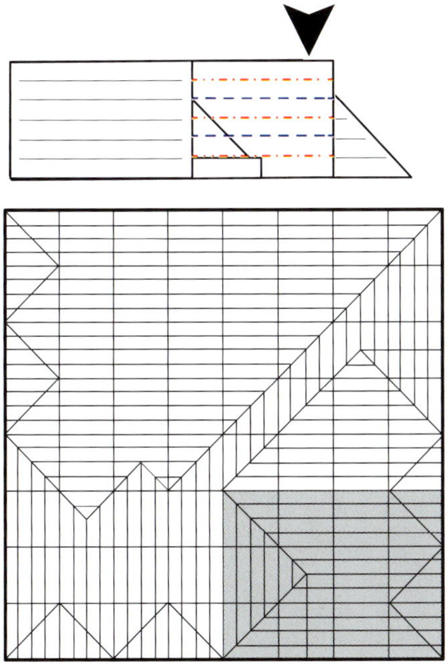

33 右の折り返し部分を開く沈め折りにする。
展開図のグレーの部分を参照。

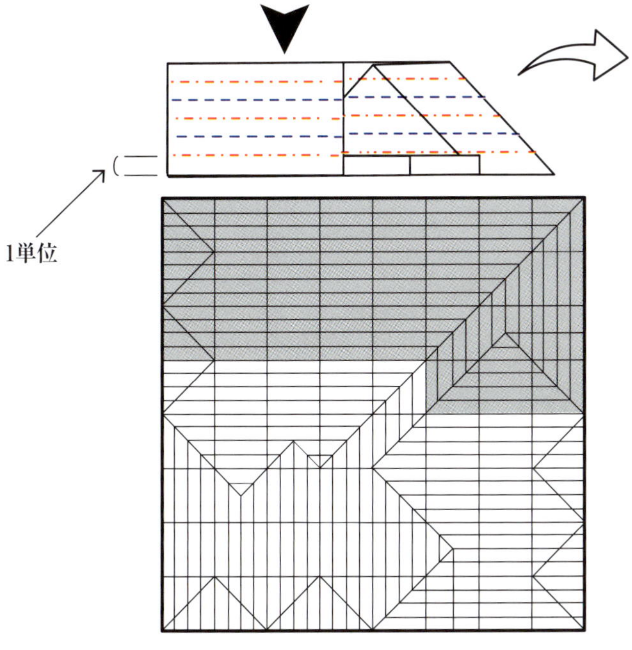

34 残りの部分を開く沈め折りにする。ここまで正しく折れていたら、真ん中に6単位のカドが3つ、左側には分厚い4単位のカドが1つ出来ている（手順35の図を参照）。紙の色のついた面は内側で、下辺をのぞくと見える。

ケマンソウについて

ケマンソウは日陰を好む多年生植物で、細い枝にハート型の花が釣り下がるように咲きます。特徴のある形から、この花にまつわる話はたくさんあります。もっとも有名なのは、愛する姫に相手にされなかった王子が心臓を貫いたのだというものです。この花のエッセンスは人の心を開き、愛情を目覚めさせると言われています。

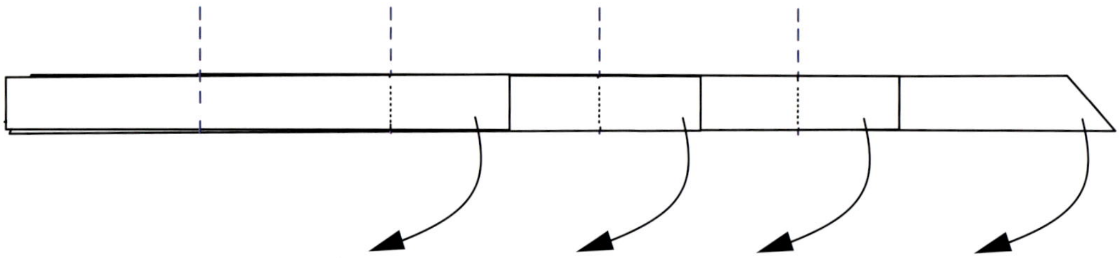

35 4つのカドを、それぞれ手前に立てるように折り返す。一番右のカドは隣のカドから4単位分外のところで折り返し、4つのカドがすべて等間隔に立つようにする。また立てたカドはすべて6単位の長さになる。

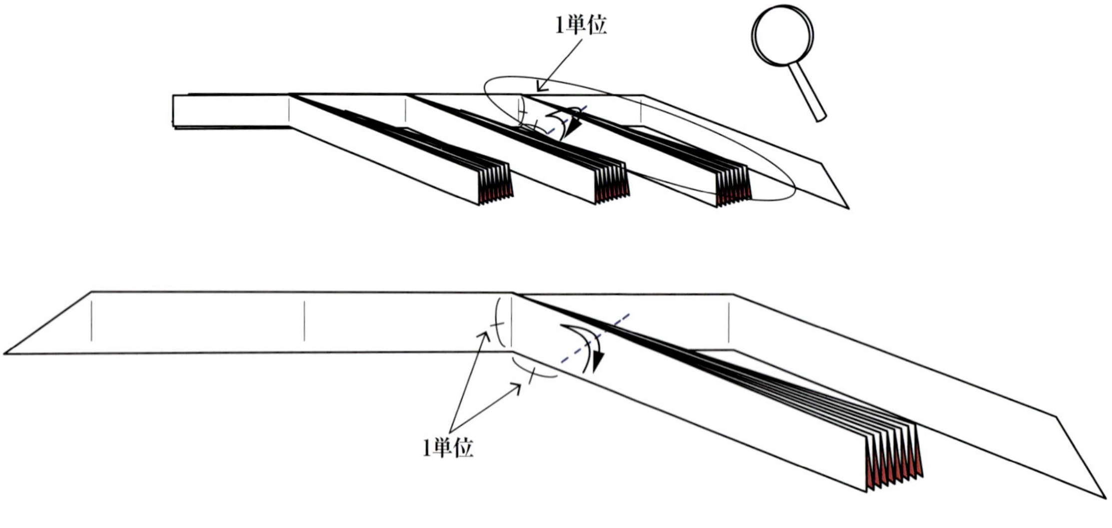

36 立ち上げたカドに、根元から1単位離れたところを起点として、45度の折り筋をつける。立ち上げたカドの段折りを広げる。

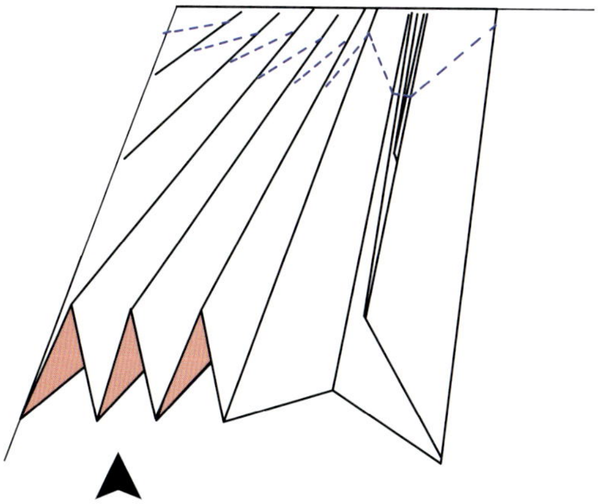

37 かぶせ折りを連続させるように段折りを90度立ち上げる。色つきの部分が表になる。一番右側の段折りは図を参照して2枚合わせて扱う。

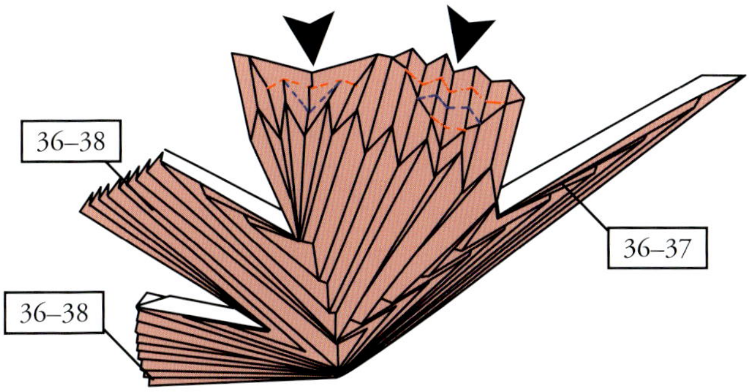

38 下から見た図。手順4の斜めの折り筋を使って2カ所イライアスストレッチに折る。左側の2カ所で手順36～38を、右側の1カ所で手順36～37を行う。

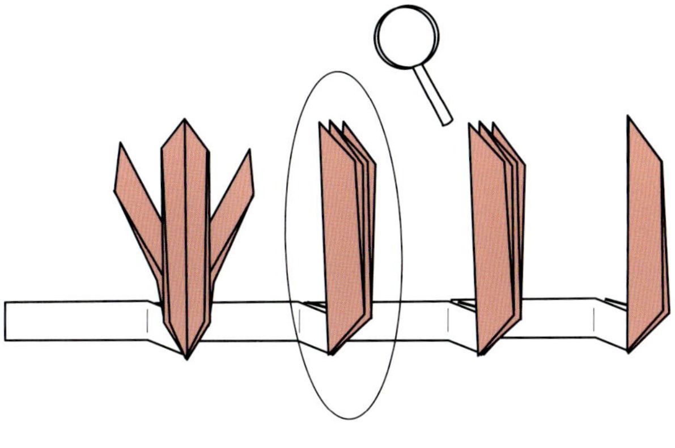

39 このようになる。一番左は、構造がよくわかるように開いた図になっている。手順40～44は立ち上がりの1つを拡大して表示。

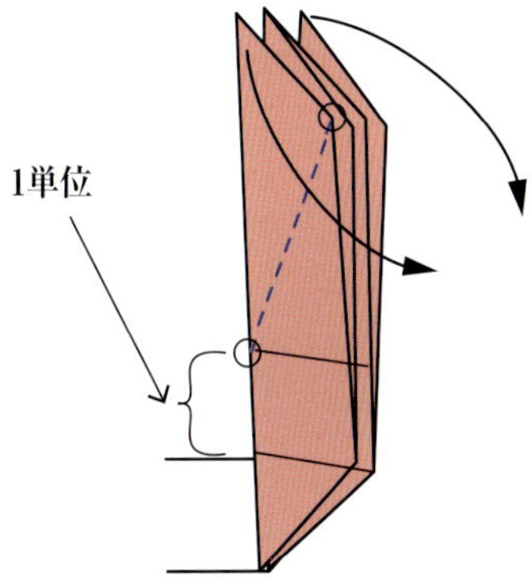

40 手前と裏を図の2点を結ぶように谷折りする。

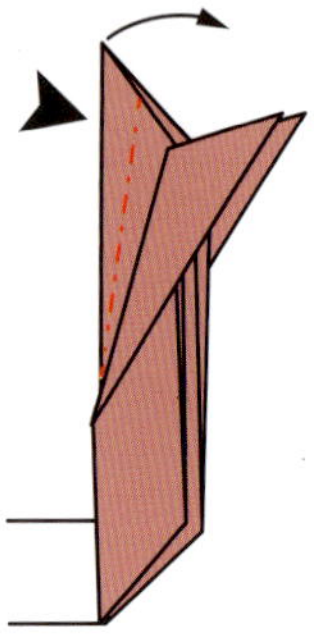

41 半分の角度で中わり折り。

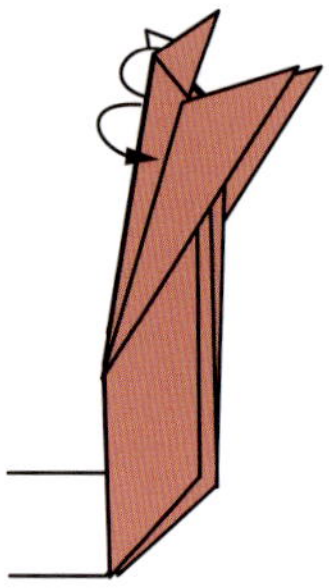

42 中わり折りの内側から紙のフチを引き出して表に反転させ、色を変える。この部分を少し開くようにして行うとやりやすい。

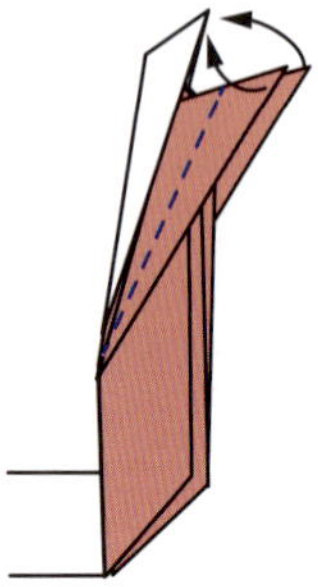

43 カドを2等分するように折る。裏側も同様にする。

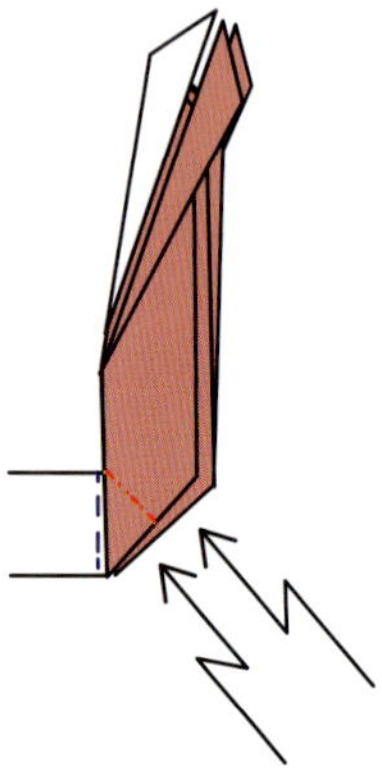

44 両側に段折りする。山折りの部分はきつく折らず、丸みをつけるように折る。

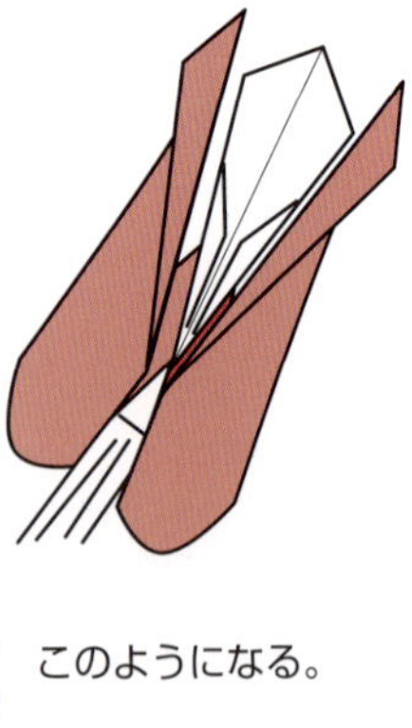

45 このようになる。

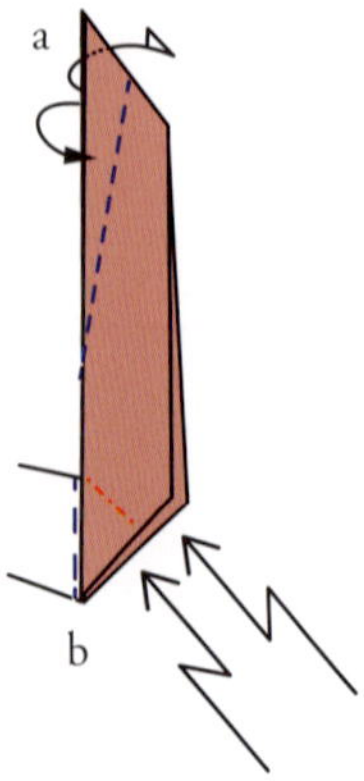

46 右端に作る蕾については、ⓐかぶせ折り ⓑ手順44と同様に両側に段折りする。

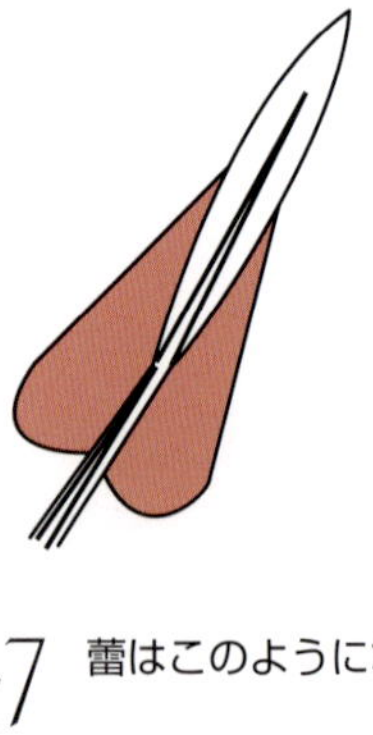

47 蕾はこのようになる。

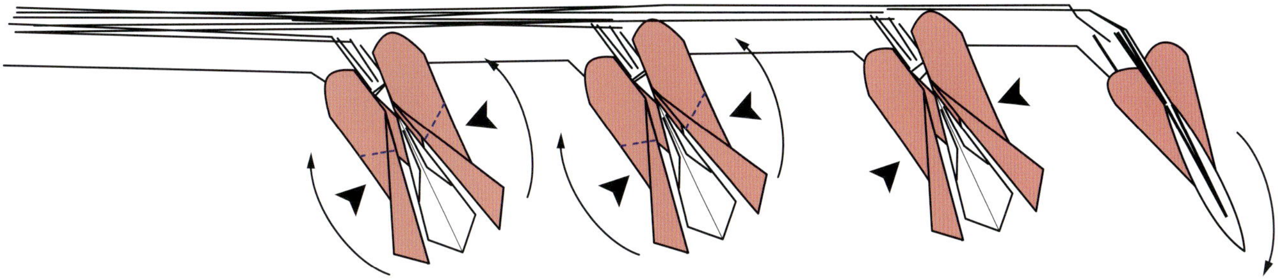

48 最後の仕上げのコツ：左の2輪については花びらを上向きに折り返し、右から左に行くに従って徐々に開花していく様を表現する。花の真ん中あたりをつまみ、ハート型をはっきりと出すとよい。茎が全体にしなった感じになるようにカーブをつける。

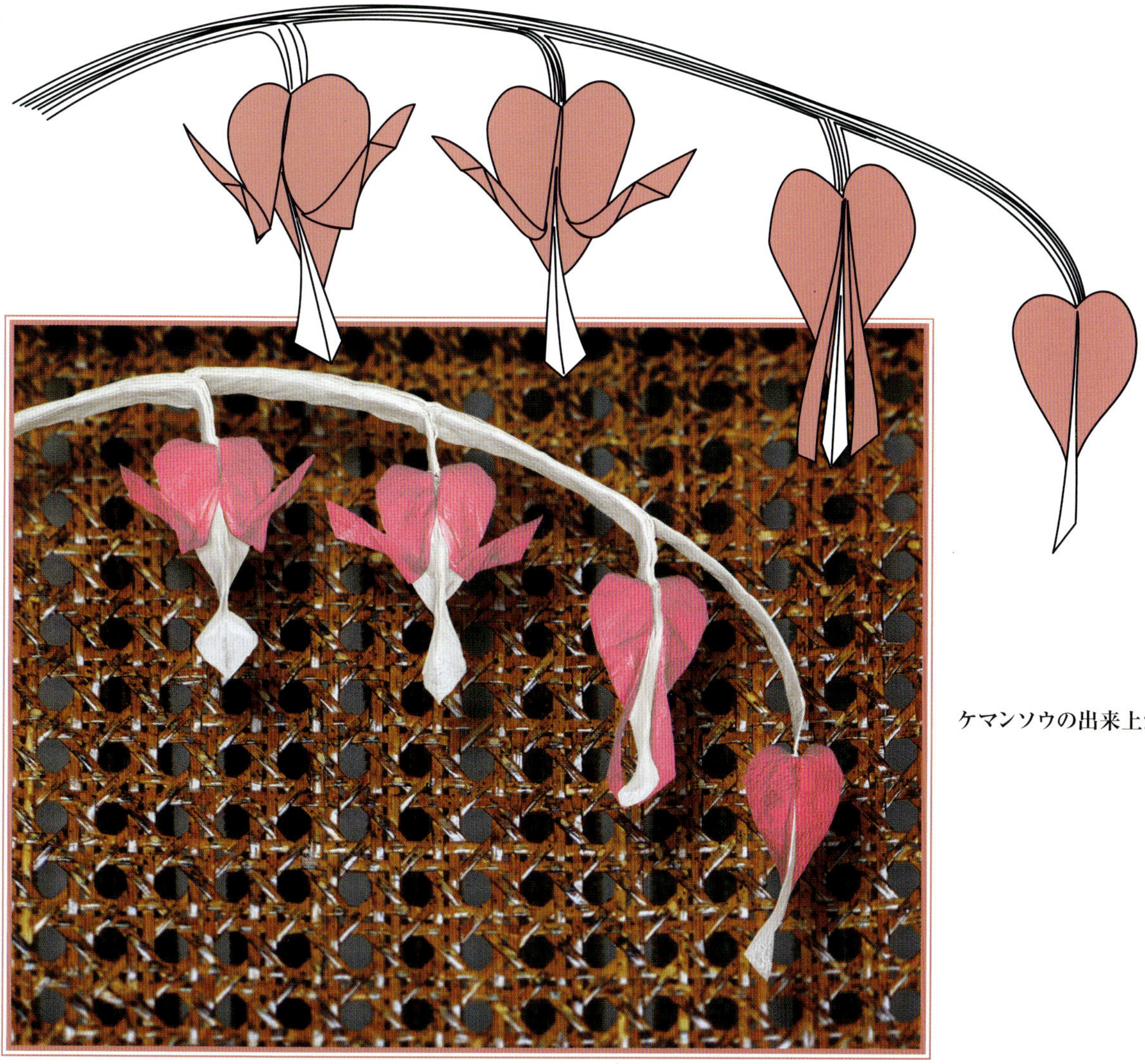

ケマンソウの出来上がり

ミウラ折りに捧げるバラ 作品482

デザインおよび図：ロバート・J・ラング

ロバート・J・ラングはアメリカのジョージア州アトランタで生まれ育ち、プロの折り紙創作家になる前は電気工学の学位と物理学の博士号を持つ科学者でした。ラング博士は折り紙と数学を融合させた先駆者のひとりです。折り紙の工学分野への応用についてコンサルティングを行うと同時に、細部にこだわった写実的な作品作りで知られています。ニューヨーク近代美術館や日本折紙博物館など、彼の作品は世界中で展示されています。

折り紙やその科学とのかかわりについて精力的に講演を行い、芸術的技巧と工業デザインへの応用の両分野でワークショップを行っています。米国光学学会のフェローであるとともにＩＥＥＥフォトニクスソサイエティのメンバーおよびその機関誌『量子エレクトロニクスジャーナル』の元編集長で、2012年には数学における新分野の創設、発展、振興、他分野との連携、活用などへの顕著な貢献があったとして、アメリカ数学会の初代フェローに選ばれています。出版した本は共著者として名を連ねているものも含めると14冊に及び、折り紙についての記事も数多く書いています。アメリカのカリフォルニア州アラモ在住です。

「花には48cm四方の紙を、がくには13cm四方のダークグリーンの韓紙を使っています。がくの韓紙は2枚貼り合わせたものを五角形に折ってから使いますが、水彩紙を用いる場合は最初に五角形に切ってから折り始めたほうがいいでしょう。葉には5.5cm四方の水彩紙か二重にした韓紙をお勧めします」

――ロバート・J・ラング

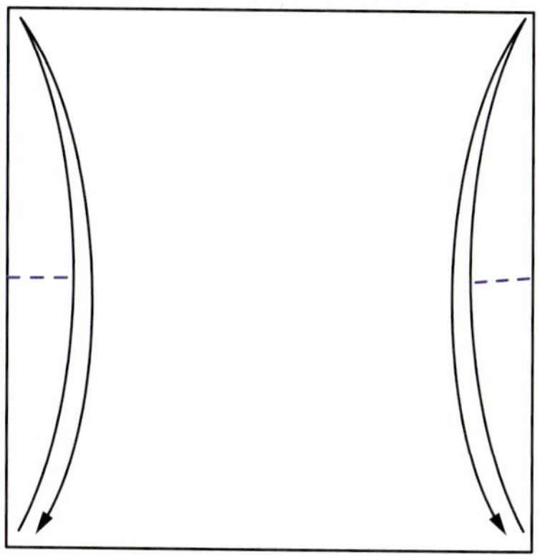

1 白い面を上にして置く。上下のフチを合わせ、両サイドをつまんで折りあとをつける。

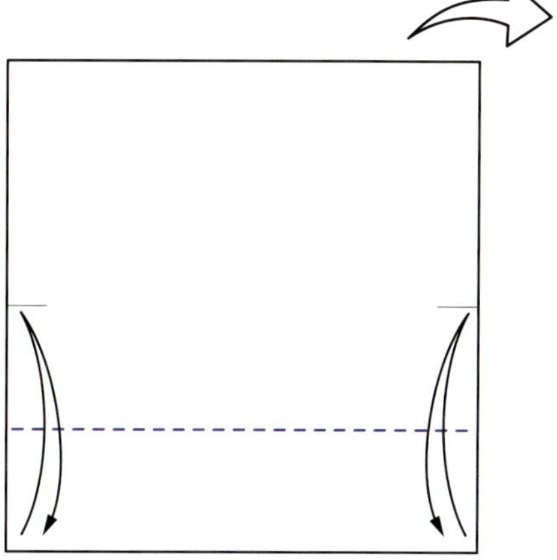

2 下のフチと折りあとを合わせ、折り筋をつける。

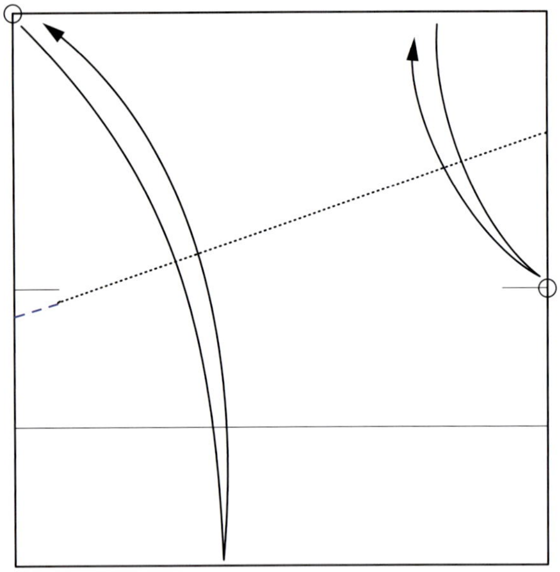

3 左上のカドを下辺に、上辺を印の点に合わせながら、左の端だけつまんで折りあとをつける。

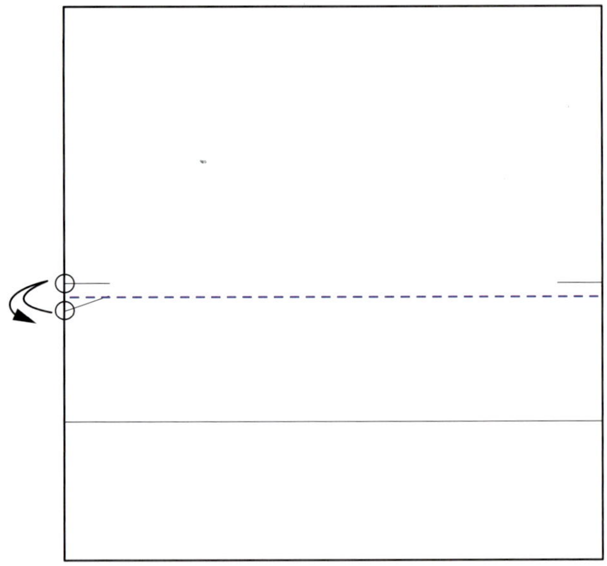

4 左の2つの折りあとを合わせ、水平に折り筋をつける。

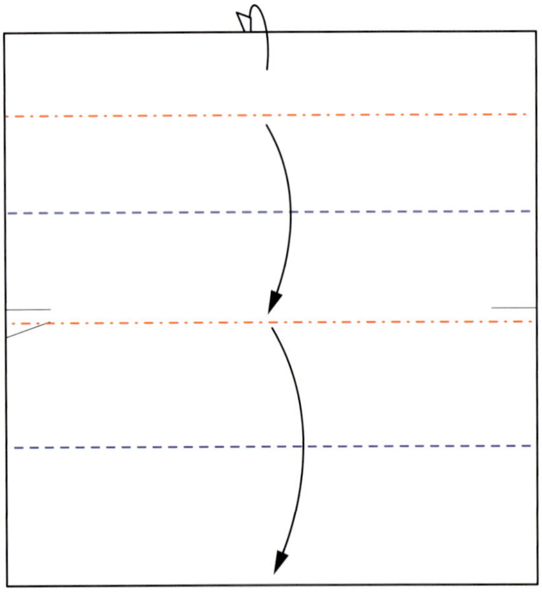

5 最初の2本の折り筋を基準にして、折りたたんだフチと下の層のフチのずれ幅が等しくなるように段折りしていく。

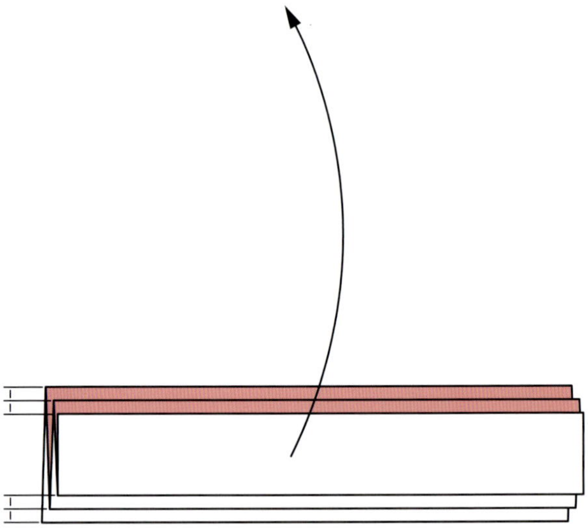

6 開く。

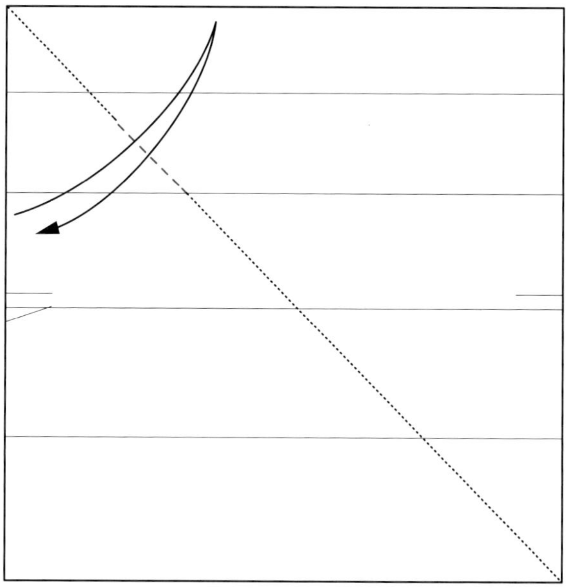

7 対角線の一部を押さえて、折りあとをつける。

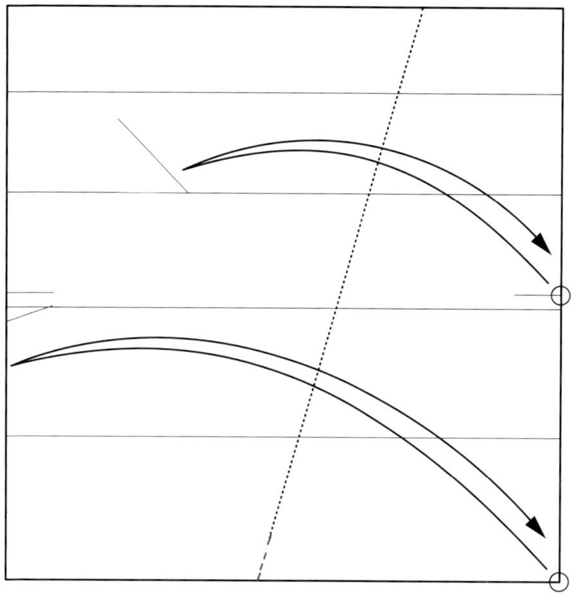

8 右辺上の印の2点をそれぞれ左辺と手順7の折りあとに合わせて、下辺と接する部分だけをつまんで折りあとをつける。

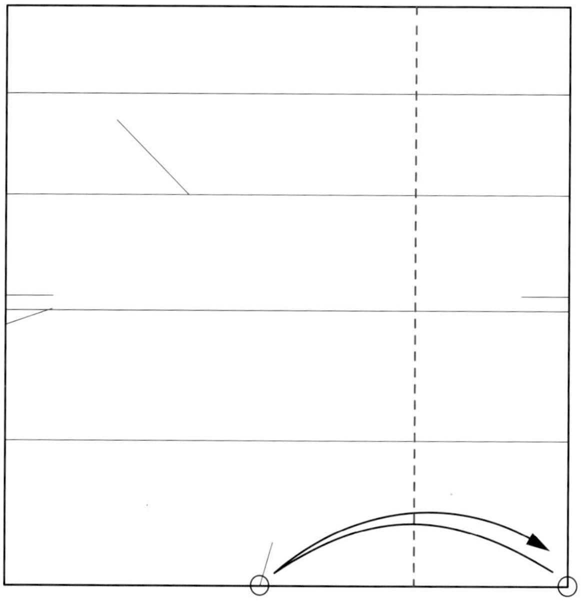

9 印の2点を合わせて折り筋をつける。

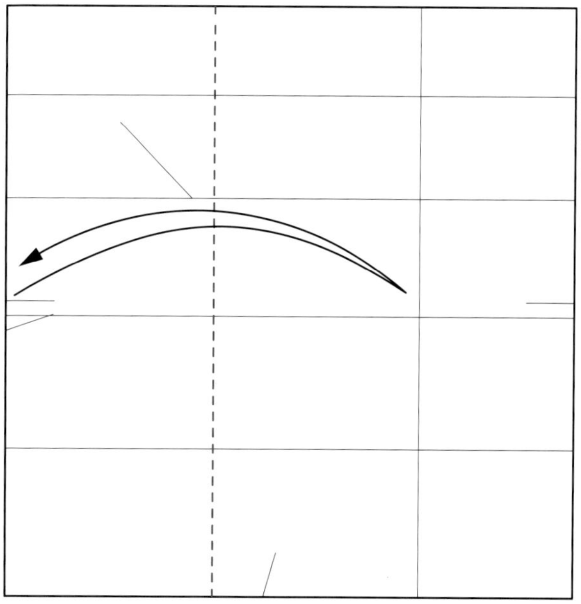

10 左辺と折り筋を合わせて、折り筋をつける。

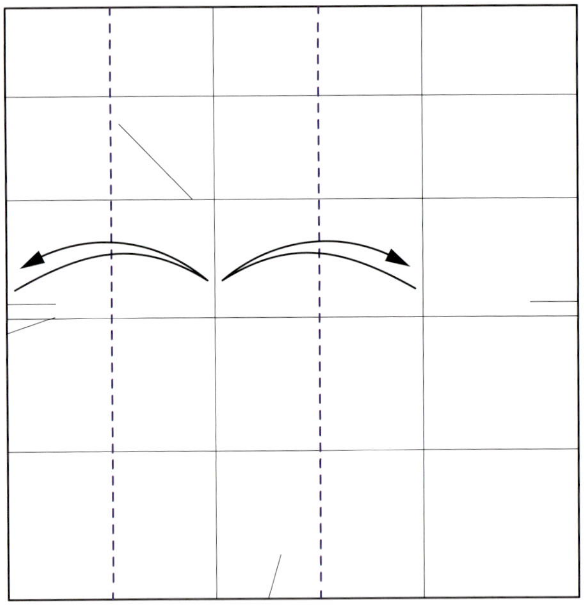

11 折り筋間を2等分する折り筋をつける。

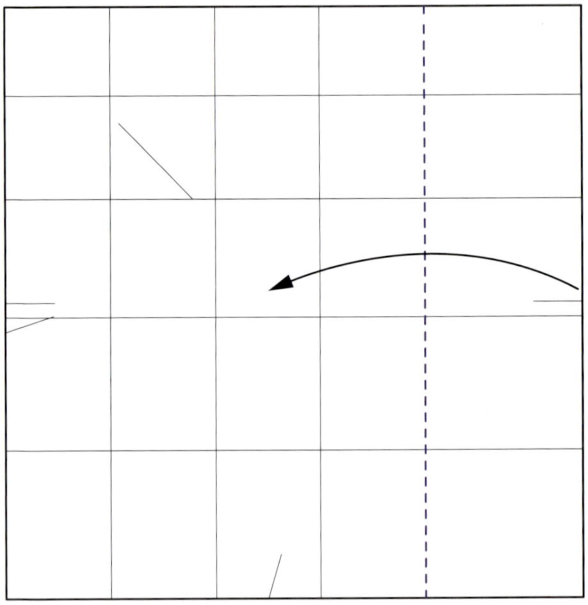

12 折り筋に従って左に折る。

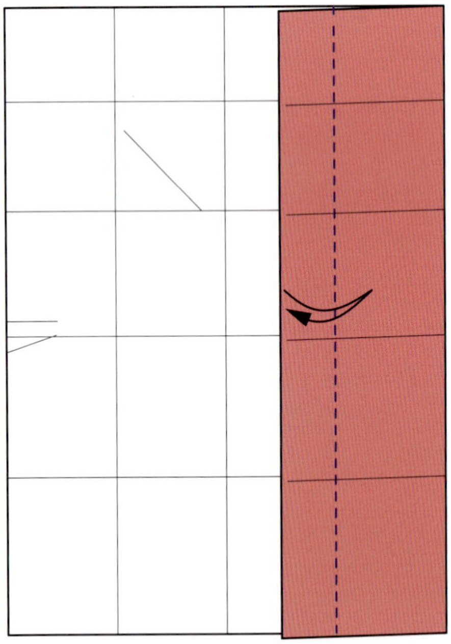

13 折り返した部分の下に隠れている折り筋に沿って折り筋をつける。

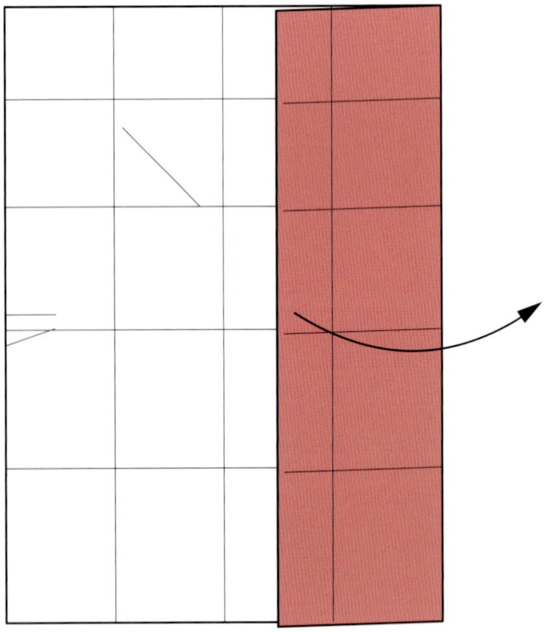

14 開く。

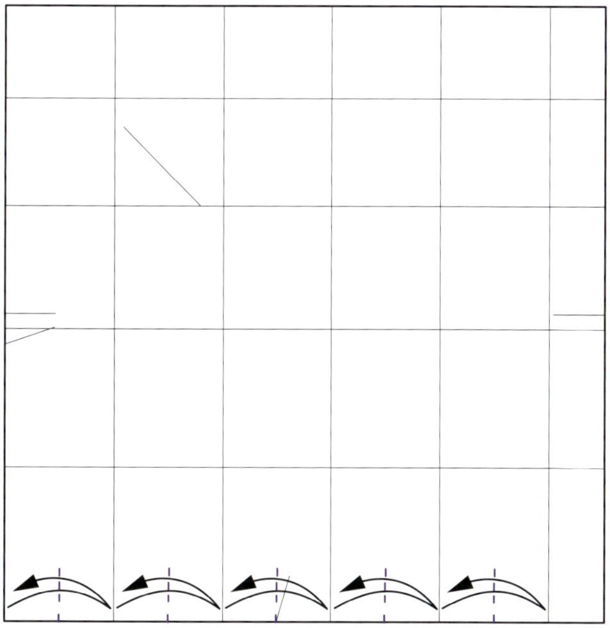

15 縦の折り筋間を2等分する線が下辺と交わるところだけつまんで、折りあとをつける。

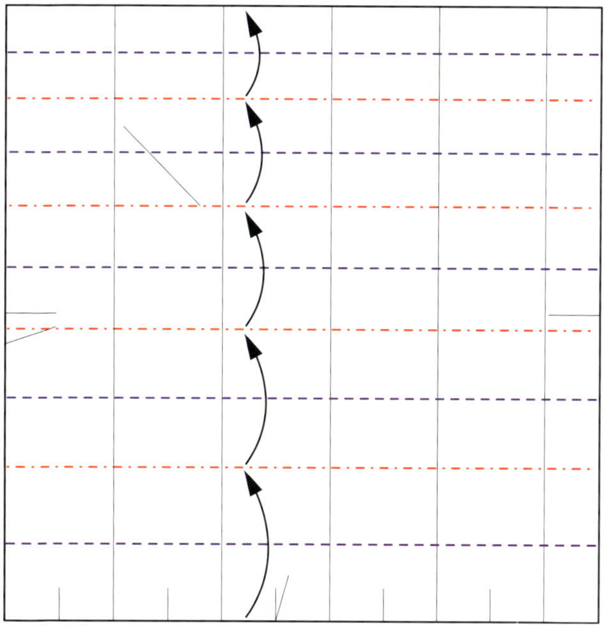

16 下辺を最初の山折り線に合わせて段折り。そのあとは山折り線を順に次の山折り線に合わせて段折りを繰り返す。

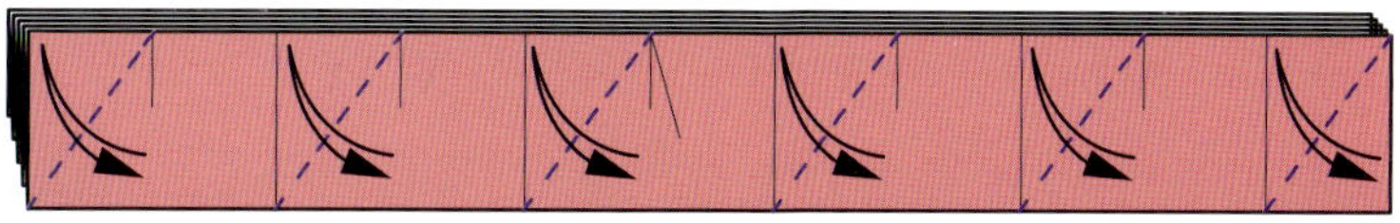

17 すべての層に折り筋をつける。

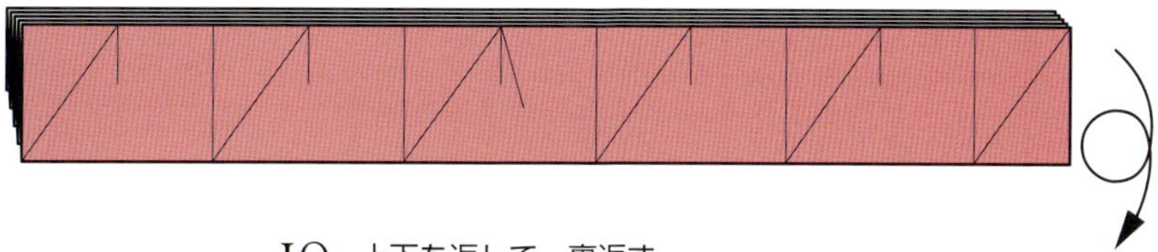

18 上下を返して、裏返す。

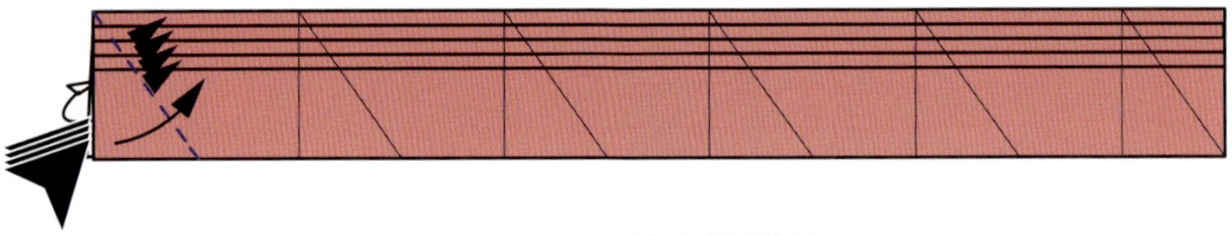

19 1つ1つの層をかぶせ折り
（かぶせ折りはつながっている）。

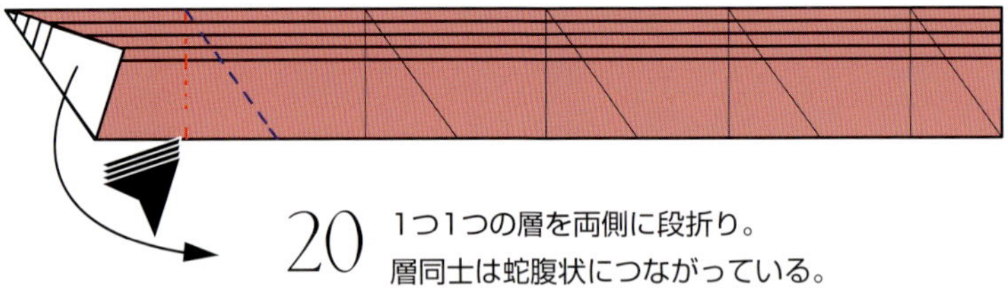

20 1つ1つの層を両側に段折り。
層同士は蛇腹状につながっている。

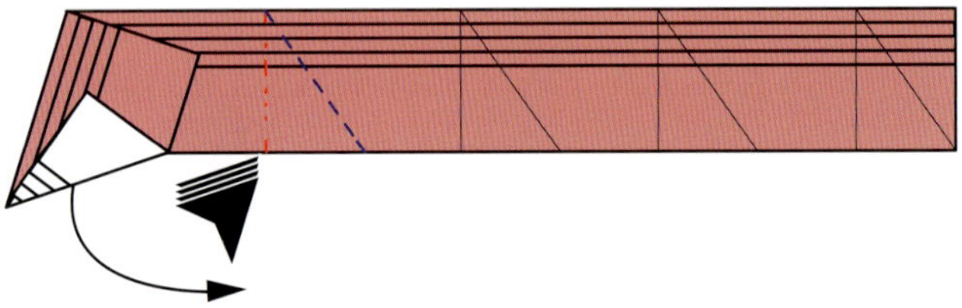

21 同様に、1つ1つの層を両側に段折り。

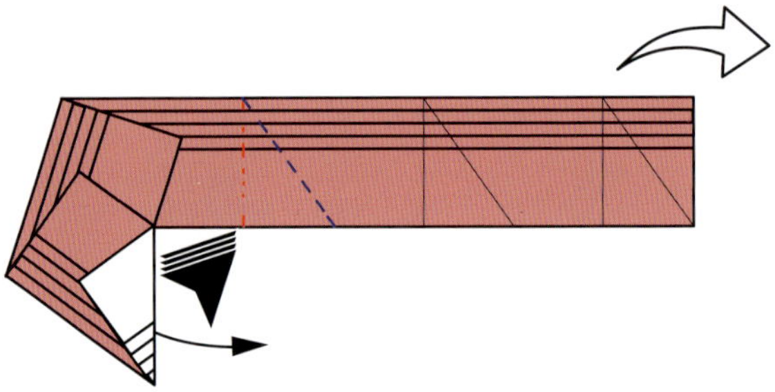

22 同様に、1つ1つの層を両側に段折り。

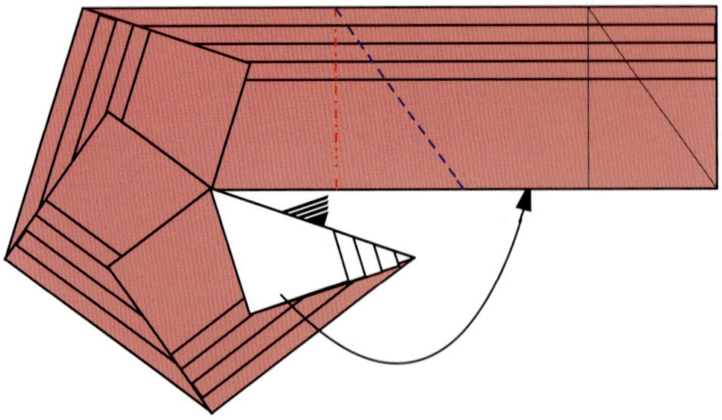

23 両側に段折りしながら、最初に左端をかぶせ折りした部分の先端を順に同じ層の内側に入れていく。白い部分がきちんと内側に隠れるはず。

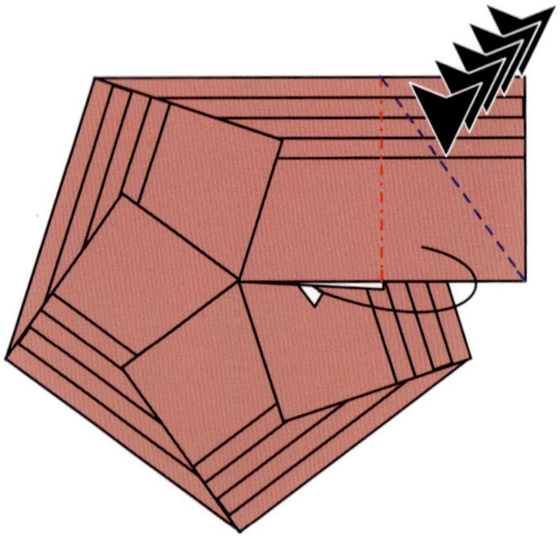

24 左端をくるむように、5つの層をそれぞれ両側に段折りする。完全に平らな正五角形となる。

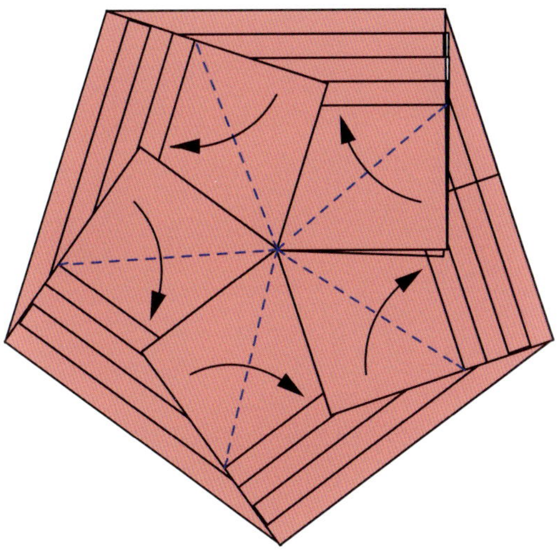

25 反時計回りに5カ所を折り返す。

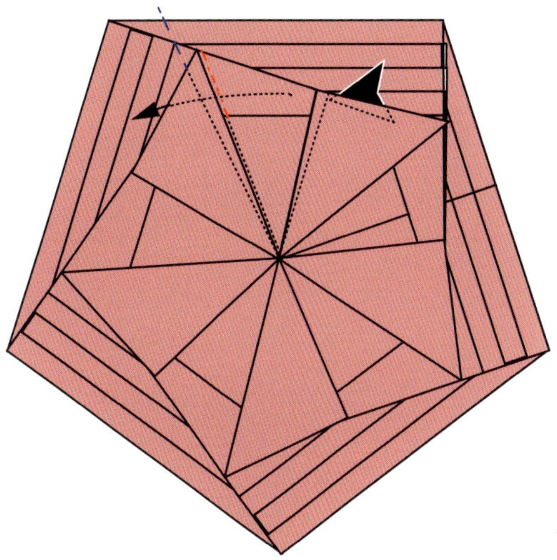

26 一番上の段折りを中わり折り。

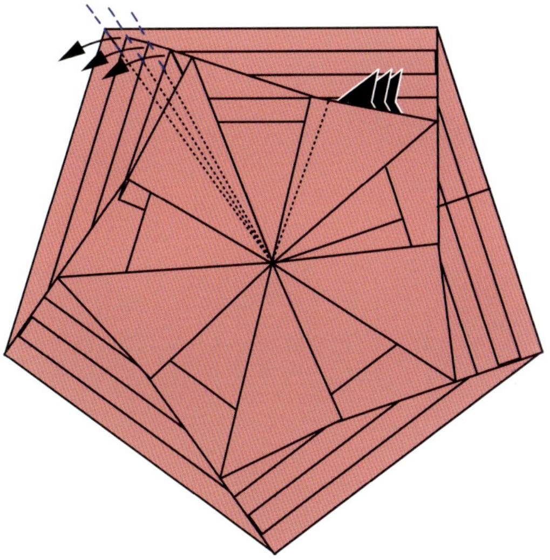

27 その下の3つの段折りを
中わり折りにする。

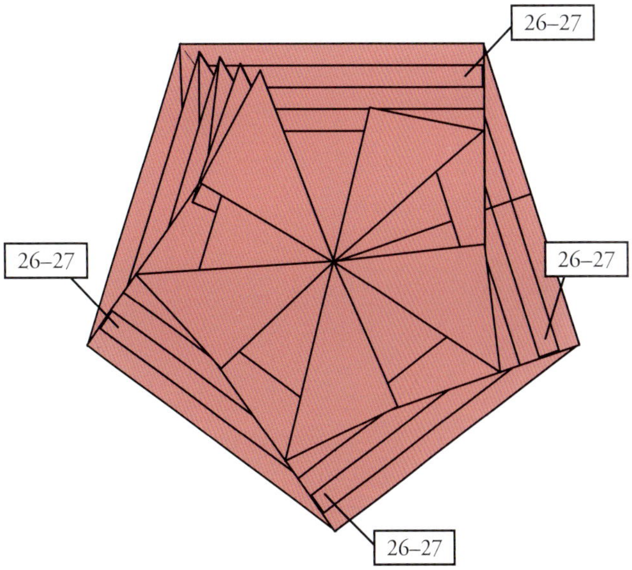

28 残り4つのカドについても、
手順26～27を行う。

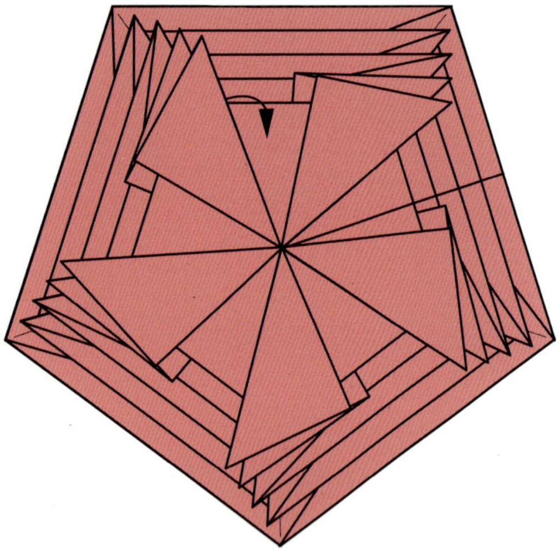

29 内側から紙を引き出せるだけ
引き出す。平らにはならない。

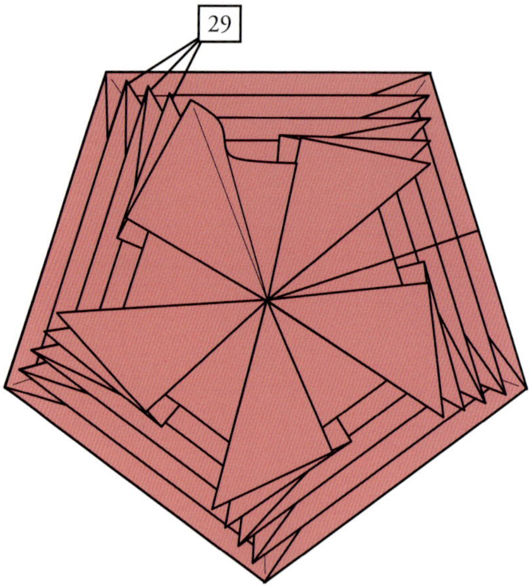

30 その下の3か所についても
手順29を行う。

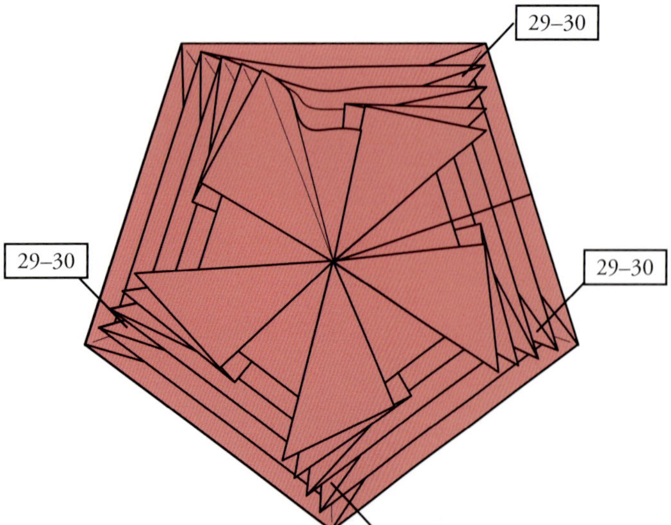

31 残り4つのカドについても
手順29〜30を行う。

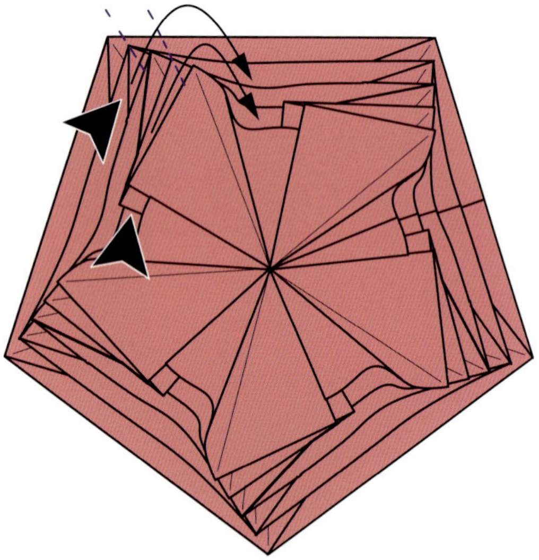

32 2カ所を中わり折り。

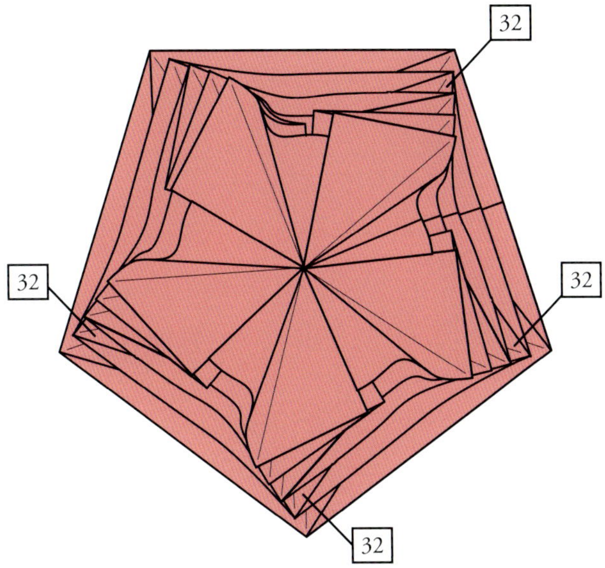

33 残り4つのカドにも手順32を行う。

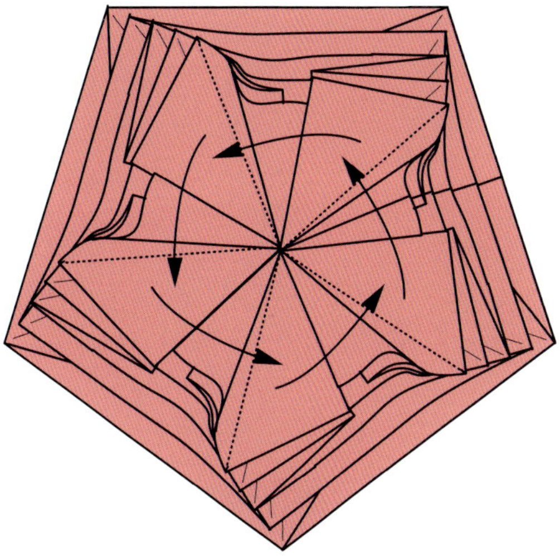

34 一番上にある5カ所を立ち上げて反時計回りにひねりながら、花の芯となる固く巻いた層を作る。立ち上がった5つのカドは、それぞれにつながる層のうち3つは右回り、1つは左回りになる。それらがぶつかり合わないようにうまく調整する。詳しくは手順35の図を参照。

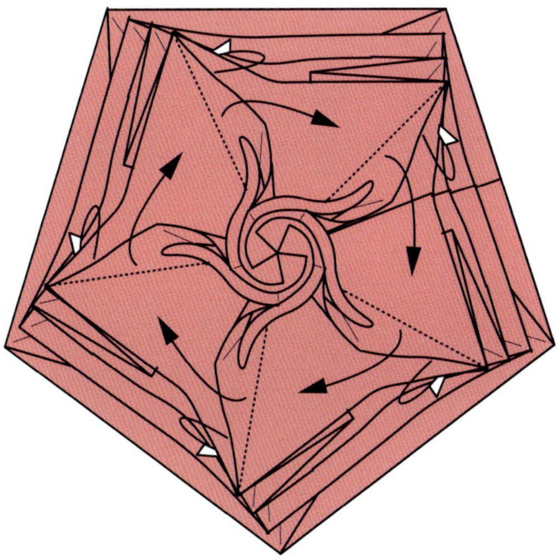

35 2組目の5つのカドを、先に立ち上げた部分を取り囲むように立ち上げる。今度は、それぞれのカドにつながる層のうち3つは左回り、1つは右回りになる。それぞれの花びらが、先に立ち上げた花びらのあいだに来るように配置する。

36 次の5つのカドを、ゆるやかに外側に立ち上げる。今度は、それぞれのカドにつながる層のうち3つが右回り、1つが左回りになる。それぞれの花びらが、先に立ち上げた花びらのあいだに来るように配置する。

37 次の5つのカドを、さらにゆるやかに外側に立ち上げる。

38 裏返す。

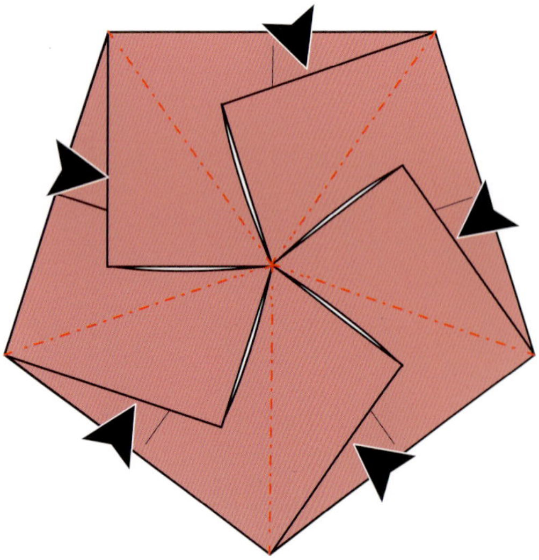

39 中わり折りで、カドを内側に入れる。

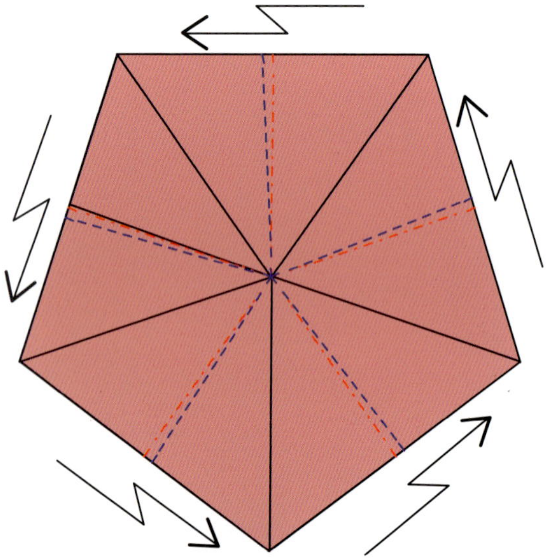

40 小さく段折りする。五角形のヘリが自分から遠ざかるような円錐形になるようにする。

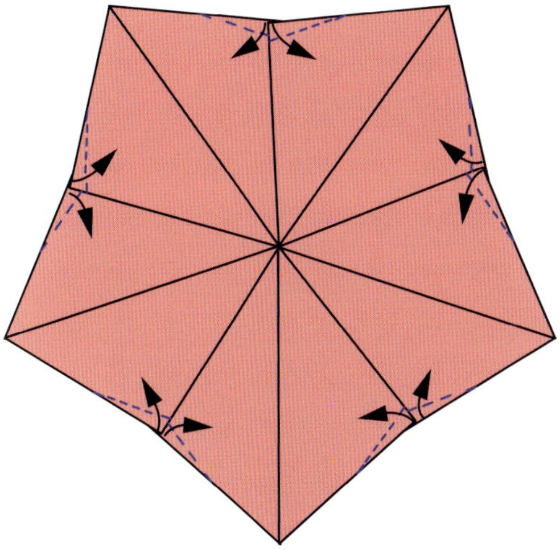

41 それぞれの段折りの一番外側を、中心部を袋折りにしながら谷折りする。これで段折りがロックされる。

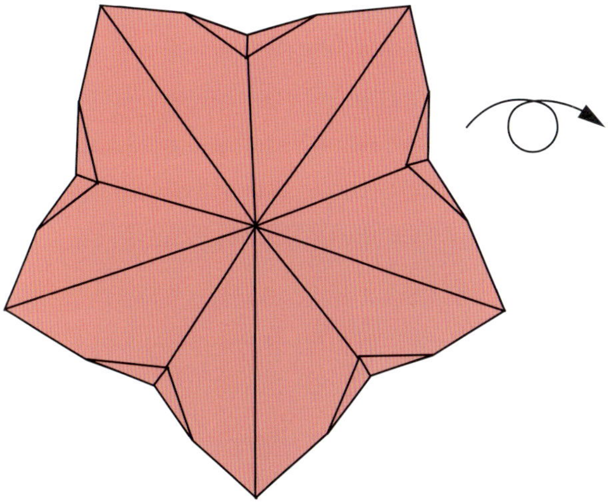

42 裏返す。花を回転させながら、それぞれの花びらが前の組の花びらの隙間にきちんと位置するよう、ふたたび調整する。

43 花びらを整え、それぞれにカーブをつける。

バラの出来上がり

がく

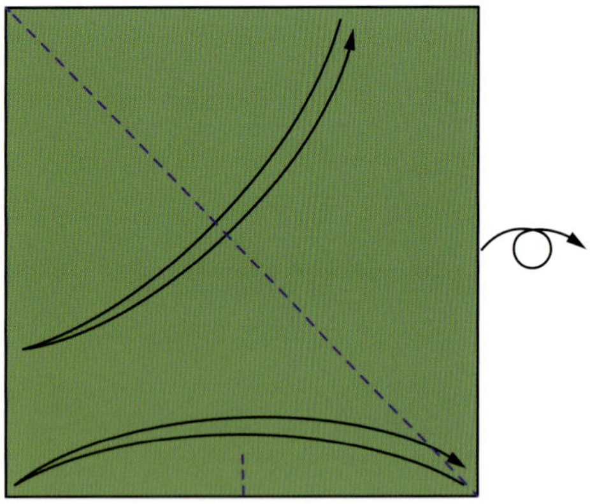

1 色のついた面を上にして置く。左右のフチを合わせ、下の端だけつまんで折りあとをつける。対角線の折り筋を1本つける。裏返す。

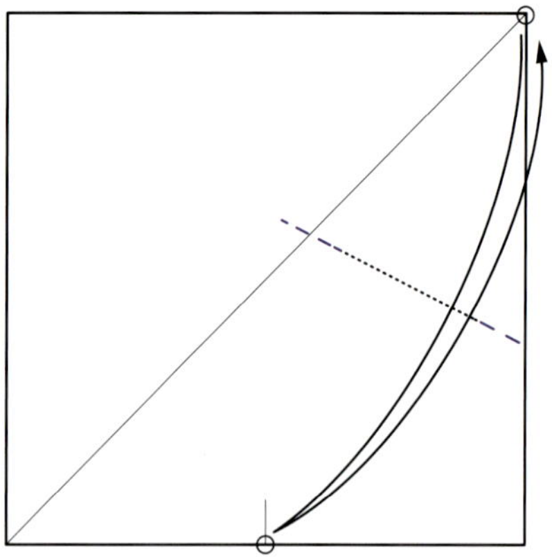

2 右上のカドと折りあとを合わせ、図の2カ所にだけ折りあとをつける。

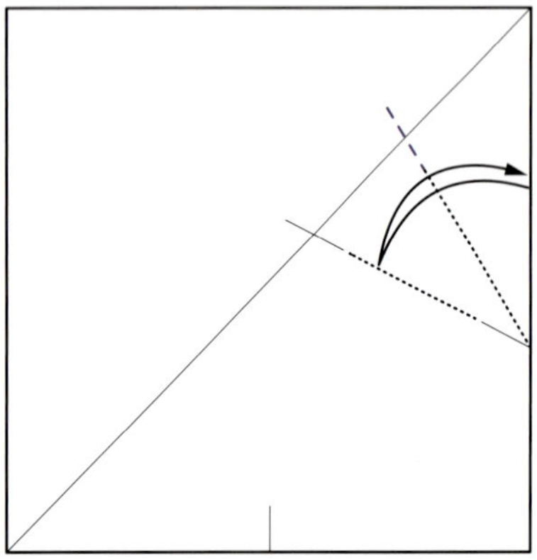

3 角度を2等分する線の、図の部分にだけ折りあとをつける。

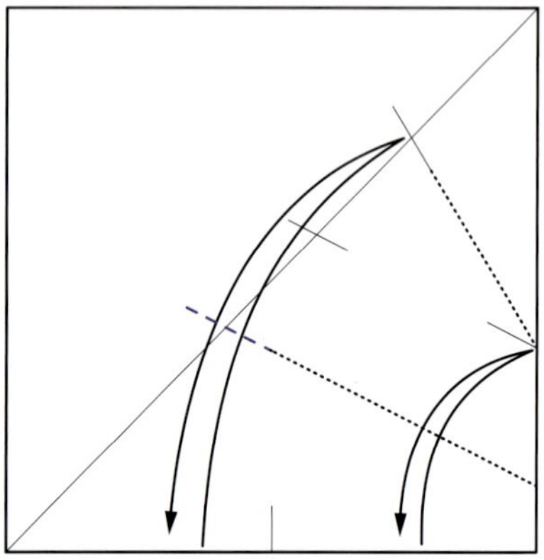

4 下辺を2カ所の折りあとに合わせ、対角線と交わるところだけつまんで折りあとをつける。

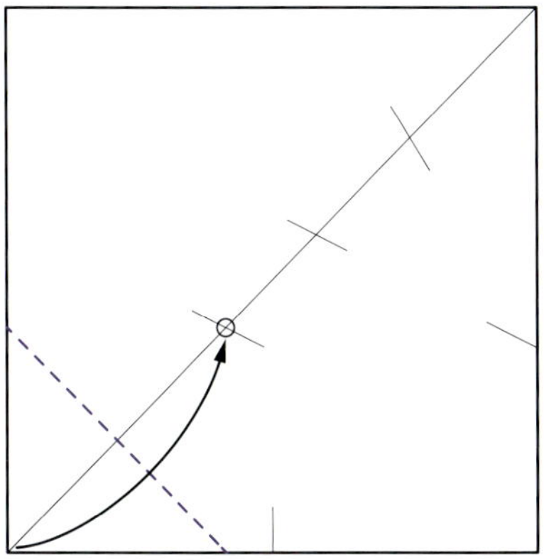

5 左下のカドを図の点に合わせて折る。

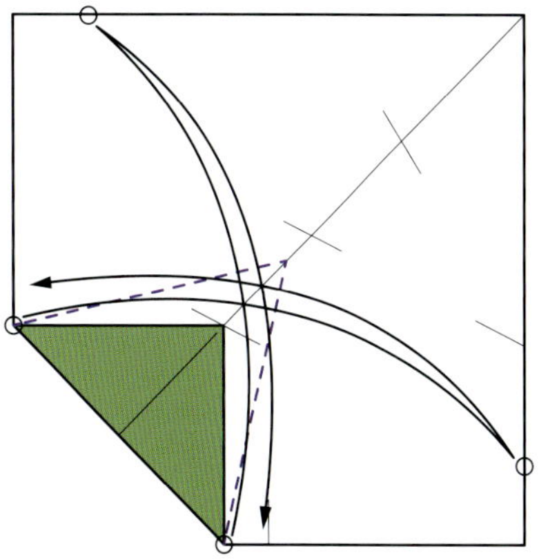

6 印のカドをそれぞれ向かい合った辺と合わせ、折り筋をつける。

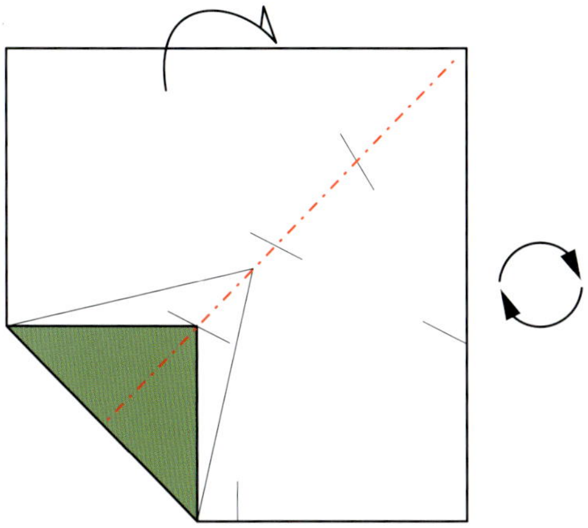

7 山折りで半分にたたみ、向きを変える。

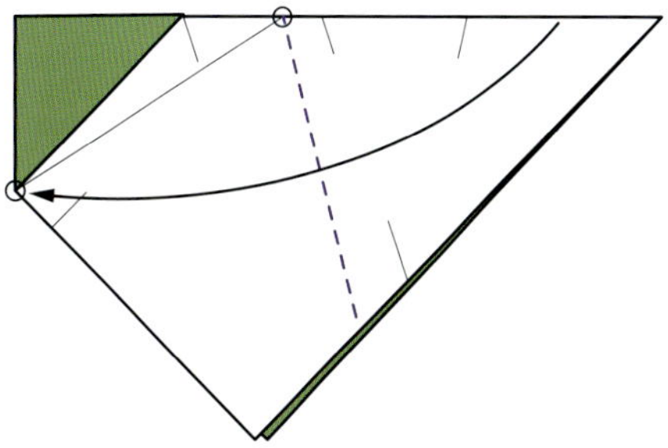

8 上のフチを印のカドに合わせて折る。

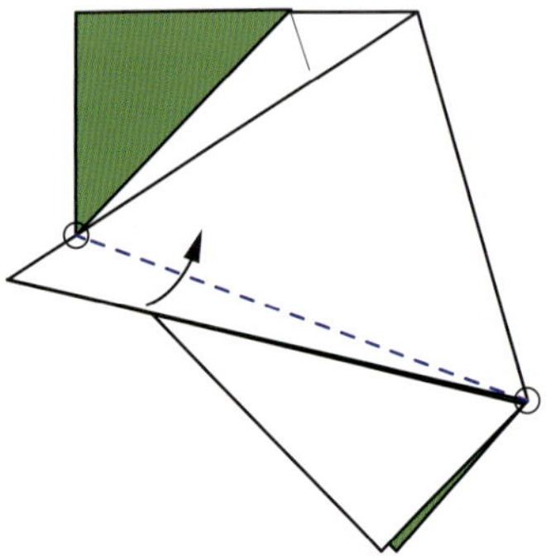

9 印の2点を通るように折る。

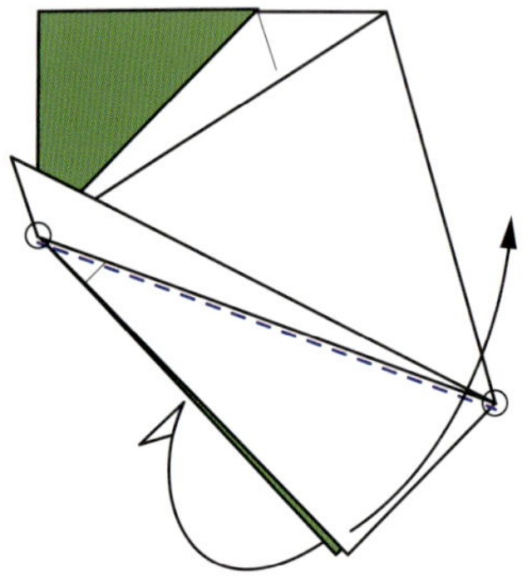

10 手順9で折ったフチに沿って、図の部分を手前も裏も折り上げる。

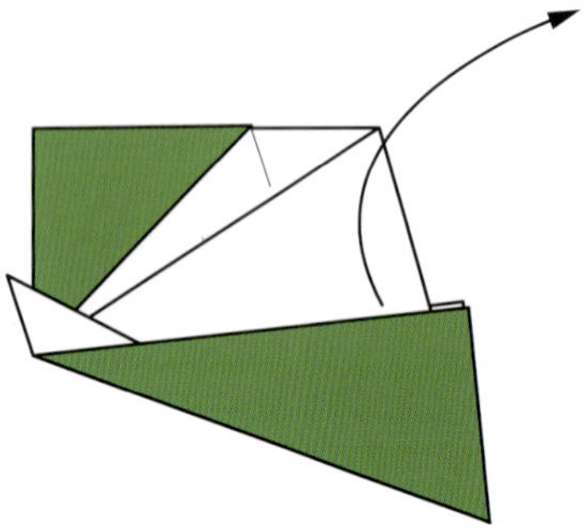

11 手順7以降に折ったところを開いて、色のついた面を上にする。

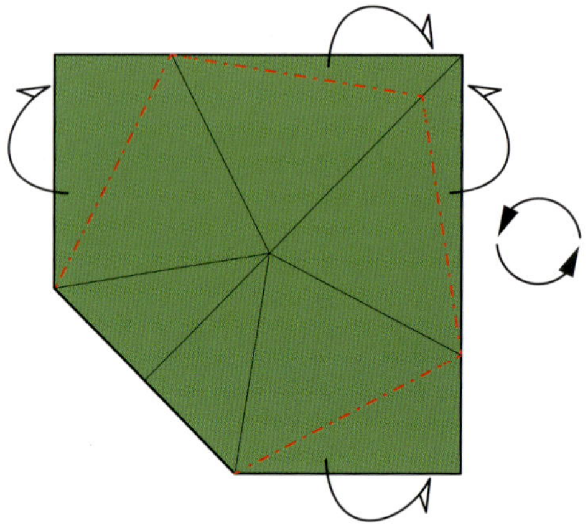

12 折り筋に従って山折りし、正五角形を作る。

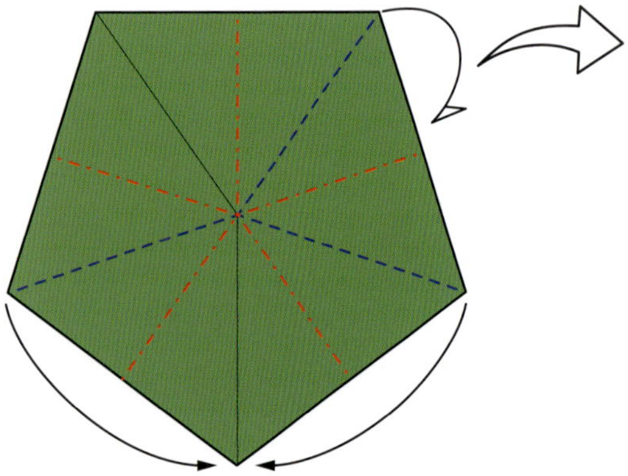

13 正方基本形のようにたたむ。

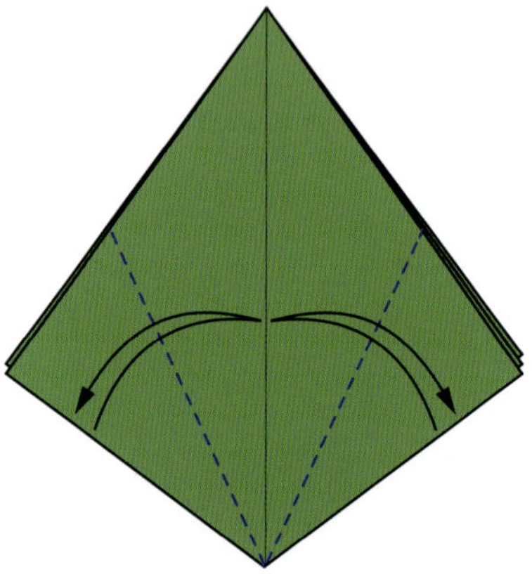

14 角度を2等分する折り筋をつける。

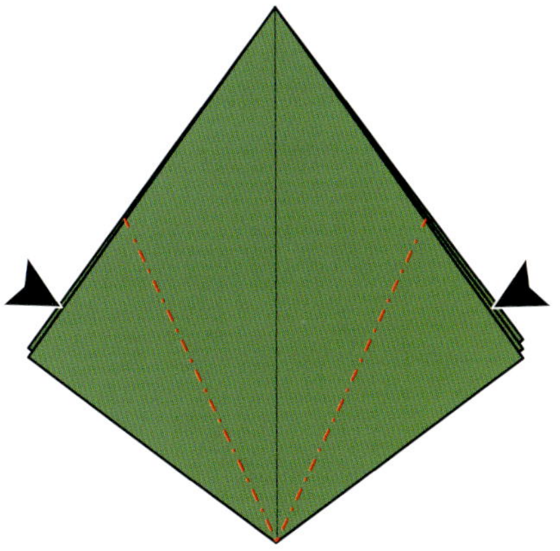

15 中わり折りをする。

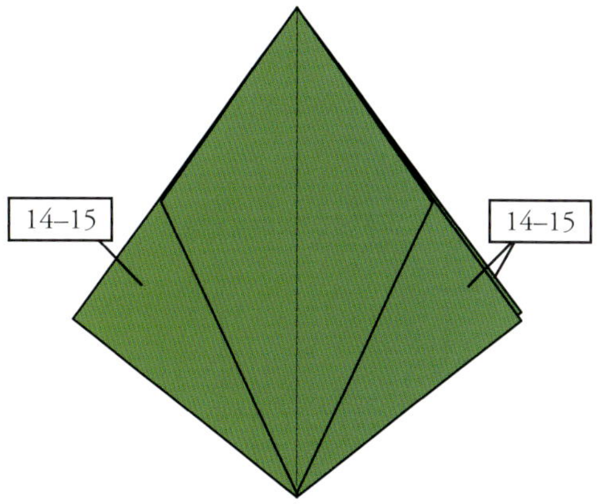

16 残り3カ所にも手順14～15を行う。

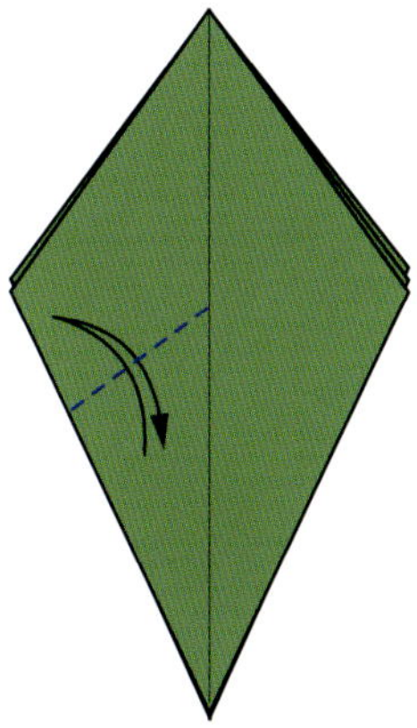

17 上の1枚に図のように軽く折り筋をつける。この折り筋は、あとで必要に応じて調整する。

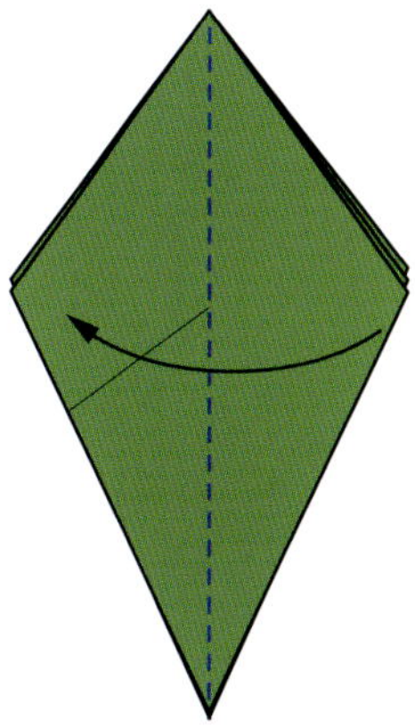

18 1枚左にめくる。

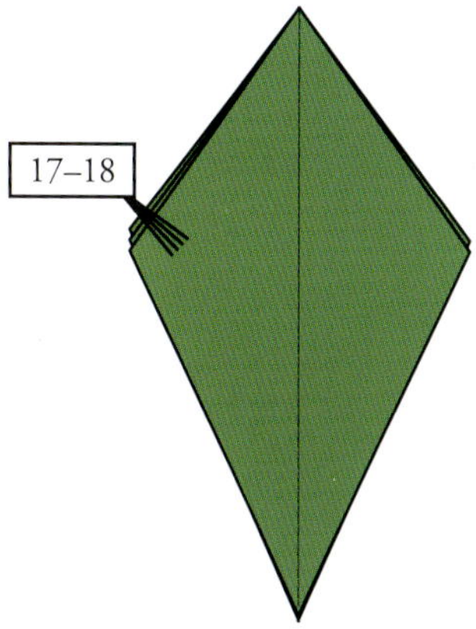

19 残り4カ所にも手順17～18を行う。

バラについて

インドの伝統的医学であるアーユルヴェーダでは、バラは心臓の不調と心の不調の両方を整えるとされています。また一般的にも、鎮静、冷却、保湿作用があるのは知られています。ローズオイルはアレルギーや喘息を軽減し、怒りを鎮め、うつ状態を改善しますし、ローズウォーターは化粧水になります。また乾燥させた花びらは、吐き気を和らげたり免疫機構を活性化したりするなど医学的用途にも用いられます。

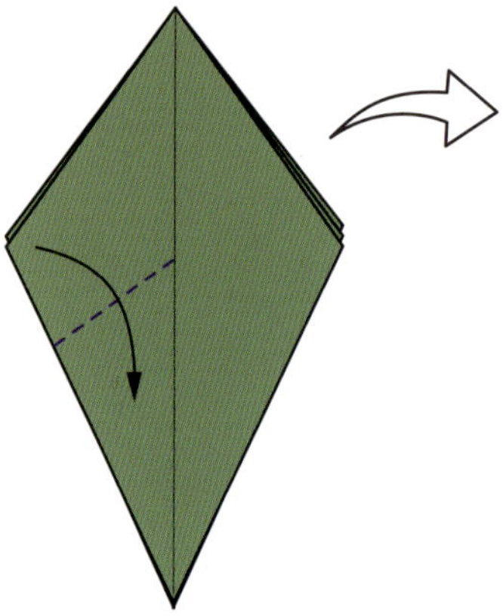

20 折り筋を軸に、図のカドを立ち上げる。立体的な形を作っていく。

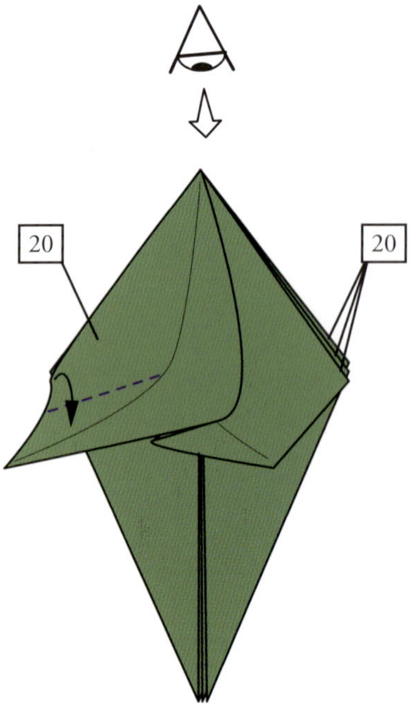

21 残り4カ所にも手順20を行う。次は上から見た図になる。

22 それぞれのカドを少し
カールさせる。

23 裏返す。

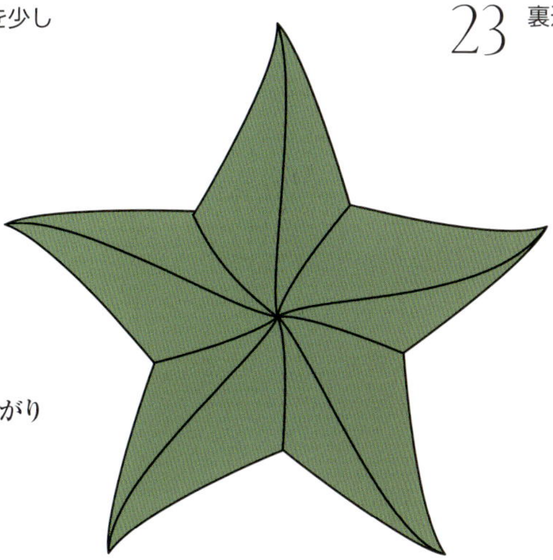

がくの出来上がり

葉

1 色つきの面を上にして置く。
対角線の折り筋を1本つける。
裏返す。

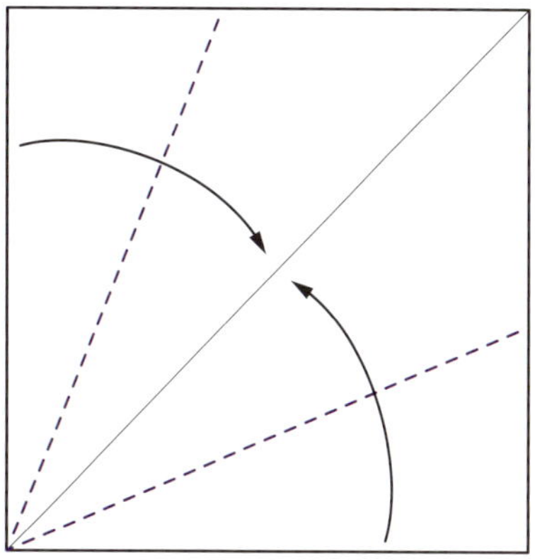

2 角度を2等分するように折る。

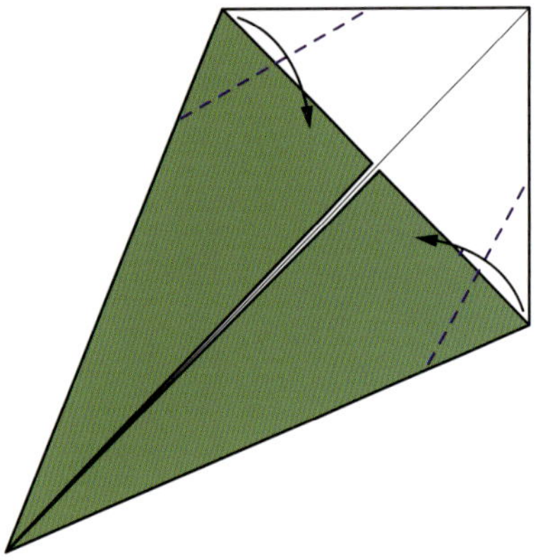

3 目分量でカドを内側に折る。

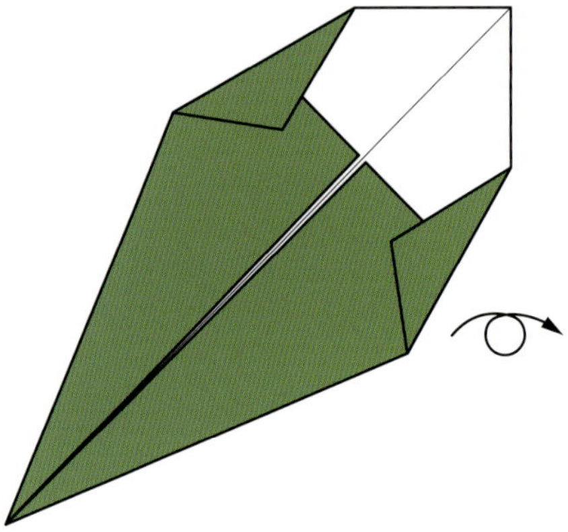

4 裏返す。

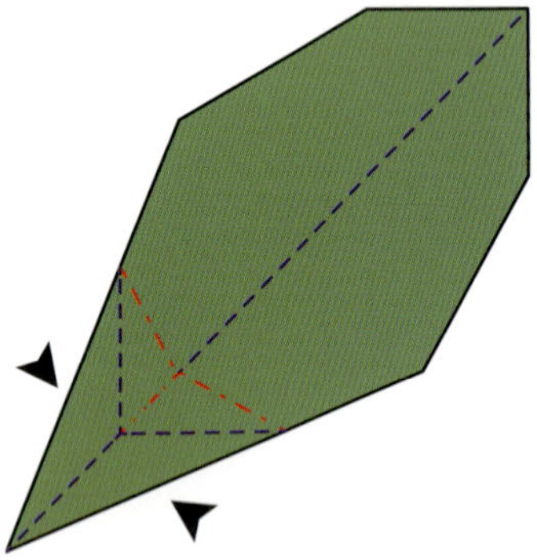

5 下部をつまみ折りにして葉柄を作ったあと、葉を縦に軽く谷折りする。

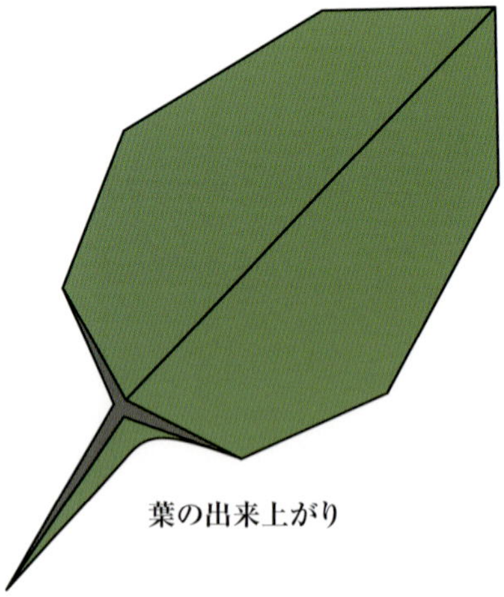

葉の出来上がり

葉を6枚作ると、3枚1組のものが2組できます。ワイヤーを使ってまとめる方法は、26、27ページを参照してください。

ミウラ折りに捧げるバラ作品482
の出来上がり

折り紙のリース

デザイン：ジョン・ブラックマン

このリースは、スイートピー（28〜35ページ）の創作者であるジョン・ブラックマンが本書の他の花や葉も加えて作ったものです（葉柄なしの葉の作り方はリースの作り方のあとにあります）。本作品は、いろいろな種類の花や葉をどうやって華やかなアレンジメントにまとめ上げればいいかという1つの例です。個別のパーツやそれらを組み合わせたものにワイヤーをつけると、土台に直接刺して自由自在にアレンジ出来るようになります。

折り紙

・大輪のユリ6（64ページ）：23cm四方の紙。茎の端はひねらないでおく。

・中輪のユリ9（64ページ）：15cm四方の紙。茎の端はひねらないでおく。

・カワサキローズ5（90ページ）：17.8cm四方の紙。

・カワサキローズ9（90ページ）：10cm四方の紙。フローラルテープで3つずつまとめる。

・スイートピー40（28ページ）：花は5cm四方、がくは2.5cm四方の紙。フローラルテープで5個ずつまとめて8組作る。

・小花70（32ページのがくの作り方）：2.5cm四方の紙。フローラルテープで10個ずつまとめて7組作る。＊花を折るときは白い面を上にして始める。

・大きながく7（32ページ）：3.8cm四方の紙。小花10個をまとめたもの1組につき1つ使う。

・葉柄なしの葉50（188ページ）：2.5×5cmの紙。フローラルテープで5個ずつまとめて10組作る。

・ミウラ折りに捧げるバラの葉33（179ページ）：5cm四方の紙。フローラルテープで3個ずつまとめて11組作る。

・ブーゲンビリアの葉45（46ページ）：5cm四方の紙。26ページを参照してワイヤーをつけておく。

その他の材料

・径30cmのリングオアシス

・ダークグリーンの薄葉紙

・木工用ボンド（スティック糊は駄目）

・布巻きワイヤー（18〜24番）

・緑のフローラルテープ

・お好みで、小花とスイートピーの色づけ用にドライパステル

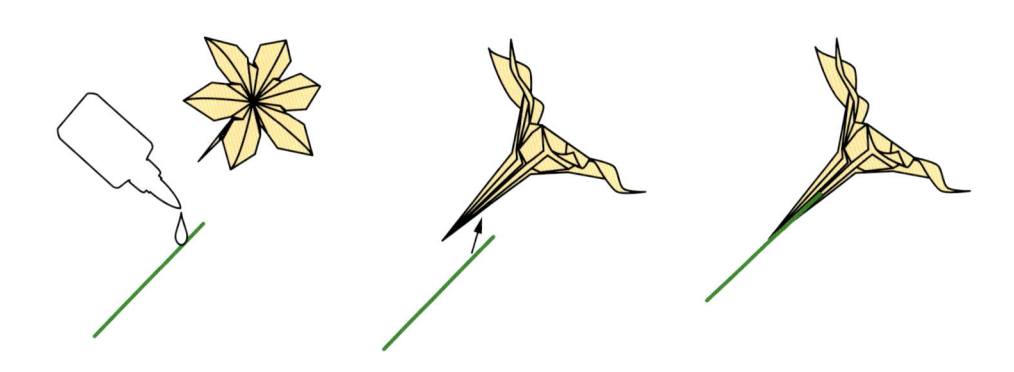

1 《花の部分だけのものにワイヤーをつける》

〈ユリ〉5㎝のワイヤーを、花の根元の折り目のあいだに糊づけする。ワイヤーの半分が外に出ている状態。次に、花の根元からワイヤーにフローラルテープを巻く。

〈カワサキローズ〉土台の紙の重なりの下にワイヤーを差し込んで糊づけし、外に出ている部分を曲げて花から垂直に立ち上がるようにする。小さいカワサキローズは3つずつまとめる。

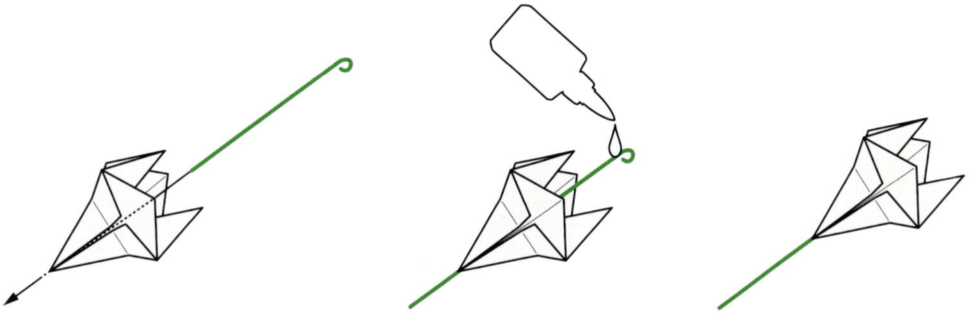

2 〈小花〉小花1組分につき、3.8㎝にカットした布巻きワイヤー 10本を用意する。ワイヤーの先端は小さく丸く曲げ、アイピンにする。花の上部から根元までタペストリー針で穴を開け、そこにワイヤーを通す。前もってループ状の先端にボンドを1滴つけておくこと。花の中に入り見えなくなる部分であり、そうしておけば抜けてしまうことがない。

3 〈大きながく〉3.8㎝に切ってアイピンにした裸のフローラルワイヤー 7本を用意する。ループ状の先端にボンドを1滴つけ、がくに差し込む。

〈がく＋小花〉小花を束ねたものを出来上がったがくに差し込む（ワイヤーのがくの出口と重なる部分に、あらかじめボンドを1滴つけておく）。

4 《リングオアシスの準備》ダークグリーンの薄紙を幅2.5〜5㎝のテープ状に切る。テープをリングオアシスに巻きつけ、土台が見えないようにする。端はボンドで止める。

5 ワイヤーを土台に刺して、葉を取りつける。全部使い切らないように一部取り分けておき、円の外周と内周を覆う。外周と内周のあいだは空けておく。

6 空けておいた部分に花を刺す。偏りなく種々の花を配置しつつ、あまり規則的にならないようにする。

7 花と花のあいだや外周のさびしいところに葉を加える。

葉柄なしの葉

デザイン：ジョン・ブラックマン

これは茎のついていない、葉だけの独立したパーツです。これをいくつも作って束ねると、本書のさまざまな花と組み合わせて大きなアレンジメントを作ることができます。5cm四方の紙を半分に切り、葉柄なしの葉を2つ作ります。

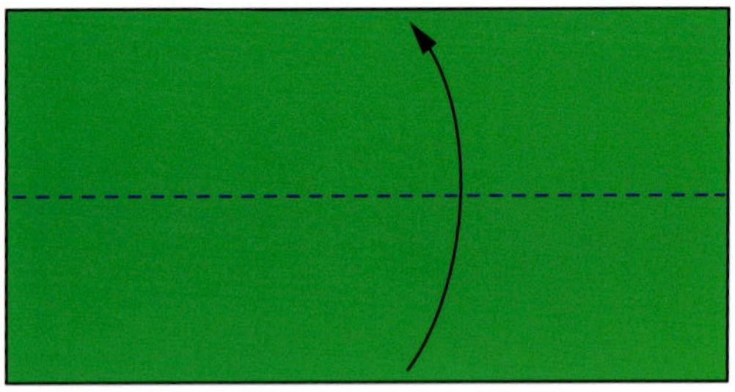

1 色つきの面を上にして半分に折る。

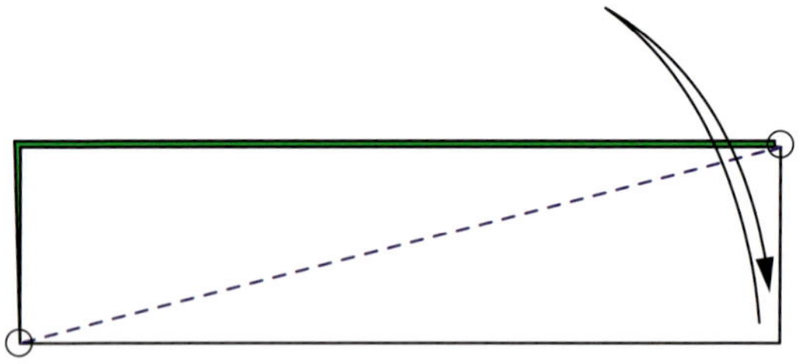

2 2枚を重ねたまま対角線の折り筋をつける。

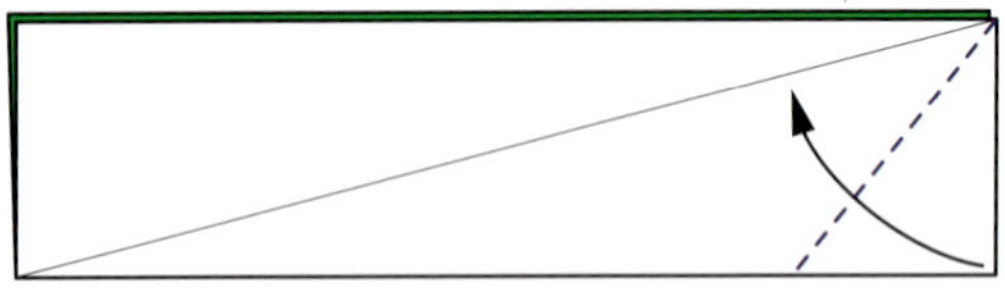

3 角度を2等分するように折る。

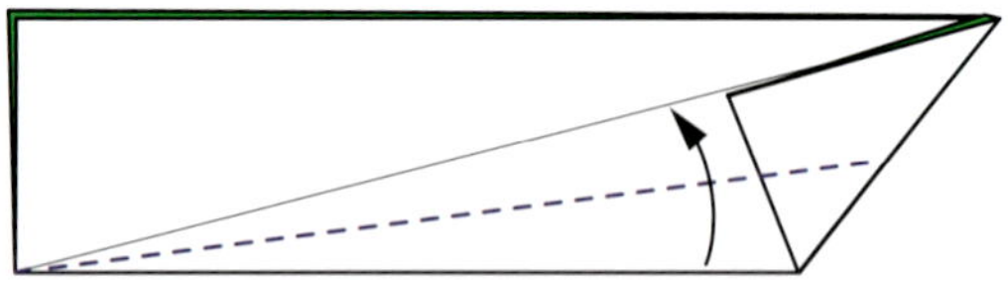

4 角度を2等分するように折る。

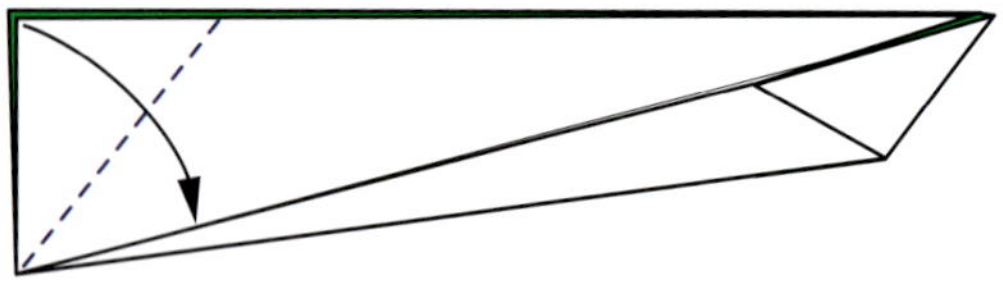

5 上の1枚だけ、角度を2等分するように折る。

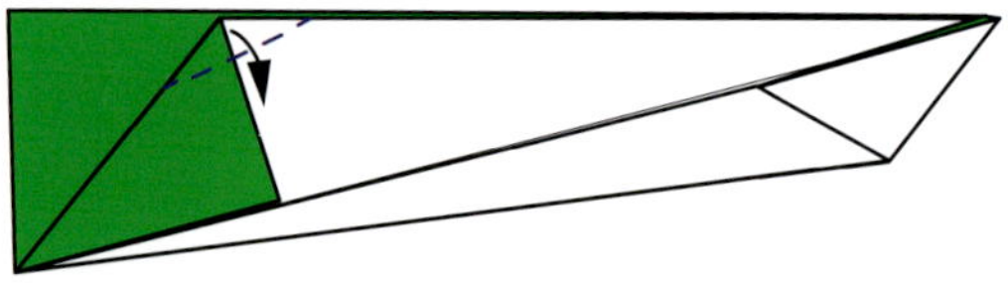

6 カドを小さく谷折り。

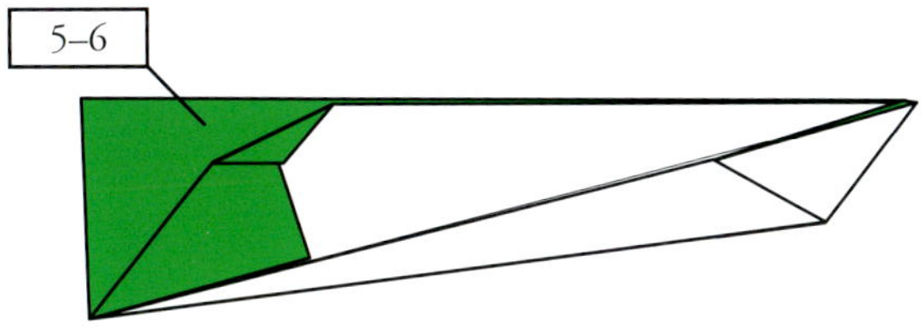

7 裏側にも手順5～6を行う。

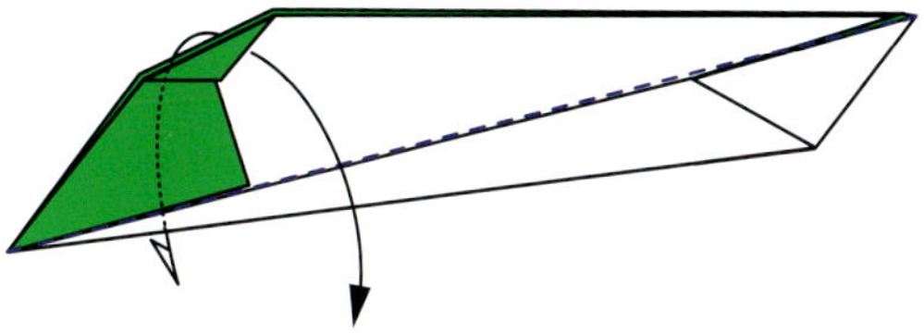

8 表も裏も開く。

葉柄のない葉の出来上がり

組み立て

1 《葉にワイヤーをつける》布巻きワイヤーを、葉の根元から2.5㎝出るように裏の紙のあいだに差し込み、ボンドで留める。葉のうちの1枚には、他よりも長いワイヤーをつける。

2 ワイヤーをつけた葉をフローラルテープで束ねる。

編集者

シェリー・ガースタインは、多くの折り紙の本を編集している編集者兼ライターです。7歳の時に折り紙を始め、現在は折り紙の装身具を制作してwww.etsy.com/uk/shop/PaperGirlinCTで販売しています。オリジナリティあふれる作品を作り出したいと願っています。

Photo credits:
Andrew Werner—covers, title page, table of contents, 28, 31, 35, 36, 41, 51, 52, 59, 63, 64, 71, 72, 83, 90, 102, 111, 112, 139, 140, 147, 148, 161, 162, 181, 182, 190; Thinkstock—12, 13, 14 (top), 15, 16, 17, 18, 19, 20, 22, 25, 34, 48, 54, 68, 87, 108, 137, 144, 157, 178; Getty Images—14 (middle, bottom); Corbis—21; Tim Palin—26, 27, 183; courtesy of John Blackman—29; courtesy of Delrosa Marshall—37; courtesy of Joost Langeveld—53; courtesy of David Shall—65; courtesy of Derek McGann—73; courtesy of Toshikazu Kawasaki—91; courtesy of Alexander Oliveros Avila—113; Isa Klein—141; courtesy of Daniel Robinson—149; Steven A. Heller—163; Sherry Gerstein—191

イラストレーター・作図者

「どの絵にも、それぞれ物語がある」。これはまさに、折り図のためにあるような言葉です。折り図は1枚の紙が芸術作品へと形を変えていくストーリーを語っているのです。

折り図の描き手は、実線、点線、矢印などの記号を用いながら順を追って図を示していくことで、より明確に作り方を伝えようと努力します。素晴らしい折り図というものは、描き手の苦労をまったく感じさせません。例えば太い実線は「紙のフチ」を、細い実線は「それまでにつけた折り筋」を、点線は「後ろに隠れている線」を表しますが、これらは図で工程を説明する際のいわば言語で、見ただけでその意味が伝わるものなのです。折り手が簡単に理解できてこそ、よい折り図と言えるのです。

この本には何人もの創作家の作品が収められていますが、すべてに共通している点があります。彼らのストーリーはすべて、マルシオ・ノグチという1人のイラストレーターによって語られているということです。

マルシオ・ノグチはブラジル生まれの日系人で、子供の頃折り紙を習いました。けれども本格的に折り紙をするようになったのは、2000年代の半ばにアメリカに移住してからでした。

それ以来彼は、多くの折り紙創作家の作品の折り図を描いてきました。本として出版されているものもありますし、アメリカやイギリスや日本といった国の折り紙団体のコンベンションで配布されたものもあります。「折り図とはストーリーなのです」と彼は言います。「1つ1つの図は断片的に工程を示すだけでなく、前後とつながっています。1本の折り筋を示しただけのシンプルな図もあれば、複雑で大規模な折りたたみ方を示したものもありますが、たとえ説明文の言葉が理解できなくても、素晴らしい折り図というのはまるで読書をしているかのように情報がスムーズに頭の中に入ってくるものです」

彼はOrigamiUSAの評議員で、日本折紙学会のサポーティングメンバーでもあります。アメリカのニューヨーク州ウエストチェスター郡在住。

材料・道具の入手方法

紙

本書の作品の中には標準的な15㎝四方の紙で作られているものもありますが、多くはもっと大きな紙で作られています。大判の上質な紙は以下の場所で手に入ります。

Amazon.com

www.amazon.com
オンラインで買い物をしようと思ったら、まずアマゾンのサイトに行ってみることをお勧めします。そこでいろいろな色や種類のアート紙を買えるというだけでなく、他の店へのリンクも見つかります。

Dick Blick Art Materials

www.dickblick.com
P.O. Box 1267
Galesburg, IL 61402-1267
Tel:1-800-828-4548
オンラインで注文することもできますし、ウェブサイトで近くの店舗を探すこともできます。

Etsy.com

www.etsy.com
ハンドメイドの作品を売買するサイトですが、ここで材料を手に入れることも出来ます。上質の紙を1枚単位で売っている出品者もいますし、造花作りの材料を売っている出品者もいます。

Fineartstore.com

www.fineartstore.com
150 West Main Street
Rochester, NY 14614
Tel:1-800-836-8940
Fax:1-585-546-5028
このウェブサイトには上質のアート紙が豊富にそろっていますが、ニューヨーク州ロチェスターに行く機会があれば、直接店舗を訪ねるのもいいでしょう。

New York Central Art Supply

www.nycentralart.com
62 Third Avenue
New York, NY 10003
Tel:1-212-473-7705
注文:1-800-950-6111
Fax:1-212-475-2513

Paper Source

www.paper-source.com
美術用品やクラフト用品のチェーン店で、多くの店舗があります。ウェブサイトで近くの店を見つけてもいいですし、オンラインで注文もできます。

The Paper Studio

www.paperstudio.com
オンライン販売のみのサイトで、雲竜紙やロクタ紙をはじめいろいろな種類の化粧紙を買うことができます。

造花用品

本書の作品を仕上げるのに必要な造花材料を入手できる場所です。

A. C. Moore

www.acmoore.com/storelocator
手工芸用品の店をチェーン展開しており、アメリカの東海岸を中心にレンガとモルタル造りの店舗がたくさんあります。ウェブサイトで近くの店を探せます。オンラインでの販売も今年度中に始まる見込みです。

Hobby Lobby

www.hobbylobby.com
美術・クラフト用品の店をアメリカ全土で展開しています。店に行けない場合は、ウェブサイトからオンラインで注文できます。

Joann.com

www.joann.com
美術・クラフト用品の店をチェーン展開していて、たくさんの店舗があります。近くに店がなければ、ウェブサイトでもクラフト用品や造花作りの材料を買えます。折り紙用の紙もありますが、本書のいくつかの作品で創作家が推奨している大判の紙は扱っていません。

Michaels.com

www.michaels.com
上記のJoannと同じように数多くの店舗を持つ大手のクラフト用品チェーンで、オンラインで買える商品も充実しています。Michaelsも折り紙用紙を販売していますが、大判の紙は扱っていません。

Save-on-crafts.com

www.save-on-crafts.com
ウェディングやパーティー用品、ホームデコレーティングの材料を、ディスカウント価格でオンライン販売しています。